Stendhal
et le
style

Presses Sorbonne Nouvelle
8 rue de la Sorbonne - 75005 Paris
Tel : 00 33 (0)1 40 46 48 02 - Fax : 00 33 (0)1 40 46 48 04
Courriel : psn@univ-paris3.fr

htpp://psn.univ-paris3.fr

Mise en page : Nicole Valentin

Stendhal
et le
style

Philippe Berthier
et Éric Bordas (éds)

Presses
Sorbonne
NOUVELLE

STENDHAL ET LE STYLE

« En paraissant mépriser le style, il en était très préoccupé »
Sainte-Beuve, *Le Moniteur*, 9 janvier 1854

« Stendhal a donc très mal écrit et n'a pas soigné sa forme.
Ce défaut soulève une grave question »
Antoine Albalat, *Le Travail du style
enseigné par les corrections manuscrites des grands écrivains* (1903)

Pourquoi ? Comment ? Telles sont les questions. Pourquoi « Stendhal et le style », et pas, plus simplement peut-être, « Le style de Stendhal » ? Tout d'abord parce que Stendhal a beaucoup écrit sur le style : l'illustre métaphore du « vernis transparent » ne se rencontre pas par hasard sous sa plume. On s'en rend très bien compte dans les textes qu'il rédige pour la *Paris Monthly Review*, le *New Monthly Magazine* ou le *London Magazine* de 1822 à 1829 : les livres lus, quels qu'ils soient, sont toujours envisagés sous l'angle stylistique. Un style boursouflé, c'est-à-dire un style chargé de rhétorique et d'intentionnalité poétique intimidante, lui fait horreur. Il y reconnaît des préjugés de classe qui choquent son libéralisme proclamé : le style fonctionnerait comme un marqueur d'appartenance, un signe d'identité sociale, le vecteur d'une culture livresque incompatible avec la sincérité individuelle. Chateaubriand, bien sûr, mais aussi Madame de Staël et d'autres petits maîtres, sont pour lui des repoussoirs absolus : ils sont faux, ils sont bavards, ils sont pédants, ils sont prétentieux, ils sont réactionnaires. Rarement le style aura autant été un paramètre politique que dans la critique de Stendhal lecteur.

Mais, nul ne l'ignore, et Stendhal moins qu'un autre, le style ne se limite pas à un niveau de langue, à un usage des tropes ou à une grammaire de la phrase et des textes. Le style relève d'une esthétique générale, dont la linguistique n'est qu'une dimension sémiotique parmi d'autres. Le goût de Stendhal pour la musique, pour l'opéra, pour la peinture, peut s'expliquer, à cet égard, comme une fascination pour des langages *autres* qui permettent au dilettante de jouir d'un style non réductible à une grammaire passe-partout. Non que la composition musicale ou picturale n'ait pas son savoir-faire et sa rhétorique propre, loin de là ; mais le plaisir qu'en tire celui qui ne connaît ni le solfège, ni l'harmonie, ni le contrepoint, ni les règles de la perspective ou de la couleur, rend possible l'immédiateté d'un contact et d'un dialogue ému qui n'appartiennent qu'à ceux qui ont quelque chose à dire, sur, avec et par le style.

Donc, « Stendhal et le style ». Stendhal lecteur, mélomane et amateur de peinture, jugeant et commentant l'art et la manière des autres, assumant ses partis pris et ses contradictions. Mais aussi, bien sûr, « Le style de Stendhal », ceci impliquant cela. Et les difficultés commencent. Innombrables. Quelle stylistique pratiquer ? Une stylistique grammairienne, une stylistique de la phrase et du vocabulaire, pour cet écrivain qui a passé son temps à fustiger cette option, chez ses confrères, comme chez les critiques ? Une stylistique des genres ? Difficile de s'y retrouver, alors : longs romans, courts récits, critique d'art, biographies, journaux intimes, notes de lecture, récits de voyages, correspondance, théâtre, *marginalia*... Stendhal/Beyle a pratiqué toutes les formes d'énonciation que notre moderne goût des taxinomies et des nomenclatures a absolument voulu étiqueter avec minutie, en des catalogues fort peu mozartiens. Des débats théoriques continuent à se développer afin de savoir si la *Vie de Henry Brulard* est un roman ou une autobiographie, si *Lamiel* est, ou non, un texte inachevé, et si les marges de *Lucien Leuwen* entrent, ou non, dans le texte de cette œuvre. Autant de questions passionnantes, infinies, mais qui altèrent quelque peu la richesse dynamique de la polyvalence des énonciations stendhaliennes, pensées et assumées en pleine liberté, pour le seul plaisir *du style*. Dans un hédonisme égoïste heureux. À cet égard, une excessive crispation autour des repères de la poétique des textes risque fort de stériliser les approches stylistiques, elles-mêmes libérées du carcan grammatical.

Nul écrivain, plus et mieux que Stendhal, ne semble rendre vrai le trop célèbre axiome : le style, c'est l'homme. À condition, pourtant, de le réécrire un peu : les pratiques du « style », pensé comme une référence poétique et politique, mais pas comme un référent linguistique et générique, c'est l'individu, dans toute sa liberté, qui peut aller jusqu'au droit de ne pas conclure, d'écrire dans les marges, et même de dire n'importe quoi. Le style n'est pas, alors, « affaire de technique », ni même « vision » : il est aventure, morale et expérience identitaire.

Comment, dès lors, étudier, cerner, présenter, un objet aussi incertain, aussi labile, qui fait de son instabilité même sa vérité ? Comment étudier ce qui s'impose d'abord dans des qualités de présence, d'être au monde, si l'on veut, en une phénoménologie de la singularité sensible ?

Les 19 et 20 mars 2004, un colloque, rendu possible par le Conseil scientifique, la Formation doctorale de littérature et civilisation françaises, ainsi que le Centre *Poétique, génétique et informatique du texte littéraire* (EA 3423) de l'université de la Sorbonne nouvelle – Paris 3, a choisi de réunir spécialistes de Stendhal et spécialistes de stylistique textuelle pour essayer de répondre à cette question.

Certes, l'analyse linguistique ne saurait résumer l'approche stylistique, qui doit s'appuyer sur des analyses de sociocritique, d'histoire, de philosophie, d'esthétique, de génétique, d'imagologie et de psychanalyse, pour tenter de cerner la référence du « style », sans tomber dans l'erreur qui ferait du style « un objet ». Cette analyse n'en demeure pas moins l'indispensable base du travail. Un écrivain, c'est d'abord du texte ; un texte, c'est d'abord de la langue. Du partitif au défini, l'analyse resserre les problématiques. Les « études stylistiques » stendhaliennes sont le premier niveau des « études du style » de Stendhal, qui restent à développer, et qui permettront de mieux comprendre la singularité du « style stendhalien », style d'écriture, style d'écoute, style de vie. En cela, ce travail collectif sur le style a été pensé en complémentarité avec le colloque sur les langues, organisé par le *Centre d'études stendhaliennes et romantiques* (Traverses 19-21, EA 3748), à Grenoble, les 4-6 décembre 2003 : *Stendhal à Cosmopolis. Stendhal et ses langues* – Actes à paraître. Après une réflexion sur l'usage beyliste et stendhalien des idiomes étrangers, on a ainsi voulu approfondir certains traitements singuliers, et chercher à comprendre, précisément, comment la langue *et* le vécu (se) font style. Dans la perception et la communication.

Éric Bordas
Université Paris 3 – Sorbonne nouvelle
UPRES EA 2290

INTRODUCTION

CONTEXTUALISATIONS ÉPILINGUISTIQUES. À PROPOS DE STENDHAL (1783-1842)

Michel Crouzet a montré naguère (1981) pourquoi et comment Stendhal avait adhéré fortement aux principes linguistiques de l'idéologie. Mais son travail reste d'abord une analyse philosophique et littéraire d'un phénomène qui a largement outrepassé les frontières de la philosophie et de la littérature. Et il donne l'impression qu'une linguistique beyliste étant susceptible d'exister, il est alors naturel et légitime de concevoir un Stendhal grammairien et linguiste. Or, même si Stendhal s'est intéressé à la question de la langue italienne, autour de 1818, en intervenant dans le débat avec Monti, il est excessif de parler dans son cas d'un véritable savoir métalinguistique. Il s'agit tout au plus, l'idéologie lui fournissant des hypothèses et des instruments de dénomination commodes, de l'expression d'un vif sentiment épilinguistique ; et qui reste principalement – même lorsqu'il veut s'élever au niveau d'un savoir – dans le plan de l'épilinguistique. C'est-à-dire dans celui d'une connaissance non représentée, le langage n'étant pas encore constitué en véritable objet[1]. De ce statut du savoir de la langue procède une appréhension encore fortement empreinte d'intuition, qui fait du langage un instrument privilégié d'interprétation de la sémiose du monde. En liminaire au présent colloque, mon propos voudrait modestement proposer le cadre historique et épistémique de la pensée du langage dans lequel se déploie l'écriture de Stendhal.

La science des idées… et la critique du mot
Pour mieux cerner les circonstants du style de Stendhal, je partirai de l'*Encyclopédie* :

> Quand la maniere décele l'auteur, quand les traits expriment la passion, quand les sons imitent le mouvement, quand les couleurs peignent la chose,

---

1. Même ancien, le meilleur travail à cet égard demeure celui de J. Prévost (1974), notamment : « Du style de Stendhal ».

quand les tours marquent le sujet, quand le ton répond au genre, quand les termes rendent l'idée ; alors la représentation équivaut à la réalité ; alors la distraction cesse, l'attention croît, le style a toutes les qualités nécessaires pour plaire & pour attacher. (sv « Style », *in* Diderot & d'Alembert, 1751-1780, t. XV : 243).

Et je rappellerai brièvement les quatre points de principe gouvernant le phénomène sémiotique et grammatical de l'idéologie.

Le premier consiste dans l'apport spécifique décisif de Condillac au travail d'analyse de la pensée. Chez lui, l'observation des détails de la grammaire renforce la réflexion sémiologique, et conduit à dégager une philosophie du langage beaucoup plus structurée que chez ses prédécesseurs, notamment Hobbes. Dans cette perspective, le calcul du sens des expressions de la langue repose sur un principe latent de compositionnalité-décompositionnalité selon lequel l'idée exprimée par une combinaison de deux ou plusieurs mots est égale à la somme des idées exprimées par chacun des constituants de l'expression. Ce qui réduit *in fine* le jugement et le raisonnement à l'idée, et place l'appareil technique d'analyse grammaticale sous le binarisme du gouvernement des idées.

Le second point est la prépondérance accordée dans cette optique à la grammaire générale – mais non universelle – pour analyser les formes de la pensée ; ce type de grammaire, comme le rappelle le comte de Lanjuinais en 1816, expose « quels procédés grammaticaux sont nécessaires, et quels autres peuvent être utilement employés pour exprimer nos idées dans un langage articulé » (Lanjuinais, 1816 : XIV). Cette grammaire n'élabore donc pas d'inventaire systématique des procédés de la langue ; ce qui serait un après de l'observation des faits. Elle vise avant tout à expliciter les modalités selon lesquelles la langue communique et exprime la pensée, dans un cadre de référence analytique mis en place autrefois par Descartes et la *Logique* de Port-Royal. Linguistique cartésienne donc, mais qui n'a rien à voir avec ce que Chomsky voulait définir comme telle en 1966. En effet, la thèse centrale de la doctrine classique s'organise autour d'un noyau sémiologique qui constitue l'innovation de cette représentation du langage, et le moteur de ses analyses : le MOT *exprime* ici une IDÉE, laquelle *représente* à son tour une CHOSE. Ce modèle triadique *: le mot, l'idée, la chose,* se retrouvera dans la sémiotique des encyclopédistes et chez Condillac [2].

---

2.   Voir Auroux (1979).

De sorte que, si l'on tient compte de la thèse annexe formulée par Locke, selon laquelle toute combinaison signifiante de *mots* exprime une *idée*, même si la *chose* représentée est *un acte intérieur de l'esprit*, Destutt de Tracy, inspirateur avéré de Stendhal et auteur en 1801 de précieux *Élémens d'Idéologie*, se trouve désormais entièrement légitimé d'écrire que la grammaire est une facette de la science des idées[3].

Le troisième point consiste dans le développement de ce postulat, et l'observation de ce que telle ou telle langue se révèle plus analytique, ou moins synthétique, que telle ou telle autre en vertu des caractéristiques propres de sa syntaxe et de sa construction[4], c'est-à-dire en fonction de son idiosyncrasie sémiotique. La sémiotique s'institue alors en méthode même de la science, et non seulement contient la métaphysique elle-même, mais devient elle-même la nouvelle métaphysique, l'analyse proprement dite des idées et des signes. L'analyse du langage devient alors l'instrument essentiel de la philosophie, une analyse lexicale offrant la plupart du temps la possibilité de résoudre toutes les difficultés de la métaphysique traditionnelle, et d'éclairer les principes mêmes de la morale. On en arrive par là au quatrième et dernier point.

Celui-ci consiste dans la reconnaissance de la puissance des mots comme instruments heuristiques. Cette qualité analytique dévolue aux items lexicaux[5] pose le problème – par lequel on va ici toucher au *stylistique* – de l'emploi des mots *in situ*, et, plus particulièrement, de leur utilisation correcte ou incorrecte, voire de leur abus. Le passage du XVIIIe au XIXe siècle, ainsi que les dérives progressives de l'Idéologie, rendent inéluctable cette romanticisation de la philosophie originelle du langage développée par Condillac. Par-delà la force des mots, le langage s'avère être l'instrument qui dévoile et offusque simultanément la vérité. Par un prodigieux renversement, comme transcription appauvrie de la richesse intuitive, le langage devient un instrument peu fiable de communication au service d'une conscience parcellaire... Tel philosophe allemand, par exemple, Hamann (1730-1788) en fait « le cœur du malentendu de la raison avec elle-même » (*in* Simon, 1967 : 224 ;

---

3. Sur Destutt de Tracy, *cf. infra*, et, ici même, l'étude de J. Dürrenmatt.
4. On retrouve ici ces deux notions essentielles du XVIIIe siècle : la SYNTAXE, comme ensemble de relations binaires entre idées, dont dérive l'ensemble des rapports possibles entre mots possibles ; et la CONSTRUCTION, modalités de fixation grammaticale des rapports de la SYNTAXE.
5. Les articles d'É. Bordas (1996) et de J. Dürrenmatt (1996) soulignent très pertinemment ce point.

ma traduction), et reconnaît que le langage rend possible la pensée, mais contraint la représentation des richesses de l'expérience dans des limites déterminées. On voit ainsi, au terme du développement de la pensée rationaliste, surgir chez Humboldt le reproche de ce que le mot déterminant la pensée la fait du même coup prisonnière.

Le mot est même doublement l'objet d'une critique ; non seulement du point de vue qui vient d'être rappelé, mais aussi sous l'aspect de son indétermination foncière qui est un obstacle à l'expression exacte des rapports perçus entre les choses. Dans une *Introduction à l'analyse des sciences*, qui date de l'an IX, Lancelin écrivait :

> L'on voit donc que l'étendue de chaque terme exprimant une notion complexe de substance, d'art ou de science, etc., est indéterminée, variable, et susceptible de croître continuellement par l'addition de nouvelles idées, naissantes de nouvelles découvertes : ainsi, chacun de ces noms généraux, or, fer, argent, etc. ; quadrupèdes, oiseaux, poissons, etc. ; astronomie, physique, chimie, botanique, horlogerie, gravure, peinture, morale, éducation, législation, etc., ont deux sens, l'un désignant la somme de nos connaissances actuelles, l'autre la somme totale des connaissances qu'il est possible à l'homme d'acquérir sur chacun des objets précités (Lancelin, 1801, t. I : 203).

Et Destutt de Tracy va même plus loin en affirmant que cette limite du pouvoir des mots résulte des infirmités de l'entendement humain, de sorte que chez lui, loin de toute idée de perfection de l'objet, le langage émerge dans sa fragilité de médium de la communication entre des expériences variées, et des locuteurs et auditeurs nécessairement différents :

> Que l'incertitude de la valeur des signes de nos idées est inhérente, non pas à la nature des signes, mais à celle de nos facultés intellectuelles ; et qu'il est impossible que le même signe ait exactement la même valeur pour tous ceux qui l'emploient, et même pour chacun d'eux dans les différents moments où il l'emploie. Cette triste vérité est ce qui constitue essentiellement le vice radical de l'esprit de l'homme ; et qui le condamne à ne jamais arriver complètement à l'exactitude [...] (Destutt de Tracy, 1803, t. II : 405) [6].

---

6. Dans le premier volume, l'auteur avait déjà consigné : « [...] tout signe est parfait pour celui qui l'invente ; mais cela n'est rigoureusement vrai que dans le moment où il l'invente, car quand il se sert de ce même signe dans un autre temps de sa vie, ou dans une autre disposition de son esprit, il n'est point du tout sûr que lui-même réunisse exactement sous ce signe la même collection d'idées que la première fois ; il est même certain que souvent, sans s'en apercevoir, il y en a ajouté de nouvelles, et a perdu de vue quelques-unes des anciennes (t. I, p. 315). » Ce qui pousse le scepticisme à son comble.

Cette affirmation déceptive n'a pas été assez soulignée dans l'ensemble des affirmations plutôt triomphalistes de l'Idéologie, et il est bon ici de la mettre en lumière, car elle justifie l'occultation de la rhétorique que l'on trouve chez Tracy et ses contemporains immédiats. Stendhal lui-même refuse d'employer le terme, sans se priver toutefois d'user abondamment de la chose. Le *mot* comble chez lui les lacunes de la représentation, dans un univers subverti par la tentation constante de l'interprétation des faits, et régi par une sémiologie simultanément sauvage et éminemment sensible : dans *La Chartreuse*, la Comtesse est subjuguée par le « langage de ces lieux ravissants »[7], tandis que Fabrice reste insensible au « noble langage de l'architecture »[8]. Dans les deux cas, les objets du monde – sous l'apparence des mots qui les désignent – proposent un sens à décrypter, intérioriser, interpréter.

Michel Crouzet notait justement (1981 : 22) : « Le premier problème du langage pour le beyliste c'est au fond la difficulté de parler avec les mots et les idées des autres ; le sincère ne peut se dire dans ce qui a déjà été dit. » Et par là se posent non seulement le problème du cliché, du lieu commun, mais aussi celui de la manière grâce à laquelle un auteur convertit le vil plomb du langage commun en l'or pur d'un style pleinement idiosyncratique. Parler la même langue que tous et être cependant totalement *self*, telle est l'aporie que la littérature expose et qu'elle doit seulement traiter comme un paradoxe puisque l'écrivain n'est ni grammatiste, ni grammairien, ni lexicomaniaque, ni lexicographe. Or l'on sait tous les reproches qui ont été adressés à Stendhal pour les impropriétés, les lourdeurs, les incohérences, les cacophonies, les vulgarismes, les galimatias d'une écriture qu'il aurait voulu aussi naturelle, précise et univoque que celle du Code civil.

Pensers du langage et voisinage de pensées

Il importe en conséquence de réinsérer désormais Stendhal dans l'évolution d'une certaine représentation de la langue et du langage qui place nécessairement Marie-Henri Beyle – né en 1783 – dans le voisinage de personnalités auxquelles on ne l'associe pas nécessairement au premier coup d'œil.

7.　Paris, Le Livre de Poche, 1983, p. 49.
8.　*Ibid.*, p. 219.

Louis-Sébastien Mercier, par exemple, dont l'énergie en matière de lexique frappe l'imagination par des formules saisissantes, qui entend régénérer le vocabulaire de la langue française littéraire par les expériences sensibles d'un monde en mutation ; et qui ne cesse de clamer son désir de liberté : « Il n'y a rien de tel qu'un peuple sans Académie, pour avoir une langue forte, neuve, hardie et grande. Je suis persuadé de cette vérité comme de ma propre existence. [...] la hardiesse dans l'expression suppose la hardiesse de pensée » (Mercier, 1801 : XXIV-XXV). Et, un peu plus loin, d'ajouter :

> La langue est à celui qui sait la faire obéir à ses idées. Laissez la langue entre les mains de nos feuillistes, folliculaires, souligneurs, elle deviendra nigaude comme eux. Donnez-vous la peine d'orienter la carte de la littérature, pour en désigner le midi et le septentrion, c'est-à-dire, les gens de lettres d'un côté, qui produisent des ouvrages, qui creusent les idées, qui vont en avant, et de l'autre, les jugeurs, impuissants à créer, et qui sont les dignes objets de la risée publique. Que reste-t-il de toute la scolastique de l'abbé Desfontaines jusqu'à celle de nos jours ? C'est du langage sorbonique littéraire, rien de plus (*ibid.* : XLIII).

Certes, Stendhal n'est pas foncièrement favorable à la profusion des néologismes, mais le souci permanent d'être soi dans une langue qui est aussi et peut-être même avant tout celle des autres peut justifier quelques accommodements avec cette rigueur. À l'époque où naît Stendhal, les esprits logiques tenteront d'expliquer rationnellement ce phénomène inconnu de régénération et d'affranchissement du lexique par le préalable nécessaire de la sensorialité : selon le vieil aphorisme renouvelé qui veut que *Nihil est in intellectu... Rien ne soit dans la compréhension qui n'ait auparavant été dans les sens...* Les tenants du néoclassicisme, avec Marmontel et La Harpe, mais aussi le chevalier de Jaucourt, dresseront alors contre cette subversion du sens les forteresses déjà obsolètes de leurs *traités* et de leurs *éléments*.

Sur le versant proprement linguistique du processus, Dumarsais et Beauzée, dans la filiation des logiciens et grammairiens de Port-Royal, montrent la voie à un Condillac, promoteur de la langue des calculs, mais qui est aussi l'auteur d'un *Dictionnaire de Synonymes* dont – ultérieurement – Lafaye réutilisera le cadre théorique et formel général. Entre eux, Rivarol réimpose *in extremis* le cliché de la *clarté de la langue*, d'une clarté qui n'est peut-être plus désormais que l'ombre d'elle-même, opacifiant ainsi un réel que la littérature a de plus en plus de mal à saisir :

> Ce qui distingue notre langue des langues anciennes et modernes, c'est l'ordre et la construction de la phrase. Cet ordre doit toujours être direct et nécessairement clair. [...] Le français par un privilège unique est seul resté fidèle à l'ordre direct, comme s'il était tout raison [...] et c'est en vain que les passions nous bouleversent et nous sollicitent de suivre l'ordre des sensations : la syntaxe française est incorruptible. C'est de là que résulte notre admirable clarté, base éternelle de notre langue. *Ce qui n'est pas clair n'est pas français* ; ce qui n'est pas clair est encore anglais, italien, grec ou latin. Pour apprendre les langues à inversions, il suffit de connaître les mots et leurs régimes ; pour apprendre la langue française, il faut encore retenir l'arrangement des mots. On dirait que c'est d'une géométrie tout élémentaire, de la simple ligne droite, et que ce sont les courbes et leurs variétés infinies qui ont présidé aux langues grecque et latine (Rivarol, 1998 : 72-73).

Pour maintenir cette apparence d'essentielle raison gouvernant la langue, il ne faut rien moins alors que le poids du génie, mais d'un génie qui – précisément en cette époque – est en train de s'individuer à la suite du *trauma* de la Révolution de 1789 et de la constitution d'une notion du sujet littéraire moderne distincte de celle de l'auteur classique. C'est ainsi que le très orthodoxe critique du *Journal des Débats*, Dussault, fait jouer en discours les termes de *forme*, de *figure* et de *génie* dans un contexte qui associe esthétique littéraire et esthétique « linguistique », sans peut-être percevoir les conséquences plus tardives de son geste :

> Tous les bons littérateurs conviennent que la forme de notre langue a été fixée et déterminée par les grands écrivains du siècle dernier ; il faut distinguer dans un idiome ce qui appartient au goût et à l'imagination de ce qui n'est pas de leur ressort ; rien n'empêche aujourd'hui d'inventer de nouveaux mots, lorsqu'ils sont devenus absolument nécessaires ; mais nous ne devons plus inventer de nouvelles figures, sous peine de dénaturer notre langue, et de blesser son génie (Dussault, 1828, t. I : 33).

En effet, l'arrivée sur le devant de la scène littéraire de personnalités – pour ne pas dire d'*individualités*, terme alors fortement dépréciatif – telles que Chateaubriand, Senancour ou justement Mme de Staël, précipite un quadruple bouleversement des valeurs d'usage ayant son incidence dans le plan général du langage, comme dans celui plus restreint de la nature et des formes de la langue littéraire :

17

– aux *émois* des grammairiens perdus entre la raison et la norme, correspondent
– les *frissons* d'effroi de lexicographes submergés par le renouvellement du vocabulaire, tandis que les philosophes du langage ne cessent d'éprouver
– d'ontologiques *trémulations* au spectacle de la raison subvertie par l'émotion, et que les nouveaux sujets du discours commencent à prendre conscience
– des *vibrations* déstabilisantes de leur sentiment épilinguistique.

Derrière une prononciation et des graphies portant la trace de leurs décalages historiques, les « phrases boursouflées » dénoncées par les critiques littéraires de l'époque exposent une syntaxe accumulative en contradiction avec les règles classiques de la méthode analytique qui prônent au contraire décomposition et sériation. Entre les derniers feux de la grammaire métaphysique diffractés par le courant de l'*Idéologie* (1800-1838) et les premières lueurs d'une linguistique historique du français (1860-1880), les analyses grammaticales tendent à faire place à des commentaires « stylistiques », laissant la compréhension des méca-nismes et l'estimation de leur adéquation à un projet expressif et signifiant à la libre appréciation épilinguistique de chacun.

Dictionnaires et commissaires...

Les événements politiques et culturels marquant la transition du XVIIIe au XIXe siècle sont ainsi enregistrés et homologués en littérature par un lexique que travaillent les discussions des puristes classiques, contestant les déplacements du vocabulaire, et des progressistes, soutenant cette évolution comme nécessaire à la mise en discours des interdits de la langue de la période précédente. Il y a là un débat récurrent qui finira même par abraser la conscience politique.

En 1813, le *Dictionnaire Universel Portatif de la Langue française* de Claude-Marie Gattel, professeur émérite du lycée de Grenoble (du 5 ventôse an IV à la fin de 1804), qui enseigna Stendhal (1796-1799), s'augmente d'un *Vocabulaire des mots introduits dans la langue depuis la Révolution française*, dont la présentation est éloquente puisqu'elle répartit ces mots nouveaux en deux classes :

> La première comprend tous ceux qui appartiennent en propre ou aux insti-
> tutions nouvelles, ou aux événemens qui ont marqué les diverses époques
> de la Révolution : leur intelligence est absolument nécessaire pour connoître
> ces institutions ou ces événemens, et pour entendre les décrets qui y sont
> relatifs. […] Les mots de la seconde classe sont tout simplement des néolo-
> gismes. Étrangers par eux-mêmes aux changemens mémorables amenés par
> la Révolution dans la forme du gouvernement, ils doivent leur existence ou
> à cet esprit d'innovation, qui des idées et des choses sembla pendant long-
> temps vouloir s'étendre jusqu'au langage, ou à l'intérêt qu'avoient ceux qui
> les avoient créés de cacher sous ces mots insignifiants ou détournés de leur
> véritable signification, des vues et des systèmes qu'ils n'osoient encore
> avouer (Gattel, 1813, t. II : 369).

Rappelons seulement la liste publiée en 1829 – quelques mois
seulement avant la reproduction d'un événement de même type ! – par
le *Journal Grammatical*, qui réactualise une série de termes lexicaux
ayant suscité troubles, débats, condamnations ou enthousiasmes d'un
dangereux pragmatisme, mais qui sont tous alors définitivement entrés
dans l'usage de la littérature : « Activer, Administratif, Annuaire,
Arbitraire, Arrestation, Assermenté », etc. Tous ces termes ont vécu des
mises en forme discursives diverses ; mais tous témoignent par certains
de leurs traits de l'activité représentationnelle de l'époque et trahissent
les frissons de sensibilités et d'intelligences souvent heurtées par la
violence des actes succédant aux mots.

À l'époque où Stendhal atteint sa maturité d'écrivain, les « images
burlesques », l'« abus continuel de l'antithèse et de l'hyperbole », la
« vieille éloquence », le « langage des *Précieuses* de Molière » et la
« langue surannée de Fénelon, de Bossuet, de Racine et de Buffon »,
les « expressions triviales », selon qu'ils sont pratiqués ou proscrits
deviennent les marques superficielles de l'expression qui caractérisent
les auteurs. Ces connotateurs éveillent, par conséquent, la sympathie
ou suscitent l'exaspération en l'homme de paroles et de discours, et
deviennent de puissants agents du sentiment épilinguistique. Point
n'est alors besoin d'être grammairien, homme de lettres ou pédagogue
pour être légitimé à s'exprimer à ce sujet. Un sentiment général de la
langue s'installe à l'arrière-plan des usages effectifs, et chacun devient
plus ou moins apte à juger des effets créés par les discours perçus ou
émis. Louis-Sébastien Mercier notait d'ailleurs dans le *Tableau de
Paris* :

Avec quelle légèreté on ballotte à Paris les opinions humaines ! Dans un souper, que d'arrêts rendus ! On a prononcé hardiment sur les premières vérités de la métaphysique, de la morale, de la littérature et de la politique : l'on a dit du même homme, à la même table, à droite qu'il est un aigle, à gauche qu'il est un oison. L'on a débité du même principe, d'un côté qu'il était incontestable, de l'autre qu'il était absurde. Les extrêmes se rencontrent, et les mots n'ont plus la même signification dans deux bouches différentes (Mercier, 1990 : 38).

« Figurément, proverbialement, familièrement, bassement, populairement, vulgairement », sont des termes non encore métalinguistiquement justifiés, mais qui commencent déjà à hanter la *doxa* développée sur le langage par les instances socialement prééminentes. Les dictionnaires les répandent et en marquent comme au fer les items lexicaux de la langue, de sorte que ces attributs sont si spontanément reçus et si notionnellement diffus qu'ils paraissent être inscrits de droit dans la nature du langage. Et c'est dans ce cadre de contraintes latentes et d'impératifs socio-éthiques, sur fond d'idéologie controversée mais prégnante, que la constitution d'une grammaire prescriptive active la prise de conscience des mécanismes formels de la langue et de leurs produits esthétiques.

On réédite encore Dumarsais en 1800... *Port-Royal* en 1803... De cette saillance s'ensuit un développement inconnu jusqu'alors de théories et de commentaires, parfois contradictoires, mais toujours indicatifs du besoin de comprendre et d'expliquer pour mieux appliquer la règle. La superposition en un même temps de ces discours sur la langue produit rapidement un effet de tremblé grâce auquel s'estompent peu à peu les contours trop raides de la métaphysique logique et de l'Idéologie, et à la faveur duquel se légitime la prise en considération des effets du style. Entre prose et poésie, est désormais venu le temps des proses poétiques à la Chateaubriand. Ainsi la littérature s'insinue-t-elle plus intimement dans le corps de la langue et interfère-t-elle de plus en plus étroitement avec les habitudes sociales immédiates. Et Girault-Duvivier, en 1811, dans la préface de sa *Grammaire des Grammaires*, revendiquera l'importance didactique de cet attelage idéologique :

Bien convaincu que la religion et la morale sont les bases les plus essentielles de l'éducation ; que les règles les plus abstraites sont mieux entendues lorsqu'elles sont développées par des exemples ; et qu'à leur tour les exemples se gravent mieux dans la mémoire lorsqu'ils présentent une pensée saillante, un trait d'esprit ou de sentiment, un axiome de morale, ou une sentence de religion, je me suis attaché à choisir de préférence ceux qui offrent cet avantage. J'ai en outre multiplié ces exemples autant que je l'ai pu, et je les ai puisés dans les auteurs les plus purs, les plus corrects ; de sorte que, si dans certains cas, nos maîtres en grammaire sont partagés d'opinion, si certaines difficultés se trouvent résolues par quelques-uns d'eux d'une façon différente, et qu'on soit embarrassé sur le choix que l'on doit faire, sur l'avis que l'on doit suivre, on éprouvera du moins une satisfaction, c'est qu'on aura pour se déterminer l'autorité d'un grand nom ; car, comme l'a dit un auteur, Il n'y a de Grammairiens par excellence que les grands écrivains (Girault-Duvivier, 1812 : VI).

Doit-on pour autant inférer de cette considération que le style dérive simplement d'un judicieux et très habile usage des formes de contraintes grammaticales ?

Les grammairiens, lexicographes, rhétoriciens, poéticiens, et amateurs de style, découvrent ainsi la force sociale de leur juridiction. À l'extérieur de la langue littéraire, langue modèle sur laquelle s'édifie le français de référence, les usagers ordinaires de cette langue tenteront de s'affranchir de la tutelle des règles intériorisées. Rebutés par l'introspection inhibante qui déploie au-dessus de chacun le spectre de la faute, ils chercheront à construire dans leurs usages une langue plus souple, affranchie et découvrant empiriquement les conditions de sa vitalité et de son développement dans les pratiques spontanées les plus diverses de l'oral. À charge paradoxale pour la littérature de rattraper ces dévoiements populaires et dialectaux que Balzac, Sand, Barbey d'Aurevilly et d'autres surent illustrer, mais que Stendhal n'entend pas spécialement.

Si la langue française évolue alors, c'est autant dans ses formes linguistiques intrinsèques que dans ses manifestations discursives. Les premières laissent apparaître les transformations rapides de la morphologie et du lexique sur un fond syntaxique plus stable ; les secondes donnent à voir une diversité de lieux et de tons, de tours et d'allures, à percevoir des effets de styles et de manières, de niveaux de langue jusqu'alors interdits de séjour dans les paradigmes académiques, soucieux de réguler les pratiques, et qui répartissaient la matière du langage en strictes séries fermées, particulièrement propices au traitement répétitif des lieux communs d'une pensée fixée antérieurement à son énonciation.

En ce sens, on peut caractériser cette époque comme la période de l'histoire favorisant la conversion d'un *prêt à parler* individuel, qui est du *déjà pensé* collectif à la manière de Buffon, en un *prêt à penser* collectif, qui n'est au fond que du *déjà dit* ou *écrit…* par certains. Dès lors, la langue ne saurait plus être considérée comme système abstrait et général, d'essence syntactico-logique ; elle devient un réseau de relations et de significations à explorer, prémonition involontaire de ce que nous nommons aujourd'hui un hypertexte. L'œuvre de Stendhal, à cet égard, est un exemple probant. Comme le remarque Michel Crouzet (1981 : 412-414), par cette attention portée au mot juste dans sa double relation aux *realia* du monde et à l'idiosyncrasie de l'énonciateur qui le porte, « avec Stendhal le problème du langage, ou le langage comme problème, conduit à ce qui est au-delà : la poétique, le style, l'esthétique… ».

C'est ici qu'après Gattel, il faut faire intervenir un autre personnage que l'on n'associe pas aisément à Stendhal, qui est l'ex-avocat devenu lexicographe Pierre-Claude-Victoire Boiste (1765-1824). On connaît essentiellement de ce dernier le *Dictionnaire universel de la langue française*, dont les quinze éditions s'échelonnent de 1801 à 1865, révisées après la mort de Boiste par Charles Nodier, Louis Barré, etc. Mais on ignore généralement que ce dictionnaire n'était que la première pièce d'un ensemble lexicographique plus vaste à portée littéraire : le *Dictionnaire des Belles-Lettres, contenant : Les Élémens de la littérature théorique et pratique d'après un seul principe, l'Association des idées opérées dans le langage ou le style, par le bon emploi des quatre élémens littéraires, les faits, les images, les pensées et les sentimens, fournis par l'Esprit, l'Imagination ou la Mémoire et le génie nourris par l'Étude […]* publié à Paris en 1821, et qui témoigne de la permanence des idées esthétiques d'un autre âge en cette année même où Lamartine et Hugo font reconnaître la légitimité du romantisme… C'est dans cet « Art d'écrire et de parler français », que l'on retrouve par exemple la théorie de l'association des idées et sa conversion littéraire, conception qui renvoie assez exactement à l'idée de ce style *sec* par lequel on caractérise souvent Stendhal, dont Remy de Gourmont, dans un article célèbre, voulut atténuer la sévérité du jugement par recours à la notion d'*épithète psychologique*[9].

---

9. « [Le style de Stendhal] n'a nul éclat. Il ne connaît que l'épithète psychologique, mais quand on l'a pratiqué un peu, on s'aperçoit que rien n'est plus difficile que de ramasser en un

On reconnaît là un des préceptes qui régit également l'esthétique dont Boiste se fait... l'avocat : « La diction, l'élocution, le style ne sont évidemment que des associations d'idées, expression qui ne multiplie pas les mots sans nécessité. L'opération intellectuelle qu'elle exprime étant bien faite, devient évidemment le grand principe de l'Art d'écrire et de parler, celui des Belles-Lettres. En deux mots : Bien parler, bien écrire, c'est bien associer les idées » (Boiste, 1821-1824, t. III : 26). Hors des opérations intellectuelles d'association, de rapport, de jugement, point de salut pour l'écrivain, pour le manipulateur de mots, pour l'ordonnateur d'énoncés, pour le metteur en scène des actes énonciatifs, pour le rhétoricien.

Écriture, style, manière... et le beylisme, pour conclure ?

Quelques exemples empruntés à *La Chartreuse de Parme* me serviront de conclusion. Contextualiser la représentation et la pratique du style que se donne Stendhal, c'est en un sens prendre toute la mesure du pouvoir des mots comme intermédiaires entre le *self* et le monde, des mots intercesseurs d'une communication toujours difficile à maintenir entre les acteurs de l'intrigue littéraire, des mots vus en quelque sorte comme intermittents du spectacle de leur énonciation.

Dans *La Chartreuse*, mais il ne s'agit là que d'un exemple, qui pourrait être étendu à beaucoup d'autres produits de l'écriture beyliste, « Mot(s) » renvoie :

– soit en un usage métalinguistique banal, à la désignation générique du lexème intermédiaire du sens comme unité phraséologique : « elle n'a pas pu trouver un mot pour soutenir la conversation sur le ton léger que son Altesse voulait bien lui donner [10] ; »

– soit à une désignation plus spécifique : « As-tu du *quibus*? Il parut inquiet, il ne comprenait pas le mot *quibus* [11] », qui fait de lui l'intercesseur d'une signification problématique ;

– soit, de manière plus complexe, à l'indexation d'une parole dite en situation, et par conséquent désigne à l'attention du lecteur un acte

mot la signification d'un acte, d'une pensée, d'un état d'âme. C'est probablement ce qui a permis à Stendhal de raconter beaucoup d'extraordinaire sur un ton qui lui donne aussitôt la vraisemblance accordée aux actes les plus simples » (Gourmont, 1996, p. 499).

10. *La Chartreuse, op. cit.*, p. 183.
11. *Ibid.*, p. 60.

d'énonciation perçu comme globalité signifiante : « Sa tante finissait par ces mots : Cache par tous les moyens possibles la folie que tu as faite, et surtout ne conserve sur toi aucun papier imprimé ou écrit [...] [12]. »

Ces trois types spécifiques de valeur du terme se déclinent en une gamme variée d'emplois contextualisés qui soulignent les complexités des processus qui passent par ces objets. Dans le premier cas, « mot » sert à marquer et masquer le silence signant une totale absence d'esprit. Dans le second cas, la référence à un terme latin employé comme élément populairement marqué, d'ailleurs souligné par l'italique, permet de mettre cet item dans la situation d'être glosé par le contexte [13]. Dans le troisième cas, l'emploi de « mot(s) » dénote une conception du langage entièrement fondée sur la capacité représentative des unités lexicales organisées selon les lois de la construction et combinées selon les principes de la syntaxe. Lorsque l'élément lexical par lui-même est aisément compréhensible dans son contenu, sa désignation par le terme de « mot » équivaut à mettre en évidence un marquage suprasegmental induisant en général une réinterprétation de sa valeur énonciative : « Fabrice avait beau appuyer sur le mot MOUTON, ses camarades ne se souvenaient plus d'avoir été fâchés par ce mot une heure auparavant [14]. » Une glose parenthétique peut souligner l'ironie sous laquelle le narrateur appréhende l'axiologie énonciative de son propre discours : « La Balbi entrait dans toutes les affaires, et l'État ne faisait pas un marché de mille francs, sans qu'il y eût un SOUVENIR pour la marquise (c'était le *mot* honnête à Parme) [15]. » L'explication métalinguistique, étant située sur une échelle de valeurs morales, se trouve ainsi mise à distance ironique de l'énonciateur, et le lecteur est alors à même de retrouver la critique derrière l'assertion objective d'un simple fait de langue particulière. Dans le dernier cas, enfin, l'indexation du discours direct confère au pluriel de *mot* la puissance de condenser par souci de brièveté le contenu d'un énoncé et la forme de son expression anonyme : « [...] ce soir-là le temps était chaud, étouffé, annonçant la tempête ; de ces temps, en un *mot*, qui, dans ces pays-là, portent aux

---

12. *La Chartreuse, op. cit.*, p. 116.
13. Et il est même amusant de voir l'éditeur du Livre de Poche, trop consciencieux, redoubler d'une note ce processus d'élucidation interne (p. 730).
14. *Ibid.*, p. 91.
15. *Ibid.*, p. 164.

résolutions extrêmes[16]. » Cette fonction est si importante que, dans une orientation négative du *modus* de la phrase, le substantif « mot » renvoie à une forme d'aposiopèse de l'expression impossible : « Il rougit excessivement en voyant entrer la duchesse, et fut tellement désorienté, que jamais il ne put inventer un *mot* à dire à cette belle dame[17]. »

Il y a là du Louis-Sébastien Mercier pour la défiance dont le mot est l'objet comme vecteur d'une rectitude sémantique. Mais il y a là aussi du Gattel, si l'on se rappelle ce que celui-ci écrivait dans la Préface de son *Dictionnaire* au sujet du lexique en général et de l'image douteuse qu'en donnent certains concurrents, comme le *Dictionnaire* dit *de Trévoux* (dernière édition : 1771), ici explicitement visé :

> Cet ouvrage recommandable sans doute à beaucoup d'égards, mais qui, malheureusement avoit peut-être trop à cœur de justifier ses prétentions au titre de *Dictionnaire universel*, s'est, entre les mains des différens auteurs qui y ont successivement travaillé, grossi d'une multitude de termes hasardés, vieillis, ou quelquefois même tout-à-fait étrangers à la langue. Sur ce point comme sur quelques autres, c'est souvent un guide peu sûr qu'on ne doit suivre qu'avec défiance et une sage circonspection. En prenant une semblable précaution pour les mots du langage usuel qui y ont été nouvellement introduits, j'y ai ajouté celle non seulement de les désigner toujours comme tels, mais encore d'indiquer jusqu'à quel point ils paroissoient avoir été adaptés par l'usage, et quelquefois même à quel titre ils pourroient être conservés (Gattel, 1813, t. I : III).

Cette suspicion à double détente, puisqu'elle frappe par ricochet le mot en emploi et le mot en mention, l'usage et sa glose, fait qu'il y a encore du Nodier dans cette suspicion, et – pour tout dire – ce malaise à l'endroit du langage en fonction et de ses régulateurs normatifs. Rappelons ces quelques lignes de Nodier, éditeur de Boiste à partir de 1824, qui montrent comment ce dictionnaire peut constituer simultanément un code de lois sémantiques (avant la lettre : les définitions) et un recueil de préceptes logiques :

> La partie la plus utile et par conséquent la plus précieuse de cet ouvrage, les *Définitions* fournis par les Métaphysiciens ou par les grands Écrivains qui se sont illustrés par l'élévation ou par la profondeur de leur génie, sont également importantes et pour les AUTEURS et pour les LECTEURS, qui

---

16. *La Chartreuse, op. cit.*, p. 199.
17. *Ibid.*, p. 163.

acquerront beaucoup de discernement en comparant et méditant ces Définitions. Jusqu'alors elles étaient éparses dans des ouvrages trop profonds ou trop nombreux ; elles étaient souvent ou trop diffuses ou trop abstraites : tantôt l'Auteur les éclaire en les développant, tantôt il les réduit à leur plus simple expression, et toujours sans ajouter rien qui les dénature, ou rien retrancher de ce qui les constitue (Nodier, 1834 : XIV).

L'idéologie est à ce prix, et, si l'on définit le rapport de Stendhal au langage à travers le prisme de ce mode de penser – qui, au fond, fut le premier catalyseur de la pensée esthétique romantique en France – il n'y a guère à s'étonner que cette contextualisation nous amène à nous représenter Henri Beyle sous les traits d'un dandy amateur de Belles-Lettres transportant en son siècle – qui n'est plus le siècle de leur apogée – toutes les caractéristiques analytiques du style qu'exposait l'*Encyclopédie* :

La propriété du style renferme d'abord la propriété des termes, c'est-à-dire, l'assortiment du style aux idées. [...] La propriété du style renferme ensuite la propriété du ton, c'est-à-dire, l'assortiment du style au genre. [...] La propriété du style comprend encore la propriété du tour, c'est-à-dire, l'assortiment du style au sujet. [...] À la propriété du tour ajoutez la propriété du coloris, c'est-à-dire, l'assortiment du style à la chose particuliere que vous devez peindre. [...] Outre la propriété des couleurs, il y a la propriété des sons, c'est-à-dire, l'assortiment du style au mouvement de l'action qu'on décrit. [...] Une partie plus essentielle encore, c'est la propriété des traits, c'est-à-dire, l'assortiment du style à la passion qu'on exprime. [...] Reste enfin la propriété de la maniere, c'est-à-dire, l'assortiment du style au génie de l'auteur. [...] De toutes ces différentes manieres fondues ensemble, il en sort pour chaque auteur une maniere propre qui caractérise ses ouvrages, qui personnifie en quelque sorte son style, je veux dire, qui l'anime de ses traits, le teint de sa couleur, le scelle de son ame. Un écrivain qui n'auroit point de maniere, n'auroit point de style. Un écrivain qui quitteroit sa maniere pour emprunter celle d'un autre, cette derniere, fût-elle meilleure, n'auroit jamais qu'un style dissonant, étranger, équivoque. Il croiroit s'élever au-dessus de lui-même, & il tomberoit au-dessous (sv « Style », *in* Diderot & d'Alembert, 1751-1780, t. XV : 241-242).

Si, en prenant en compte la reconversion psychologique que le XIXe siècle naissant impose à ces notions esthétiques et philosophiques, l'on déroule le fil qui mène du *Discours de réception sur le style*, que Buffon donnait à l'Académie en 1753, à ces pages de l'*Encyclopédie* puis aux remarques que Raynaud formulait encore en 1828, on conçoit rétrospectivement que la modernité de Stendhal est tout entière contenue dès l'origine dans l'impitoyable critique à laquelle il se livre de ce modernisme superficiel de l'expression qui se croit supérieur parce qu'il a délaissé le général pour se saisir du singulier, et l'universel pour s'approprier l'individuel, cet individuel dont Stendhal se défie tellement lorsqu'il est contraint d'endosser en langage des habits usés et élimés par tant d'autres... « En composant *la Chartreuse*, pour prendre le ton je lisais chaque matin 2 ou 3 pages du code civil./

Permettez-moi un mot sale : je ne veux pas branler l'âme du lecteur. (brouillon de lettre à Balzac, 28-29 octobre 1840). » C'est à ce prix que s'acquiert ou se conquiert la sincérité.

Jacques-Philippe Saint-Gérand
Université Blaise-Pascal – Clermont-Ferrand 2
UMR CNRS 7118-ATILF – Nancy 2

I. HÉRITAGES :
LANGUE, DISCOURS, VALEURS

L'énonciation stendhalienne s'inscrit donc, dans toute son originalité singulière, dans toute sa nature volontairement intempestive, dans une continuité historique. Son usage de la langue française, mais surtout son usage de certaines disponibilités discursives et stylistiques, fait sens par rapport à une échelle des valeurs très précise, fondamentalement romantique. Georges Kliebenstein montre que la haine véhémentement proclamée de toute rhétorique par Stendhal dissimule, comme toutes ses déclarations de guerre, une dette évidente pour ce qu'il prétend détester, et, même, une sympathie certaine – son usage de la coordination en est un bon exemple. Et Philippe Berthier insiste sur le goût de Stendhal pour le style de Fénelon, qui n'est pas précisément un écrivain sans rhétorique avouée. Mais le paramètre du style comme outil normatif et évaluatif n'a pas été envisagé par Stendhal seulement pour la littérature : Béatrice Didier rappelle que presque tous ses écrits sur la musique font de cette référence un repère caté-gorique, dans toutes ses ambivalences. Quoi qu'il en soit, quelle que soit la sémiotique langagière favorisée, « le style » reste une valeur absolue, une mesure politique, qu'analyse Yves Ansel, mesure dont la critique prend, sous la Restauration, puis sous la monarchie de Juillet, une réelle portée subversive.

STENDHAL *ET* LA RHÉTORIQUE
(de la coordination académique aux « liaisons scandaleuses »)

Pour Julien Gracq

Stendhal et la rhétorique : tout laisse croire qu'« un tel sujet », pour parler comme l'*Avant-propos* d'*Armance,* constitue un programme « impertinent » – à la fois imprudent et irrelevant. C'est que le *et, a priori,* peut tout signifier, et son contraire. Il peut matérialiser une ligature indissoluble, figurer le nœud gordien de l'association, comme dans « père *et* fils », ou afficher, à l'inverse, une franche antipathie, comme dans « chien *et* chat ». La « conjonction » assume – ou, du moins, assure – une mission plurielle qui varie jusqu'à la contradiction (énantiosémie). Sans compter les cas où le *et* est compromis dans des additions apparemment inutiles, « explétives », comme celles qu'encourage la rhétorique médiévale dans des formules parasynonymiques, du type « il dit et il parle » (*interpretatio*), ou dans des blocs assertifs-négatifs, du genre « il parle et il ne se tait pas » (*oppositum*). Rien de plus lâche, de plus amorphe, ou perversement polymorphe, que la « conjonction » *et.* En régime essayistique, *et* est le « joncteur » prostitué par excellence, compromis dans l'affichage pseudo-heuristique de rapprochements supposés essentiels. Il fonctionne comme un opérateur systématique, un catalyseur « obligé » de la recherche, au risque de la désémantisation. La « conjonction » porte si mal son nom qu'elle peut marquer une disjonction radicale, voire le degré zéro du lien.

Ce qui autorise, voire encourage, malgré tout, l'enquête, c'est Stendhal lui-même, et l'usage insistant qu'il fait de la conjonction dans ses titres (ou ses avant-titres) : *Le Rouge et le Noir, L'Amarante et le Noir, Le Rouge et le Blanc, Le Bleu et le Blanc, Le Rose et le Vert, Le Coffre et le revenant, La Gloire et la Bosse,* ou les deux *Racine et Shakespeare* (sans compter les *Vies de Haydn, Mozart et de Métastase,* ou *Rome, Naples et Florence*). Dans les titres thématiques « binaires » de Stendhal, *et* contient, en germe, une part rhématique : il annonce, au moins obliquement, la « forme » que va prendre l'écriture (dans *Racine et Shakespeare,* par exemple, le *et* oppositif « représente », à sa manière, le pamphlet). *Et* est un mot reparaissant, et énigmatique, et peut-être l'acteur ou le

31

moteur principal de l'écriture. Que marque-t-il ? L'antithèse ? La complémentarité ? Une coexistence scandaleuse ? Une équivalence secrète ? Le pseudo-joncteur semble trahir la présence obsédante de ce que Tracy appelle, et Stendhal à sa suite, des « désirs contradictoires ». Une chose est sûre : ces « désirs » peuvent aussi toucher l'écriture et affecter le « style » d'un écrivain (celui de Villemain, quand il écrit *Lascaris*) : « Qu'y a-t-il de plus grotesque que d'essayer d'unir des contraires [1] ? » Il semble bien que Beyle, pourtant, en dépit ou à cause de ses déclarations péremptoires, ait souvent pris le risque de ce grotesque-là.

La « disposition » que l'on suivra formera une espèce de diptyque : le premier volet évoquera les rapports déclarés que Stendhal entretient avec la rhétorique. Le second, un peu plus long, esquissera une approche figuratique du style de Stendhal. Il s'agira donc, passant des positions théoriques de Beyle à ses pratiques d'écriture, de secouer le mythe du « déficit » rhétorique. Il y a un Stendhal rhétoricien, et il y a une rhétorique en acte, qui montre l'existence de figures-fétiches, centrées (comment s'en étonner ?) autour de la « conjonction copulative » au point que le second temps de l'enquête pourrait s'intituler : « Stendhal et la rhétorique du *et* ».

Stendhal rhétoricien

Dès lors qu'il se mène en termes « rhétoriques », tout commentaire sur Stendhal est paradoxal [2], et doublement : au regard de la rhétorique (dont l'influence déclinerait au XIXᵉ siècle) [3], et à l'endroit de Stendhal (qui ignorerait la rhétorique ou la détesterait).

Cependant Stendhal écrit « mal ». Et ce verdict est rendu aussi bien par des stylisticiens, comme Henri Morier (1959), que par des écrivains comme Balzac, Flaubert, Hugo ou Proust, ou encore (et comme inévitablement) par Stendhal lui-même. Il y a pire : la dislocation – de fait – du « bien écrire » est le plus souvent revendiquée par Stendhal sur le plan théorique. Quand Stendhal emploie le mot « rhétorique », c'est en mauvaise part : « Y aurait-il par hasard quelque bonne objection dans

---

1. *PLC*, p. 592.
2. Cette « ouverture » condense (et parfois complète) l'analyse menée dans Kliebenstein (2004a), et notamment le chapitre intitulé « La rhétorique selon Stendhal ».
3. Pour éviter toute simplification à ce sujet, voir Molino (1980), Douay-Soublin (1999), Bordas (2003d).

toute cette rhétorique ? » se demande-t-il à propos de La Harpe [4]. Ici, le démonstratif « cette » dit tout. Ailleurs, les épithètes spontanément accolées à « rhétorique » précisent (s'il en était besoin) la position : Dominique parle de « rhétorique ridicule » [5], ou de l'« infâme rhétorique » [6], mot-stimulus depuis Voltaire, et il faut écraser (aussi) cette infâme-là. Du point de vue doctrinal, donc, Stendhal se veut « a-rhétorique ». Pourquoi ? Outre les motifs historico-politiques, qui jouent un rôle essentiel [7], le rejet tient *en même temps* à des raisons éthiques et esthétiques. Stendhal accuse le « bien dire » de cacher la « pauvreté d'idées », ou de gâcher des notations justes en les outrant, ou, à l'inverse, de minorer, de débiliter le sentiment. Pour lui, les « figures » sont, le plus souvent, des *ornements* explétifs, « factices », « hypocrites », vides, ce sont, plus essentiellement, des tours *prévisibles* et *préécrits*. Tout discours prévisible est une horreur. Heureusement, la littérature évolue dans un sens favorable et « la part de la *forme* » y devient « plus mince chaque jour » [8]. Il s'agit donc d'écrire « sans rhétorique », au risque de ne s'adresser qu'à des *happy few* : « Qui diable pourrait s'intéresser aux simples mouvements d'un cœur décrits sans rhétorique ? Rome, 36 [9]. »

Apparemment, les « figures » font obstacle à « la vérité, l'âpre vérité », selon le mot de Danton qui ouvre le *Rouge*. Mais ce mot est apocryphe (il vient peut-être de Saint-Simon [10]). Et ce mot est « rhétorique » : c'est une épanode (ou un épizeuxe, ou une *conduplicatio*, ou une *adjectio* [11]). À l'évidence, Stendhal peut tromper (ou se tromper) sur son propre mode de fonctionnement. Comme le reconnaît Brulard : « Quel œil peut se voir soi-même ? » [12] – micro-apologue hérité d'ailleurs, malgré de grandes déclarations de guerre contre les

4. *OI* II, Paris, p. 89.
5. *DA*, p. 254.
6. *OI* II, p. 49.
7. Voir, ici même, l'étude d'Y. Ansel.
8. Lettre à Balzac du 28 octobre 1840.
9. *OI* II, p. 858.
10. « Comme je disais effectivement la vérité, je ne craignis pas de la présenter toute nue et dans toute son âpreté », Saint-Simon, *Mémoires*, Paris, Gallimard « Pléiade », 1983, t. III, p. 841.
11. Ces diverses étiquettes renvoient, au gré des époques et des traités, à un mode particulier de la répétition, du type X, Y, X (où « X » désigne l'élément répété), comme dans le « Ma rage, oui, ma rage » de (prêté à) Voltaire, contre lequel Beyle, bien entendu, a protesté (*OI* I, p. 107).
12. *OI* II, p. 535.

« kanto-platoniciens », de l'*Alcibiade* de Platon. Il existe, évidemment, une rhétorique de l'énergie et de la brisure, ce que montrent les « ellipses », ou encore les « figures typographiques » que théorise Hugh Blair : les tirets de séparation, les caractères italiques, etc. (1808, t. II : 146 et suiv.).

En outre, la « théorie » stendhalienne reste ambiguë, elle n'est pas exempte de variations et de palinodies (comme en témoigne, par exemple, La Harpe [13]), et la guerre contre les « *noblifieurs* » ne légitime pas pour autant les excès inverses [14].

Il y a plus décisif : Beyle a mené une véritable, minutieuse, activité de « stylisticien » [15] ; il s'est livré à des « microlectures » sans nombre, dans l'espoir d'arracher aux œuvres leur(s) secret(s) de fabrication. Certes, il n'use pas toujours de termes techniques dans ses analyses : un exemple suffit quand l'enjeu est « mimétique ». Stendhal connaît-il seulement la nomenclature rhétorique ? Une chose est sûre : elle n'a pas fait l'objet d'un apprentissage systématique à l'École centrale de Grenoble. Dubois-Fontanelle y professe, selon Françoise Douay-Soublin (1999), « une rhétorique à la Marmontel, imaginative et civique » (mais on sait que Marmontel était très partagé à l'égard de la « rhétorique », qu'il a malmenée dans l'article « Chrie » du *Supplément* de l'*Encyclopédie*). En fait, Dubois-Fontanelle refuse d'enseigner les « règles » de la rhétorique, et son cours n'accorde presque aucune place aux « exercices » pratiques. « Pris dans cet effondrement de l'enseigne-ment de l'écriture » – pour reprendre un diagnostic de Michel Crouzet (1990 : 59) – « Stendhal n'a jamais appris à écrire ». Ou plutôt, Stendhal s'est appris à écrire, au risque (non dénué de plaisir) de *réin-venter* la rhétorique. Cette hypothèse donne, en tout cas, à l'étrange *explicit* de *Brulard* – cette vie se « termine » par une citation de Villemain (tirée de la préface à la 6ᵉ édition du *Dictionnaire de l'Académie*) – un supplément de sens.

---

13. Voir Ansel (2003a).

14. « Le Puget a donné du ventre à son saint Sébastien, c'est un tort ; il a outré une bonne idée, par excès de mépris pour les *noblifieurs* », *VF*, p. 537.

15. Dans un paradoxe apparent dont M. Crouzet a bien rendu compte, Stendhal « l'anticlas-sique se conduit en hyperclassique » : « qu'on prenne ses "commentaires" des pièces […] l'on a l'étrange impression de voir les classiques éreintés par eux-mêmes, ou au nom d'une surenchère de sévérité et de pureté » (1981, p. 61-62).

En fait, si l'on peut douter, souvent, de la valeur opératoire que Stendhal accorde aux nomenclatures « classiques », sa connaissance de la terminologie rhétorique ne fait, elle, guère de doute. Il lui arrive ainsi de parler : « alliances de mots », « amphibologie », « antithèse », « apostrophe », « diction » (au sens d'agencement des mots), « ellipses » (voire « *ellipticisme* »), « épithalame », « euphuisme », « harmonie imitative », « hyperbole », « inversions », « métaphore », « métonymie », « néologisme », « palinodie », « panégyrique », « pathos », « période », « périphrase », « personnifications », « phraséologie », « pléonasme », « prose poétique », « prosopopée », « suspension », « syllogisme », ou « trope » [16].

La liste ébauchée n'est pas exhaustive, et il n'est d'ailleurs pas souhaitable qu'elle le soit : si Stendhal ne puise pas souvent dans la nomenclature traditionnelle, ce n'est pas seulement parce qu'il « refuse » l'académisme, c'est aussi parce qu'il forge un *métalangage-self*. Pour reprendre un distinguo des sciences du discours, Dominique préfère l'épilinguistique au métalinguistique (l'épilinguistique constituant un métalangage « spontané », sauvage, empirique, comme celui qui se forge dans la conversation). L'épilangue beyliste est issue, pour l'essentiel, de quelques langues étrangères, des beaux-arts, et de quelques métaphores. Dans un texte, Stendhal repère le *cant* (une espèce d'hypocrisie triste), le *poffing* (les éloges éhontés), les *clap-traps* (les « phrases à effet »), les *hints* (les « demi-mots »), le *bombast* (l'emphase), les *innuendos* (« les allusions à mots couverts »), etc., etc. On le voit : cette métalangue (ou épilangue) étrange peut aussi bien déborder la rhétorique classique que la recouper.

La rhétorique en acte
Sur le plan de la rhétorique théorique, donc, Stendhal use, manifestement, d'une épilangue inventive. Mais l'analyse doit peut-être préférer la rhétorique en acte à la théorie, comme lui-même préférait la

---

16. Respectivement dans (pour ne donner, chaque fois, qu'un exemple) : *RS*, p. 176 ; *T* III, p. 70 ; *R* I, p. 681 ; *FN* II, p. 58 ; *PLC*, p. 464 ; *RS*, p. 176 ; *PLC*, p. 82 ; *CG* I, p. 771 ; *PLC*, p. 494 ; *FN* I, p. 206 ; *FN* I, p. 154 ; *PLC*, p. 21 ; *FN* I, p. 243 ; *AM*, p. 72 ; *VF*, p. 37 ; *R* I, p. 59 ; *PLC*, p. 486 ; *OI* I, p. 753 ; *OI* II, p. 88 ; *R* I, p. 767 ; *PLC*, p. 688 ; *PLC*, p. 174 ; *CI*, p. 558 ; *HP*, p. 217 ; *OI* I, p. 744 ; *AM*, p. 72 ; *R* I, p. 679 ; *PLC*, p. 545.

« critique animée » (que permet le théâtre) à la « critique didactique » [17]. Qu'en est-il de ses pratiques scripturales ? En fait, Stendhal ne rejette pas (toujours) la rhétorique, mais il « retarde » (ou croit retarder) le moment de son apparition, il diffère le moment du « bien écrire » : Beyle déclare commencer par le « squelette », et (se) promet ensuite d'ajouter les « muscles », « l'épiderme ». Le protocole génétique, au reste canonique, est donc le suivant : d'abord un premier jet fruste et spontané, puis l'amélioration « rhétorique ». Mais ce qui est remarquable, ici, c'est que la métaphore du « squelette » et des « muscles » ait (aussi) été utilisée, au XIXᵉ siècle, pour illustrer la position inverse. Ainsi, le *Grand Dictionnaire Universel*, quand il parle de rhétorique, soutient que « l'art consiste précisément à dissimuler cet échafaudage pédantesque ; c'est le squelette qu'il s'agit de recouvrir de muscles et de peau ». Le schéma génétique devient alors : d'abord la rhétorique, puis son effacement. On le voit : le « squelette », dans l'un et l'autre cas, n'a pas le même comparé ; il renvoie tantôt à l'a-rhétorique (chez Stendhal), tantôt à la rhétorique (pour Larousse). Cependant, c'est le point commun aux deux apologues – l'idée d'une temporalité, d'un « ordre » des opérations – qui peut être contesté. Et si l'on récuse le postulat (au demeurant classique) d'une « succession » des opérations, deux conclusions sont possibles. Ou bien l'on considère que le « stade » rhétorique n'arrive jamais, et l'on accorde à Dominique le privilège exorbitant d'une « exemption » de rhétorique. C'est ce qu'affirme, en un sens, Mérimée, dans *H.B.*, quand il signale que, même réécrits, les textes de Stendhal semblent « toujours écrits de premier jet ». Ou bien l'on postule, au contraire, que la rhétorique est partout (à chaque « phase » de l'écriture).

D'où partir pour *réévaluer* la rhétorique de Stendhal ? Pas de l'*inventio* (Stendhal idéologue et dramaturge a longtemps pratiqué la « chasse aux idées »), ni de la *dispositio* (Stendhal est un impénitent faiseur, ou voleur de plans, et un théoricien acharné de la mise en intrigue), ni même de l'*actio* (on sait l'importance accordée à la gestuelle par l'évêque d'Agde), ou de la *memoria* (les « arts de mémoire » ne sont pas coupés de tout rapport avec l'écriture de Beyle). Reste l'*elocutio*, parce que c'est le territoire que Stendhal conteste le plus, et c'est le talent que lui refuse le plus la critique. Par exemple, Gracq : « Stendhal n'a pas de beauté de détail »

---

17. *FN* I, p. 207.

(1980 : 46). Quand la critique se livre à des microanalyses sur les textes de Stendhal, c'est, le plus souvent, pour en stigmatiser le « galimatias » (Morier, 1959), pour en épingler « l'agrammaticalité » (Fromilhague, 1995 : 15), ou en admirer « l'arythmie » et la « discordance » (Dürrenmatt, 2003). Sur les rapports entre Stendhal et les « figures », deux discours sont *a priori* tenables (et ont été tenus). Ou bien l'on conclut à leur quasi-inexistence. C'est le cas, par exemple, d'Arlette Michel : « L'équilibre de la grâce associée au sublime tend à s'établir chez Stendhal, qui ne garde guère des figures que l'ironie » (1999 : 1044). Ou bien on en inventorie quelques-unes – comme l'a fait Josiane Attuel (1980) – pour constater l'usage à peine particulier que Stendhal fait de la rhétorique tradition-nelle. Stendhal, en somme, écartelé entre deux diagnostics contradic-toires, oscillerait entre boycott « romantique » des figures, et héritage banal de pratiques « classiques ». Ainsi, pris dans une espèce de *double bind* critique, il perdrait deux fois sa « singularité ». Cette difficulté à rendre compte de l'idiolecte beyliste n'a rien d'étonnant : c'est une façon de confirmer la « résistance » que Beyle oppose à la rhétorique. Mais la « résistance à » n'est pas « l'absence de » (au contraire). Ce que confirment les quelques figures du discours qui vont être interrogées, cristallisées autour d'un catalyseur privilégié : le *et*.

À quoi sert le *et* ? à conjoindre des compléments absolus. Quand Stendhal théorise le « style », il s'agit aussi, pour lui, d'imaginer la « rencontre » de la forme et de la pensée, quitte à fantasmer la coopéra-tion ou la fusion de deux écrivains. Chez Stendhal, nombreux sont les couples complémentaires : Pascal et Fénelon, Fénelon et Montesquieu [18], mais aussi Lemercier et Viennet [19], Lemercier et Baour [20], Delavigne et Hugo [21], etc. Dans le champ du style, les « désirs contradictoires » ne conduisent pas qu'au fiasco. Unir les contraires est une condition, et peut-être même *la* condition pour faire œuvre. En cela, le *et* stendhalien n'est pas symbolique, il est, à la lettre, « symbolisant » : il opère la jonc-tion de deux styles qui s'emboîtent, et qui permettent de « retrouver » une unité. Le *et* stendhalien, a-dualiste, travaille (théoriquement) à la fusion des opposés.

---

18. Voir, ici même, l'étude de Ph. Berthier.
19. *PLC*, p. 542-543.
20. *Ibid.*, p. 671.
21. *Ibid.*, p. 822-823.

À y regarder de plus près, à échelle microstructurale, le *et* commande, dans le discours stendhalien, des figures récurrentes, qui demandent à être recensées et interprétées. Rien d'étonnant à cela : Hugh Blair a souligné que la « particule copulative » appartient à cette classe de petits mots qui « sont souvent les plus importants de tous » (1808, t. I : 358). Le connecteur oblige, dès lors, à de nombreuses microlectures (dont les quelques-unes qui suivent se contentent de proposer un échantillonnage). Évoquons, pour inaugurer symboliquement la série, le *et* à l'initiale de phrases, qui fonctionne comme une espèce de « lanceur », ou de relanceur, et partons de *Leuwen* :

> Ce regard, pourtant, ne voulait rien dire autre chose que le plaisir de curiosité de voir de près un jeune homme qui avait des passions extrêmes, qui, tous les jours, avait un duel, dont on parlait beaucoup, et qui passait fort souvent sous ses fenêtres. Et le beau cheval de ce jeune officier devenait ombrageux précisément quand elle pouvait l'apercevoir [22] !

Larousse, dans son *Grand Dictionnaire Universel*, parlerait – quoique Stendhal ait eu officiellement la chose en horreur – d'« emphase » : « s'emploie quelquefois par emphase : ET vous n'avez rien répondu ! ET vous osez le défendre ! ». Stendhal use, dans *Leuwen*, d'un « et modal » qui convertit le hasard en nécessité magique (en malice du sort), et qui brouille les responsabilités énonciatives. Qui parle ? La prosopopée du regard mêle la voix de Bathilde à celle du narrateur. De sorte que le *et* contient, à la fois, un scandale logique, une immixtion ironique et une excitation érotique. La syntaxe de la relance, en outre, enregistre la fatalité de la chute redoublée. Le « *et* initial de phrase » condense, à lui seul, le recommencement des programmes narratifs. Chez Stendhal, le *fatum* (de l'amour, de la chute) est un *addendum*.

Mais le « *et* initial » peut surgir dans des contextes apparemment moins marqués. Comme le montre cet autre exemple tiré de *Leuwen* : « Mais ce petit malheur est peut-être un mérite se dit-il. Et il affecta de marcher lentement et de façon à ne pas dépasser les groupes de saintes femmes qui s'avançaient au petit pas dans la rue solitaire et couverte d'herbes [23]. » Le (premier) *et* est, ici aussi, un opérateur de relance. Dès lors qu'il apparaît après un « signe pausal », le *et* contribue à brouiller la

---

22. *R* I, p. 919-920.
23. *Ibid.*, p. 864.

situation rythmo-syntaxique. On sait que le *et* peut être « non coordon-nant à l'initiale de phrase », qu'il peut perdre son rôle copulatif et réin-tégrer « le camp des adverbes ordinatifs » (Wilmet, 1998, p. 588). Mais même quand le *et* joue un rôle (apparemment) « interphrastique », il n'est pas dépourvu d'ambiguïté. Damourette et Pichon (1951, § 169) ont signalé l'embarras provoqué par l'emploi d'une conjonction après un point : « difficile de juger, du moins *a priori*, s'il y a là une phrase avec sous-phrase, ou tout simplement deux phrases ». Tout se passe, en fait, comme si Stendhal hésitait entre *legato* (Bordas, 1997) et *staccato* (Gracq, 1980). En outre, et au-delà des analogies musicales, le *et* appelle un commentaire stylistico-historique. Gérald Antoine a bien reconstitué la mythologie du « *Et* initial de phrase » en rappelant qu'il s'agit là d'une « arme de la syntaxe romantique », d'une « manie roman-tique » (1962 : 920-922). Au point que le procédé figure en bonne place dans un pastiche « anti-romantique » de la langue de la nouvelle école. Pour Antoine, une typologie est possible et souhaitable : les « et » initiaux de Lamennais se confondent avec le « *et* biblique », ceux de Hugo sont plus ambigus, ceux de Michelet marquent la fougue révolu-tionnaire. Le « *Et* initial » du second extrait de *Leuwen* garde peut-être quelque chose de la rhétorique biblique, compte tenu de son apparition en atmosphère religieuse : « les saintes femmes » et le « petit malheur » (Lucien a taché son pantalon blanc en s'agenouillant sur « la pierre sale de la chapelle des Pénitents »). L'exhibitionnisme doloriste de Lucien peut pousser à émettre l'hypothèse d'un effet de parodie. Mais ce qui frappe, d'un autre côté, c'est que le *et* initial ait pu aussi passer pour une « grande faute », et qu'il ait pu devenir le signe même du langage parlé.

Cette tension dit beaucoup sur l'écriture stendhalienne, tiraillée entre *disinvoltura* (conversationnelle) et *ars scribendi*. Tension d'autant plus essentielle que le *et*, comme le montre la (deuxième) citation de *Leuwen*, tend, par un effet d'entraînement, à se multiplier, le *Et* limi-naire étant suivi de deux *et* intraphrastiques, dont le dernier sert à un attelage (la « rue solitaire et couverte d'herbes »), figure sur laquelle nous reviendrons. De fait, le mécanisme de la prolifération est fréquent, chez Stendhal. À preuve, cette suite de *et*, empruntée à *De l'Amour* : « Le public, en fait de sentiments, ne s'élève guère qu'à des idées basses, et elles [les femmes] font le public juge suprême de leur vie ; je dis même les plus distinguées, et souvent sans s'en douter, et même en croyant, et disant le contraire [24]. » Stendhal donne l'impression d'écrire, pour parler comme Éric Bordas, de « façon presque oralisante » (2003c), comme le suggère le « je dis ». Toute une série de « et » modalisés informe (et déforme, distend) le discours. Le premier « et » est un coordinatif-adversatif de protestation, qui pourrait être glosé par « et pourtant », tandis que ceux qui suivent (voire celui qui pourrait suivre après le point-virgule) seraient des « et même » (le pénultième qui est, de fait, le seul « et même » actualisé, est comme préparé, en miroir, par un « même » suivi de « et »). Gérald Antoine parlerait ici de *et* d'addition « assévérative » (1962 : 803), qui équivaut en forme développée à « et en même temps (contradictoirement) », « et (en) plus », ou « et même ». L'étiquette savante renvoyant, étymologiquement, à *adseverativus* (« fortifiant l'affirmation »), et à *adseveratio* (« assurance, ou insistance, dans l'affirmation, affirmation sérieuse »). Mais on pourrait dire, tout aussi bien, que le *et* stendhalien se contente ici de revenir à la valeur originelle du *et*. C'est, du moins, à cette conclusion que mène le *Grand Dictionnaire Universel* : « Dans notre ancienne langue, cette conjonction s'employait pour *même*, comme en latin *et* se mettait pour *etiam*. » Stendhal écrit souvent, plus souvent qu'on ne croit, au plus près des acceptions primitives. Au point, parfois, d'écrire latin en français [25].

Reste à commenter la prolifération du *et*. Il s'agit ici de dénoncer les (nombreuses) inconséquences et contradictions des femmes ; l'idéologue se débonde, explique et expulse ses griefs, de là la démultiplication du « strument ». Mais rien de plus réduplicable, de fait, que la conjonction *et*, qui peut, en principe, servir à une catalyse à la fois rudimentaire et infinie. C'est l'outil idéal des *addenda* sériels, des surenchères par saccades et rebondissements, des scandales successifs, « en cascade ». Ce pour quoi on pourrait parler, ici, de *et* cathartique et « cataractique ». La métaphore de la cascade est, peut-être, d'autant plus juste que le mot est polysémique (« traits plaisants », « saillies » au théâtre, « chutes en dégringolades », discours « sans liaisons », méthode mathématique). Tout se passe comme si le *et* « en cascade » de Stendhal était un précipité sémique de toutes ces acceptions : il condense, à la fois, des traits épigrammatiques (misogynes) et des sèmes contradictoires de « désordre » et de

---

24. *DA*, p. 248.
25. Stendhal avoue parfois écrire au plus près de l'étymologie : dans le *Journal*, « génie » est employé au sens du *genium* d'Horace (*OI* I, p. 268), « imbéciles », « dans le sens latin » (*OI* II, p. 414), etc.

« méthode ». L'amoureux proteste, et l'idéologue fait la leçon : l'écriture hésite entre pulsation passionnelle et progression rationnelle, entre séparation et liaison. Mais cette hésitation est au cœur même du *et*. De fait (et Stendhal le sait bien) les rhétoriciens donnent à la conjonction un rôle ambigu. Quand Hugh Blair théorise « le bon emploi de la copulative », c'est pour dénoncer son fonctionnement paradoxal : « Il est en effet assez singulier que l'omission d'une particule destinée à la liaison, fasse paraître les objets plus intimement unis [c'est le cas de l'asyndète, du *veni, vidi, vici,* ou du *Visse, Scrisse, Amò*], et qu'en la répétant [dans la polysyndète], on les sépare » (1808, t. I : 363). La « conjonction » porte, décidément, mal son nom. Et le *et* « en cascade » enregistre, à sa manière, cette ambiguïté ; coincé entre déchaînement satirique et enchaînement « lo-gique », il représente un mixte de « naturel » et d'artifice, un télescopage du conversationnel et du « rhétorique ».

Un autre *et* semble confirmer cette ambivalence, qui sert à des ajouts *in extremis* – technique proche de l'hyperbate, et que pourraient illustrer ces quelques exemples : « vivre sans cesse avec quelqu'un et bien »[26] ; « un amoureux de quarante-cinq ans et timide »[27] ; « un ministre et célèbre »[28] ; « huit ou dix phrases (et dignes) »[29] ; « en regardant et lentement »[30] ; « Un matin [...] où il venait d'être fort maltraité et publiquement[31]. » Ou encore : « si Dieu existait, et bon », etc. Il semblerait que l'on ait affaire, à la fois, à une énergie « conversationnelle » et à des tours « classiques ». De fait, le classicisme aussi, de son côté, joue avec des informations retardées : « depuis sept mille ans qu'il y a des hommes, et qui pensent ». De façon générale, les Classiques recourent à l'« asymétrie des coordonnés », au « *et* d'enchérissement » (Antoine, 1962 : 804), ou à la « coordination différée » (Bonnard, 1972). Ce qui frappe, là encore, c'est la curieuse ambiguïté qui s'instaure entre le mal-écrire et le sur-écrit, comme le montrent les exemples de Littré : « Albe le veut, et Rome » (Corneille) / « Les truites y sont admirables et les saumons du Rhin » (Pellisson). Littré le dit bien : « Ordinairement, les mots joints par *et* se suivent ; mais on peut

---

26. *OI* I, p. 450.
27. *R* II, p. 117.
28. *OI* II, p. 598.
29. *Ibid.,* p. 163.
30. *Ibid.,* p. 269.
31. *R* I, p. 885.

quelquefois les séparer, soit dans le style familier, soit dans le style élevé. » Le *et* est, décidément, le lieu de la langue où s'établit une sorte de tourniquet entre le « noble » et le « familier ». Et Stendhal, en un sens, ne fait pas autre chose que de s'installer à la frontière ambiguë du classico-trivial. Son texte est plus « écrit » qu'on (et qu'il) ne le dit, et il faut d'ailleurs, selon un paradoxe qui en est à peine un, qu'un texte soit « écrit » pour qu'il paraisse « parlé » – ou parler – pour qu'il laisse entendre une « voix ».

Stendhal joue, de fait, la carte du décisif (ou incisif) supplément. Ainsi, une hypothèse (dans l'hypothèse) comme : « si Dieu existait, et bon », constitue un double blasphème. La mise en doute de la « bonté » de Dieu étant peut-être plus violente que le « simple » athéisme, dès lors qu'elle secoue la collocation « bon Dieu ». Dire : « si Dieu existait, et bon » c'est mettre en crise une inclusion sémique (par une dissociation proche de l'hendiadys). Le « et » est un *et* de rupture paradoxale. Il est l'agent minimal d'un supplément-scandale. La cadence mineure de la protase en « si » implique un ajout majeur : *in cauda venenum*. La dysrythmie de Stendhal n'est pas tant celle du « style coupé », que celle de la parole coupante. L'ajout met en scène une séquelle qui mêle la surprise à la nécessité ; à la fois surnuméraire et nécessaire, la figure orchestre (au risque de la contradiction) une « surprise logique ».

On ne s'étonnera pas que le *et* stendhalien travaille, avec une sorte de régularité, à relier des éléments pris dans un rapport d'inclusion. C'est le cas de la fausse dissociation qu'opère l'hendiadys. Stendhal se sert, ici et là, de cette figure. Il suffit, pour le montrer, de passer du bon (?) Dieu (?) au diable : « le Tasse, dont les contemporains croyaient fermement à Lucifer et à ses cornes » [32], exemple tiré des *Chroniques*, auquel on pourrait ajouter cet autre : « il fut le maître de mon cœur et de moi [33]. » En fait, l'hendiadys est partout, aussi bien, dans l'*Histoire de la peinture* (« Bianca trouva l'ambition et ses fureurs » [34]) ou dans *Armance* (« Que me fait le monde et ses vains jugements » [35]), que dans *A-imagination* (« la fortune et ses plaisirs » [36]), dans *Le Rose et le*

---

32. *PLC*, p. 639.
33. *DA*, p. 69.
34. *HP*, p. 53.
35. *R* I, p. 137.
36. *A-Imagination, Romans* 2, Paris, Seuil (L'intégrale), p. 514.

Vert (« abandonner les affaires et le monde » [37]), dans *Lamiel* (« M. le docteur et sa bosse » [38]), ou dans la correspondance (l'auteur « supplie [...] de le traiter lui et ses théories avec la dernière rigueur » [39]). Stendhal use d'une figure « ultra-classique », mais au service d'une répétition étrange, incongrue. Le « supplément » stendhalien oscille entre la solennité académique et l'ajout transgressif, « illicite », voire le « couac ». C'est que « l'emphase », ici comme ailleurs, a au moins deux faces : celle du code (figé), et celle du mode (intense). Ce qui compte, c'est l'énergie de la relance. Celle des inclusions dépariées ; celle, aussi, des exclusions paradoxales. Tel est le cas d'une figure qui cherche à « séparer l'inséparable » comme la schizologie : « C'était l'horreur de la mort seule et sans aucune autre horreur [40]. » La dissociation permet de passer de la fascination au « concept », à l'horreur « pure » : la rhétorique dit le surgissement absolu de la mort. La coordination travaille, manifestement, et régulièrement, à une scénographie de la surprise.

Cependant, certaines surprises coordinatives ne reposent ni sur l'inclusion dissociée, ni sur l'exclusion forcée, mais sur des conjonctions inattendues. Ainsi, l'attelage (ou le zeugme sémantique) tenu, mythiquement, pour la figure « hugolienne » qui associe probité candide et lin blanc, est une figure typiquement stendhalienne. Pour preuve, le portrait inaugural de François Leuwen : « M. Leuwen père [...] ne redoutait au monde que deux choses : les ennuyeux et l'air humide [41]. » Apparemment ce genre de rapprochement ressortit à l'arbitraire, relève de l'idiosyncrasie des goûts et dégoûts. Mais en fait, il existe souvent un lien logique entre les corrélés. L'idéologue de *De l'Amour* stigmatise « les gens à argent et à grosse joie » [42], sur le mode du *ceci* implique *cela*. De fait, l'argent est souvent au cœur de l'attelage stendhalien : Lucien Leuwen veut « gagner quelques francs par mois et [sa] propre estime ». Bien des années auparavant, le jeune Beyle, dans une situation inverse, « ayant 25 s[ous] et la fièvre pour tout bien » [43], protestait contre l'avarice

37. *R* II, p. 1117.
38. *Ibid.*, p. 895.
39. *CG* III, p. 154.
40. *OI* I, p. 71.
41. *R* I, p. 768.
42. *DA*, p. 335.
43. *OI* I, p. 190.

de son père. Brulard, pour sa part, confessera : « En 1804, je désirais cent louis et ma liberté ; en 1836, je désire avec passion 6 000 francs et ma liberté [44]. » Quant à Lucien, une note marginale prévoit, après qu'il aura été « ruiné tout à fait » que « Mme de Chasteller lui donne sa main et 15 000 francs de rente ». On le voit, très souvent, entre les deux termes corrélés, existe un lien « logique ». Et jusqu'au double amour de Brulard pour « les épinards et Saint-Simon » peut être analysé comme une équivalence secrète (Kliebenstein, 2001).

L'inventaire des figures en *et* qui précède n'a pas pour but (toujours atteint d'avance) de montrer que Stendhal, *volens nolens*, sacrifie à la « rhétorique » microstructurale (il y a du/de la rhétorique dans tout texte), mais d'approcher, par ce biais, les macrostructures, de « relier » la *compositio* (phrastique) à la « composition » (transphrastique). D'ailleurs, personne ne nie ce lien, mais il est réduit, le plus souvent, à une dialectique négative, comme l'a montré, par exemple, Claude Simon (1972), en commentant le combat de Fabrice et Giletti, et en dénonçant deux défauts de Stendhal : le désordre incompréhensible de la suite d'actions, et, *a fortiori*, la mauvaise construction des phrases. À récit inconséquent, phrases mal faites (ou plutôt l'inverse). Dans une espèce de « disharmonie préétablie », les défaillances de la *compositio* impliquent un brouillage de l'histoire. Cependant, une telle position revient à méconnaître les théories (dissymétriques) de Stendhal. Chez Stendhal, l'intrigue tend à l'emporter sur les figures. C'est le cas, déjà, quand l'objectif est double – « faire des plans et des *carmina* » [45] – *a fortiori* quand on passe à la prose, et au roman. Mais tout pousse à croire que les deux traits fondamentaux de la théorisation stendhalienne – la condamnation (affichée) des figures, le souci (obsessionnel) du plan – ne sont pas sans rapport. Entre le phrastique et le transphrastique, les frontières ne sont pas si étanches, et il faut peut-être s'attendre à un retour du refoulé, à des « figures de récit », disséminées et dissimulées : l'aventure stendhalienne, qui parie sur le secret [46], et la surprise [47], télescope *lexis* et *taxis*, suppose une « transrhétorique ».

---

44. *OI* II, p. 948.
45. *OI* I, p. 198.
46. Beyle résiste à la divulgation théorique et reste un adepte des doctrines secrètes : « Est-il de l'intérêt d'un grand écrivain de faire une poétique ? » (*FN* II, p. 68).
47. Le roman, selon Stendhal, devrait être le genre imprévisible par excellence : « car, en lisant une page, le lecteur ne doit jamais pouvoir deviner le contenu de celle qui suit » (*PLC*, p. 735).

Il n'est pas question, ici, de démonter tous les fonctionnements « macrotextuels » du « et », qui a été notre micro-objet privilégié, ni même d'en interroger seulement quelques-uns, comme nous l'avons tenté ailleurs (Kliebenstein, 2004a), mais d'esquisser *alla meglio* l'hypothèse transrhétorique, pour en arriver à (et finir par) un cas-limite.

Sur le style beyliste, on peut admirer la justesse métaphorique du verdict de Julien Gracq, quand il signale : « la sécheresse aérée de Stendhal, qui claque ainsi que le linge dans un courant d'air » (1980 : 73). À condition d'ajouter que le linge ne tient pas, miraculeusement, tout seul, qu'il y faut des « épingles ». Et que c'est justement une esthétique des « épingles » que contribuent à mettre en place les fonctions phrastiques et transphrastiques du *et*. Le « *Et* initial de phrase », le « *et* cataractique » sont les symptômes d'un style qui ne se contente pas d'aller « à sauts et à gambades », mais qui suppose aussi des attaches (apparemment) rudimentaires, d'une présence minimale et d'une efficacité maximale. Quant aux missions proprement « rhétoriques » du *et*, la figure de l'attelage, parmi d'autres, peut servir de « pilotis » à une extension macrostructurale. Ainsi, une formule d'allure hugolienne comme « couvert d'opprobre et d'eau boueuse » permet de « modéliser » une avanie de Lucien Leuwen à Blois, d'abord insulté, puis maculé de boue. Ce type de « macrofigure » revient à haute fréquence dans le corpus stendhalien. Et c'est peut-être le rôle rhétorique que joue le *et* dans l'association du Rouge et du Noir. Dans nombre d'aventures, fictives ou autobiographiques, le héros rencontre le « rouge », et le « noir ». Mais ces couleurs ne désignent pas forcément, malgré certaines autotraductions de Stendhal, des signifiés placés à égalité (deux vestèmes sociaux, deux couleurs politiques), ils impliquent tout autant (voire beaucoup plus) une rupture d'isotopie. Tout se passe comme si le *et* stendhalien commandait, à échelle (plus ou moins) macrotextuelle, un attelage obligé, une rencontre du concret et de l'abstrait. Ainsi, l'association Rouge-Noir, lue à la lumière de *Brulard*, de *Leuwen*, ou du *Rouge* peut être « traduite » par : le maquillage et le caractère / la honte et la boue / le crime et l'habit. Dans le « premier souvenir » de Brulard – « piqué » par le rouge que porte Mme Pison du Galland, il la mord à la joue ou au front – la séquence Rouge et Noir forme un attelage narratif : au rouge-concret (le maquillage-stimulus) succède le noir-abstrait (le caractère « atroce »), puis un autre trait « autrement noir ». Lucien, de son côté, conspué à Blois, devient « rouge comme un coq » et reçoit de la boue (de même Sansfin, insulté par les laveuses de Carville, est « rouge comme un coq », puis tombe dans la boue). Quant au crime du *Rouge*, annoncé par le « sang » reflété par les vitraux de Verrières, il est comme appelé par « l'habit noir » de Julien. Parfois, enfin, l'attelage se manifeste sous une forme condensée, et tout survient en même temps : quand Lucien tombe de cheval, il est à la fois rouge et maculé, comme si l'aventure le précipitait dans un « rouge noirâtre » [48].

Chez Stendhal, le *et* de l'attelage (micro ou macrotextuel) donne à la séquence la valeur d'un destin. Et cette valeur reste prégnante si l'on fait du *et* qui relie le « rouge » au « noir » un opérateur d'antithèse (comme dans l'amour et la mort). De fait, le « *et* d'antithèse » tend à devenir un *et* de « sécution » ou de « consécution » (Wilmet, 1998 : 583), comme le montre le « double dénouement » des aventures stendhaliennes. Normalement, l'*explicit* d'un roman doit choisir : le mariage *ou* la mort. Mais tout conspire ici à transformer la « conjonction alternative » en « conjonction copulative » [49]. L'addition finale des incompatibles – le mariage *et* la mort – signe une tendance à la « mise en séquence » des opposés. À l'évidence, Stendhal est l'homme du cumul (jubilatoire ou tragique). À ce compte, le *et* des titres stendhaliens, mot reparaissant (et qui constitue, en cela, leur énigme essentielle) n'a pas seulement une valeur oppositive, mais aussi chronologique : le héros se destine à ceci *et* (puis) à cela. Hugh Blair avait bien noté, de son côté, le rôle séquentiel du *et* : « la répétition de cette particule, lorsqu'elle n'est pas nécessaire […] produit le même effet que le fréquent usage de […] *and so*, dans un récit de simple conversation » – « l'expression *and so*, ajoute le traducteur, correspond à peu près à et puis » (1808, t. I : 359). Un tel rapprochement tend à privilégier le sens chronologique de la conjonction.

Il reste cependant, pour clore l'enquête sur la copulative, à se placer aux antipodes ou à la frontière de l'idée même de « séquence », et à évoquer un cas-limite, mais typique, celui du *et* suivi de rien. C'est du moins dans ce cadre particulier que l'on pourrait inscrire et interpréter les fameux « etc. » qui scandent le discours stendhalien. Le *et*, considéré dans cette perspective, opère une feinte jonction, appelle un faux

---

48. *Voyages en Italie*, Paris, Gallimard « Pléiade », 1984, p. 689.
49. Pour parler comme Beaumarchais (*Le Mariage de Figaro*, III, 15).

complément. Une première précision s'impose : si le *etc.* se contente, parfois, d'une occurrence unique, ou s'étend, quelquefois, jusqu'à la triplication, c'est sous la forme dupliquée qu'il apparaît le plus souvent. Ce double signal orchestre, à haute fréquence, des coupes mythiques, au point que le *Dictionnaire de Stendhal* lui consacre une entrée (signée par Éric Bordas).

La séquence « etc., etc. » peut être lue comme une espèce de poly-syndète qui enfoncerait le clou de l'incomplétude. En outre, et au-delà de la lecture habituelle qui en fait un opérateur de distanciation, la marque d'une lacune ironique ou iconoclaste, les « etc., etc. » sont le symptôme d'une cadence heurtée, d'un *staccato* nerveux, d'un « rythme binaire rapide » (Bordas, 2003a). Ils signent la manie du discours « coupé », au double sens de la césure et de la censure. Pour risquer une analogie métrique, il semblerait que la séquence « etc., etc. » forme une cellule-clausule de type « spondaïque », comme si l'on avait affaire à une suite de deux « syllabes » longues, temps fort (*arsis*) suivi d'un temps faible (*thesis*) qui « prépare » l'amuïssement. De façon plus géné-rale, le *etc.* redoublé semble une sorte de tic linguistique comparable, *mutatis mutandis*, si l'on décide de l'inclure dans une « constellation signifiante », à la compulsion de répétition qui s'énonce dans les « *Comment ! comment !* » automatiques du prince de Parme [50], ou dans des répliques « théâtrales » (c'est le « C'est bon, c'est bon » de Chamoucy [51]), ou encore dans les formules magiques vouées à condenser l'énergie, comme le « alors comme alors » de Napoléon et de François Leuwen.

Malgré de grandes déclarations de guerre contre la rhétorique, Stendhal est sensible, on l'a vu, aux relances (« la vérité, l'âpre vérité »), et à leurs équivalents musicaux, comme les « *mordenti* ». L'un des enjeux essentiels du style échoïque, c'est d'instaurer un « air d'oralité » dans le texte. À preuve, cet extrait d'un dialogue de *Leuwen* : « – Allons, allons, cher docteur […] – Je le sais, monsieur, je le sais [52]. » Le texte, ainsi, tend à faire entendre « une voix ». Le problème, avec le *etc., etc.,* c'est qu'on ne sait pas toujours laquelle.

Au-delà du binarisme « compulsif », et peut-être à cause de lui, ce qui frappe, en effet, ce sont les surgissements erratiques, et donc énigmatiques,

50. *R* II, p. 249-250.
51. « C'est bon, c'est bon, Justine, avertis ta maîtresse » (*Les Deux Hommes, T2*, p. 370).
52. *R* I, p. 861.

du *etc., etc.* Comme l'a bien dit Éric Bordas, la formule est employée dans des « contextes énonciatifs *a priori* dépourvus de toute légèreté ou de distance critique », ou dans des « monologues en discours narrativisés », bref il semble qu'elle soit fréquemment l'objet ou fasse souvent l'enjeu d'une « inadéquation stylistique » (Bordas, 2003a). La locution adverbiale fonctionne (dysfonctionne) comme un signal générique ou tonal ambigu qui peut aussi bien marquer la tentation satirique ou parodique, que l'économie « brute », in-justifiée (aphasique). Elle plane sur le texte comme une menace omniprésente. Elle peut frapper n'importe quel énoncé (elle est atypique, agénérique), et elle peut frapper à n'importe quel moment de l'énoncé (elle est atopique, intempestive). Le *etc., etc.* est un ponctuant « spirituel » : il surgit comme souffle l'Esprit de la Bible, quand il veut, et où il veut. Pour comble, l'indécision porte aussi, parfois, sur la responsabilité énonciative. Quand Julien, en prison, dit à Mathilde : « – [...] Cela peut faire effet, et peut-être un jour vous me verrez le sujet de quelque mélodrame, etc., etc. » [53], qui coupe ? On sait, à coup sûr, où le discours de Julien commence (grâce à la présence d'un tiret typographique), mais on se demande où il finit (à cause de l'absence de guillemets démarcatifs). On ne sait pas vraiment qui manie les ciseaux d'Anastasie. L'acte de langage (ou de non-langage) hésite entre autocensure (de l'acteur) ou censure (du narrateur). Rien n'empêche, d'ailleurs, l'écriture de se placer sous le signe du cumul : l'aventure peut s'écrire « au risque de compromettre, à la fois, et nous et notre héros » [54], de confondre sujet parlant et sujet parlé. L'« ironie » n'est pas (seulement) dans la censure du discours, mais aussi dans l'identification parfois impossible du censeur : l'origine du *etc.*, plus d'une fois, se perd.

Mais il y a, peut-être, plus curieux encore. C'est que le *etc.* non seulement tend à transformer le texte en cryptogramme, mais *constitue* lui-même une sorte de cryptogramme. De fait, *etc.* condense différents procédés cryptographiques dont use Stendhal : c'est une abréviation, c'est aussi un xénisme (une locution latine qui offre le plaisir discret du sabir), et sa reconstitution même reste problématique, comme l'attestent les variantes possibles de son déploiement (*et cetera*, ou *coetera*, ou *caetera*). Il existe, d'ailleurs, une preuve que le *etc.* peut être senti

---

53. *R* I, p. 695.
54. Comme le confie le narrateur d'*Armance* (*R* I, p. 84).

comme un signal étrange, « étranger », c'est la tentation de « traduction » qu'il suscite, comme le montrent bien, au XVIIIᵉ siècle, les *Nuits* de Rétif, où *etc.* devient « et le reste », amalgamé, dans l'édition originale, en « *étlereste* », abrégé, par un jeu de dévocalisation partielle, en « *etlrst* ». Comme si, par une sorte de contagion fatale, le mot partiellement censurant devait être aussi un mot en partie censuré. En somme, le *etc.* dont se sert Stendhal est (aussi) une glossolalie, un cryptogramme autorisé et comme encouragé par la langue : Stendhal fait un « usage privé » des obligations linguistiques. Interprétée comme un cryptogramme « invisible » (ce qui est le comble du secret), la locution latine oscille entre le ludique et l'ésotérique. Il n'y a pas si loin, de fait, de ETC. à S.F.C.D.T. (Se Foutre Carrément de Tout), ou à T.·.C.·. F.·. (on sait que « T.·.C.·. F.·. », mis pour « très-cher frère », est l'exemple-type de l'abréviation maçonnique [55]). *Etc.* est un mélange de je-m'en-fou-tisme, de sollicitude et de complicité, un mixte d'irrévérence et de connivence. Roland Barthes, en ce sens, n'avait pas tort de gloser *etc.* par un « je vous fais grâce du reste ». Reste à évaluer précisément ce « reste » qu'implique l'abréviation abrégeante.

L'« ellipticisme » de Stendhal ne consiste pas seulement à courir la poste, à « sauter les idées intermédiaires », mais, de façon bien plus provocante, à supprimer les idées terminales. Bien sûr, il est toujours possible d'applaudir aux ellipses et aux discours « troués », car les textes, qui atteignent à une densité cryptique, y gagnent en éclat, invitent au déchiffrement : il faut « savoir *ce que parler veut dire* » [56], *intelligenti pauca* [57], « etc., etc. ». Ce dispositif phatique-herméneutique tend un piège narcissique au lecteur « bénévole » (rend « bénévole » le lecteur). Censeur(s) et lecteurs partageraient alors les mêmes valeurs, et la coupure provoquerait un phénomène de « sympathie », ou plutôt de « syn-éthie » (Jousset, 2003 : 141). Mais la séquence *etc., etc.* est plus ambiguë qu'elle semble, elle est l'indice d'un désir (contradictoire) de silence et de relance. En fait, les *etc.* représentent, à la fois, un écono-miseur tranchant et définitif, et la tentation de continuer le discours, de « filer » le texte sans le rompre. Comme si les *etc., etc.* ne figuraient

---

55. E. F. Bazot, *Manuel du Franc-Maçon*, Paris, chez J. Moronval, 4e éd., 1819. Cet exemple (prototypique) se trouve dans le « Dictionnaire » qui ouvre la seconde partie, p. 150.
56. *R* I, p. 383, 1505.
57. *HP* I, p. 311 ; *RS* (épigraphe) ; *R* I, p. 378 ; *R* II, p. 265.

qu'un pseudo-inachèvement. En un sens, tout est dit, comme dans une « réticence » rhétorique (Kliebenstein, 2004b). À ce compte, le *etc., etc.* se contenterait de simuler la censure d'une suite : c'est un « pseudo-lipisme ». De fait, le second *etc.* n'est pas un renforcement du premier : la mise en séquence des *etc.* fait du second une séquelle paradoxale ; dans une sorte de court-circuit pragmatique, la seconde occurrence devient le complément de ce qui exclut les compléments. L'écriture travaille, ironiquement, à ajouter « rien ».

Un tel micromécanisme permet, peut-être, de réinterpréter les fameux inachèvements de Stendhal, et même de soutenir qu'il n'y a pas, au sens brutal ou contingent du terme, d'« inachèvement ». C'est que, d'un côté, les inachèvements semblent, en quelque sorte, « programmés » (ou à tout le moins « annoncés ») par ces signaux intermédiaires, pseudo-escamoteurs de fin que sont les *etc., etc.* En ce sens, les *etc.* pourraient être lus comme le signe microstructural d'un syndrome général de l'inachèvement (ils entreraient alors dans le paradigme des signes du *non finito*, comme le nom de « Sansfin » dans *Lamiel*, par exemple). D'un autre côté, les *etc., etc.* mettent en cause et en crise la notion même d'inachèvement : au texte, il (ne) manque, finalement, « rien ». La coupure du *etc., etc.* est, à la fois, la marque d'une incomplétude et le signe d'un comblement (par réduplication). Quant à la ponctuation, elle dit, à sa manière, cette oscillation. Ajouter un second *etc.* au premier, revient, en effet, à se livrer à une double transgression – qu'elle soit « imposée » par la langue n'y change rien [58] : il s'agit de faire suivre le (premier) point d'une virgule (ce qui est une façon de dénier la fin), et de réserver, de « reverser » (partiellement) la fonction conclusive du point à la seconde occurrence. Tout repose ici sur une variation minimale, sur le principe de « la plus petite différence », le premier point (abréviatif) n'ayant pas la même valeur que le second (abréviatif-terminatif). Preuve, s'il en était besoin, qu'il existe une rhétorique des ponctuants, ou plutôt, qu'il faut étendre la rhétorique aux ponctuants (le retour du signifiant avec un sens différent relevant de l'antanaclase). Le microsystème sert, en même temps, à dénier l'idée de fin et à produire un point « ultra-final », emphatique, un *explicit* et

---

58. On pourrait même définir le style comme un « usage privé » (et donc quasi insoupçonnable) des contraintes linguistiques, comme l'art de « récupérer » (impunément) une obligation.

un *sufficit* (pour reprendre le dernier mot de Kant). La coupure des *etc.* produit un texte toujours-déjà inachevé, et toujours-déjà achevé. *Etc., etc.* signe, à la fois, une béance et un redémarrage, de la même manière que la « fin » de *Lucien Leuwen* met en scène un nouveau début, une nouvelle carrière à Capel. *Da capo.*

Il y a, manifestement, chez Stendhal comme dans la langue, un polymorphisme pervers du *et*, tour à tour (ou à la fois) additif, oppositif, consécutif, ou « vide ». Le *et* est l'indice d'une haute condensation, d'une cristallisation « noire » (énigmatique). C'est, peut-être, le mot le plus important des titres de Stendhal, et le plus retors : il soulève sans cesse le problème du « bon emploi de la copulative ». Le *et* stendhalien, en régime microstructural, est compromis dans des antithèses, des attelages, des hyperbates, des hendiadys, sans compter les emplois (apparemment) « explétifs » : il semble voué, en somme, à relier *ce qui ne devrait pas l'être*. Et ces microscandales retentissent à l'échelle macro-structurale, et peuvent donner une image juste de l'étrangeté de la « disposition » stendhalienne, de ses feintes « inconséquences », ou de ses fausses incomplétudes. Si le discours de Beyle claque comme le linge dans un courant d'air, les *et* qui fixent, qui « épinglent » le discours sont des opérateurs duplices (comme des « morceaux de bois fendu »), toujours écartelés, minimalement, entre « ordre » et « désordre », « oralité » et « écriture », « style élevé » et « style familier ». Truquage ordinal, truquage vocal, truquage tonal. Dominique rêve visiblement, au risque de la *contradictio in adjecto*, d'une « rhétorique subversive ». On se rappelle le paradoxe de Pascal, selon lequel la véritable éloquence se moque de l'éloquence. Ici, à sa façon, l'a-rhétorique de Beyle est la vraie rhétorique. De fait, la fameuse métaphore du style comme « vernis transparent » (*Journal*, 1812) dit bien la vérité sur l'écriture de Dominique : le vernis « transparent » n'est pas un vernis inexistant, et s'il est transparent, c'est d'abord pour respecter – parce qu'il respecte – les « couleurs » (de rhétorique). Sous le masque du « dé-lié » de Gracq, de la « liberté de non-enchaînement quasi totale » (Gracq, 1980 : 36), se tient un discours « délié », au sens classique, c'est-à-dire : « *dont on ne démêle pas du premier coup l'artifice* » (Littré). Le « cache ta vie » de Beyle est aussi un « cache ta rhétorique ». Et le *Grand Dictionnaire Universel*, de son côté, ne donne pas d'autre conseil. L'écriture *ab hoc et ab hac*, de fait, est (aussi) un leurre. Stendhal a fait en sorte que l'on

« oublie » ses stratégies et ses artifices énonciatifs, il a réussi à mettre au point toute une « léthétechnie ». La plus belle ruse du Diable, c'est de faire croire qu'il n'existe pas. Beyle, lui, est parvenu à forger une crypto-rhétorique qui ne cesse de résister à sa propre mise en lumière.

Georges Kliebenstein
Université de Poitiers
EA 3816 Formes et Représentations
en Linguistique et Littérature (FORELL)

Références des textes cités :

Œuvres intimes, tome I, Paris, Gallimard « Pléiade », 1981. [*OI* I]
Œuvres intimes, tome II, Paris, Gallimard « Pléiade », 1982. [*OI* II]
Paris-Londres, Chronique, Paris, Stock, 1997. [*PLC*]
De l'Amour, Paris, Gallimard « Folio », 1980. [*DA*]
Voyages en France, Paris, Gallimard « Pléiade » 1992. [*VF*]
Racine et Shakespeare, Éditions du Divan. [*RS*]
Théâtre, tome III, Éditions du Divan. [*T*]
Romans et Nouvelles, tome I, Paris, Gallimard « Pléiade », 1947. [*R* I]
Romans et Nouvelles, tome II, Paris, Gallimard « Pléiade », 1948. [*R* II]
Correspondance Générale, tome I, Paris, Champion, 1997. [*CG* I]
Correspondance Générale, tome II, Paris, Champion, 1997. [*CG* II]
Correspondance Générale, tome III, Paris, Champion, 1997. [*CG* III]
L'Âme et la Musique, Paris, Stock, 1999. [*AM*]
Chroniques italiennes. [*CI*]
Histoire de la peinture en Italie, Paris, Gallimard « Folio », 1996. [*HPI*]
Pensées, Filosofia nova, tome I, Éditions du Divan, H. Martineau, 1931. [*FN* I]
Pensées, Filosofia nova, tome II, Éditions du Divan, H. Martineau, 1931. [*FN* II]

LE CHANT DU CYGNE

Une des confidences les moins citées de Stendhal, et pourtant l'une des plus étonnantes sans doute, voire des plus mystérieuses, se glisse comme par surprise dans l'une des versions de sa réponse à Balzac pour le remercier du péan qu'il a entonné dans la *Revue Parisienne* en l'honneur de *La Chartreuse de Parme* : « Souvent je réfléchis un quart d'heure pour placer un adjectif avant ou après son substantif [1]. » On est, à vrai dire, franchement stupéfait de découvrir à Civitavecchia ce genre de scrupule stylistique qu'on aurait cru plutôt l'apanage de Croisset. Surtout à propos d'un roman dont on sait par ailleurs qu'il a été dicté à bride abattue, et où il est convenu de voir l'apothéose d'un art de l'improvisation par ailleurs abondamment théorisé chez un auteur qui s'est toujours déclaré ennemi de tout ce qui, par trop de calcul, pourrait venir brider le mouvement de l'écriture. Sans être par principe un joaillier minutieux de la phrase, torturé par le démon du perfectionnisme formel, Stendhal est éminemment sensible, ainsi que le manifestent ses notes en vue de rééditions éventuelles où lorsque d'aventure il se relit, aux questions d'euphonie et d'eurythmie. Comment pourrait-il en aller autrement pour quelqu'un qui, à force d'écouter de l'opéra, avec l'attention absorbée et la participation quasi physique à l'aventure, toujours neuve et risquée, de l'émission de la voix, en a intériorisé les inflexions, les cadences, a subi les sortilèges du souffle, a communié avec l'infinie variété des effets produits par les noces du son et du sens célébrées dans le corps chantant ? Dans cette perspective « pneumatique », on conçoit que l'ante- ou la postposition d'une épithète soit en effet d'extrême conséquence. Cette préoccupation, qu'on aurait tort de croire circonstancielle, mais qui apparaît au contraire endurante, en même temps qu'elle nous oblige à réviser certaines idées paresseuses sur le prétendu spontanéisme stendhalien, qui est loin d'être intégral, nous incite à un sondage autour de l'exemple fénelonien, particulièrement précieux pour tout ce qui touche aux enjeux de la musicalité textuelle.

---

1. *Correspondance générale*, Paris, Champion, t. VI, 1999, p. 404 (17-28 octobre 1840).

Fénelon vient de loin pour Stendhal. À vingt ans, il engage déjà sa sœur Pauline à aller s'enquérir de sa vie dans le *Dictionnaire historique des grands hommes* et à en rédiger un extrait [2]. En 1804, lors de studieuses séances à la Bibliothèque nationale, il épluche la *Lettre à l'Académie sur l'éloquence* et relève avec satisfaction les convergences entre leurs goûts littéraires :

> Fénelon désapprouve, comme moi, l'amour d'Hippolyte.
> Il désapprouve, comme moi, les huit premiers vers de *Cinna*.
> Il blâme beaucoup, comme moi, le récit de Théramène [...]
> Fénelon veut qu'un poème soit simple, naturel et passionné.
> Dans Fénelon tout favorise l'idée que je me suis formée du poète : celui qui émeut [3].

C'est déjà prendre acte d'une sorte de consanguinité intellectuelle, et donner un garant flatteur à ses propres jugements d'animal écrivain apprenant son métier. Fénelon fait figure de véritable modèle :

> Donner, en un mot, des vérités éternelles dans le langage le plus simple, le plus naturel, le plus coulant, le moins offensant la vanité des lecteurs. Je crois que je serai original par cela. Il n'y a (à la première vue) que Fénelon qui ait eu ce principe, et il ne l'a pas donné. Cela détruisait la magie. L'imiter [4].

Il est paradoxal de se proposer le mimétisme comme moyen d'originalité, mais déjà se dégagent les charismes féneloniens essentiels, à l'énoncé programmatique, dont la réunion opère une sorte de miracle. On le voit, c'est d'emblée pour ses qualités de styliste que Fénelon s'impose à Henri, bien plutôt que par ses vertus de prosélyte. Lorsque le Docteur Gagnon, en 1805, l'exhorte à se procurer le petit traité *De l'existence de Dieu* [5], on peut se douter que ce ne sont pas les spéculations théologiques qui l'y retiendront, mais un bréviaire d'écriture. En juin 1812, Stendhal annote de près Fénelon avec l'ami Crozet [6] ; nous y reviendrons. En 1814, son statut d'exemplarité pédagogique apparaît fortement

---

2. *Correspondance générale*, t. I, 1997, p. 82 (8 février 1803).
3. *Journal littéraire*, Genève, Cercle du Bibliophile, t. I, 1970, p. 309 (24 avril).
4. *Ibid.*, p. 461-462 (9 juillet 1804).
5. *Correspondance générale*, t. I, p. 421 (28 décembre).
6. *Journal littéraire*, t. II, p. 362-365 et *sq.*

confirmé par l'achat, à Gênes, pour 33 francs, des *Œuvres complètes* en dix volumes, « si nécessaires pour mes études de style »[7]. Cette emplette indispensable se révèle un excellent investissement : le 4 septembre 1815, Stendhal note qu'il a pleuré *à chaudes larmes* la mort d'Achille dans *Télémaque*[8]. Y a-t-il beaucoup d'hommes de lettres dont l'impénitent caustique ait confié qu'ils le faisaient pleurer ? Et surtout avec des histoires d'antiquailles dont il allait, quelques années plus tard, dans *Racine et Shakespeare*, souligner le caractère pour lui de plus en plus académique et « bâillatif ».

Il faut croire qu'il y a un secret Fénelon. Les sujets qu'il traite (rhapsodies homériques et éjaculations piétistes) devraient le lui rendre au mieux indifférent, au pire antipathique (« Je note les phrases charmantes sans faire attention aux pensées, qui, souvent, manquent de sens »[9]), et pourtant non seulement il le retient, mais il le captive, mais il le bouleverse. En 1840 encore, dans la lettre à Balzac, le faux sec récidive avec un second aveu lacrymal : « Il n'y a pas quinze jours que j'ai pleuré en relisant *Aristonoüs, ou l'esclave d'Alcine*[10]. » Décidément, des écluses profondes s'ouvrent chez Stendhal lorsqu'il lit Fénelon, et singulièrement ces *Dialogues des Morts* dont il affirme à Balzac qu'ils incarnent pour lui « la perfection du *français* »[11]. Avec Montesquieu, c'est pour lui le seul ouvrage à sortir de l'énorme lot du patrimoine littéraire national comme échantillon canonique de « *bien écrit* »[12]. Ce qui ne manque pas d'impressionner, et invite à relativiser le classement de Fénelon en queue de peloton dans une liste, dressée en 1832, des dix auteurs « qui donnent du plaisir en français par du noir mis sur du blanc ». Victime d'une disgrâce passagère, il n'est nommé qu'en supplément, en situation de ballottage, ou de repêchage, en la compagnie certes nullement déshonorante des La Bruyère, Boileau, Regnard et Bayle[13]. Disons, pour tâcher de bien doser les choses, que si, par la nature de ses œuvres,

---

7. *Œuvres intimes*, Paris, Gallimard « Pléiade », t. I, 1981, p. 913 (*Journal*, 22 septembre).
8. *Journal littéraire*, t. III, p. 237.
9. *Ibid.*, p. 235 (en marge de *Télémaque*, 25 septembre 1814).
10. *Correspondance générale*, t. VI, p. 408.
11. *Ibid.*, p. 404 (16 octobre). *Cf. Rome, Naples et Florence (1826), Voyages en Italie (VI)*, Paris, Gallimard « Pléiade », 1973, p. 500.
12. *Correspondance générale*, t. VI, p. 403.
13. *Œuvres intimes*, t. II, 1982, p. 165 (*Journal*, 15 septembre).

Fénelon ne peut être pour lui une de ces références magistrales et abso-
lues qui occupent une fois pour toutes et de manière despotique la
mémoire et le premier rayon de la bibliothèque, il est un compagnon,
objet d'une dilection spéciale, et auquel on recourt souvent parce qu'on
sait trouver auprès de lui des leçons d'*ars scribendi* et des moments litté-
rairement et littéralement incomparables.

« Combien ce style simple me touche davantage que le style
d'*Émile*[14] ! » La comparaison systématique avec l'univers de Jean-
Jacques a été pratiquée par Stendhal en juin 1812 avec Crozet dans un
cahier du plus grand intérêt. L'exercice tourne d'emblée à l'avantage de
Fénelon, crédité d'un style qui « rend la nature comme une glace
fidèle » (s'agirait-il déjà d'un miroir qu'on promène le long de la
route ?), et lui laisse « *sa variété infinie* », tandis que celui de Rousseau,
avec un impérialisme pénible, s'interpose indiscrètement entre le réel et
le lecteur, et « donne à tout une certaine couleur »[15]. Un exemple
permet tout de suite d'envisager ce qui les sépare : « Dans Jean-Jacques,
un bosquet frais enseigne la vertu ; dans Fénelon, il porte seulement à
une volupté douce, ce qui est son expression naturelle dans un pays
chaud[16]. » *Nature, naturel* : on en revient toujours là avec Fénelon,
alors que Rousseau contamine le donné de ses affects envahissants.
« Fénelon décrit les choses, et non pas la situation de son âme en les
voyant[17]. » Ainsi, dans la promenade sur le lac de *La Nouvelle Héloïse*,
Saint-Preux s'écrie : « J'eus la douleur », etc., ce qui selon Stendhal
constitue un « pléonasme de sentiment », « il eût été bien plus simple
et plus beau de dire comme Fénelon : Je vis Julie »[18]. Dévoré du besoin
d'exhiber son émotion avec chaleur, Rousseau veut absolument qu'elle
soit partagée par les autres, dans une attitude foncièrement colonialiste,
ou de preneur d'otages, irrespectueux de la liberté et des ressources
propres du lecteur. Tandis que « le style de Fénelon ne nous disant pas
ce que nous devons éprouver, nous abandonne à notre faculté de
sentir »[19]. Stendhal et Crozet observent la méthode de Rousseau dans
la description des rochers de Meillerie :

---

14. *Journal littéraire*, t. III, p. 237. Marginale de 1815 sur *Télémaque*.
15. *Journal littéraire*, t. II, p. 362.
16. *Ibid.*.
17. *Ibid.*, p. 363.
18. *Ibid.*, p. 371.
19. *Ibid.*, p. 373.

« Ce lieu solitaire… mais plein de ces sortes de beautés qui ne plaisent qu'aux âmes sensibles et paraissent horribles aux autres. »

(vient ensuite la description).

« Au milieu de ces grands et superbes objets, le petit terrain où nous étions étalait les charmes d'un séjour riant et champêtre. »

(suit la description).

Il est probable que Fénelon eût mis les descriptions sans peindre auparavant l'effet qu'elles produisaient sur l'âme [20].

Ces considérations à la fois techniques et morales (mais toute technique implique évidemment une morale) aboutissent à la définition stendhalienne du style comme « un vernis transparent » qui « ne doit pas altérer les couleurs ou les faits et pensées sur lesquels il est placé » [21]. L'image est séduisante, mais pose peut-être plus de problèmes qu'elle n'en résout. Le style serait donc à la fois une absence (pas de personnalité faisant écran) et une présence (le vernis est bien un élément ajouté sur la toile pour la rendre plus brillante). Il s'agirait tout ensemble de ne pas trahir le monde en lui surimprimant une interprétation exogène, et néanmoins de ne le rendre qu'après avoir augmenté son éclat, et l'avoir fait passer au prisme d'une lumière qui magnifie ses couleurs propres, tout en les restituant avec probité. Que l'on sache, les « tableaux de la nature », comme on disait volontiers à la fin du XVIIIᵉ siècle, ne sont pas vernis dans le réel, mais selon Stendhal ils le sont sur la page. Il ne s'agit donc pas d'un degré zéro de l'interventionnisme, et c'est bien toujours *homo additus naturae*, mais avec une discrétion et un tact qui laissent aux voix du monde toutes leurs chances de faire entendre leur musique authentique, au lieu d'être captées, brouillées, perverties, par le message personnel qu'on voudrait les plier à traduire. Là où Rousseau s'étale, Fénelon se retient. Évidemment, Rousseau produit plus d'effet que Fénelon : « comme il avait l'âme naturellement modérée et qu'il était prêtre, il n'a jamais été émouvant comme le premier volume de *La Nouvelle Héloïse* [22]. » Le

---

20. *Journal littéraire*, t II, p. 374.
21. *Ibid.*, p. 364.
22. *Ibid.*, p. 362.

style de Rousseau exerce indiscutablement une influence puissante, mais impure : « c'est un filet qui prend beaucoup de poissons, mais il y a diablement de goujons [23]. » Le chalut du pêcheur d'hommes (ici, surtout pêcheur de mots) ratisse moins large, mais n'admet aucun fretin.

Bien entendu, ce refus de l'unilatéralisme sentimental et stylistique peut se payer parfois d'une certaine froideur, d'un manque à vibrer que déplorent les amateurs de *rubato* obscène, mais qui apparaît à Stendhal finalement sinon plus efficace, du moins plus noble et en tout cas plus honnête ; à propos des *Confessions*, il remarque :

> Ce style, amusant à chaque phrase par quelque petite tournure, quelque petit stratagème, fait qu'on se trouve bien vite au bas de la page, mais sur le tout il me semble manquer de simplicité, et par là de grandeur.

> Cette lecture me confirme dans l'idée que j'ai raison de mieux aimer la manière simple et un peu froide de Fénelon qui laisse à chaque idée son effet, si toutefois elle en a [24].

Ce n'est certes pas lui qui « branlerait » l'âme du lecteur, comme Stendhal écrivait à Balzac avoir résolument refusé de le faire. Le danger serait de tomber dans la décoloration [25], la faiblesse : « Les sensations produites par le style de Fénelon sont claires et distinctes, mais pas fortes [26]. » Il ne se permet jamais « la plus petite amphibologie » [27] ; il fait régner dans son discours un *lucidus ordo* souverain. Et puisqu'on vient de citer Horace, c'est bien à l'incomparable diction de la tradition classique que songe Stendhal en lisant certaines pages de Fénelon, face à ce qu'il ressent comme la misérable dégradation contemporaine :

> Après la pureté angélique de Virgile, on eut à Rome l'esprit de Sénèque. Nous avons aussi nos Sénèques à Paris, qui, tout en vantant la belle simplicité et le naturel de Fénelon et du siècle de Louis XIV, s'en éloignent le plus possible par un style pointu et plein d'affectation. […] Ce qu'il y a de pis, c'est que l'habitude des mets préparés avec toutes les épices de l'Inde rend insensible au parfum suave de la pêche.

---

23. *Journal littéraire*, t II, p. 374.
24. *Journal littéraire*, t. III, p. 33 (12 août 1814).
25. *Ibid.*, p. 34, *Œuvres intimes*, t. I, p. 918.
26. *Journal littéraire*, t. II, p. 364.
27. *Ibid.*, p. 363, 366.

On dit que les hommes qui, à Paris, veulent se conserver le goût pur en littérature, ne lisent, comme modèles, que les écrivains qui ont paru avant la fin
du dix-septième siècle [...]

... se garantir de ce *sénéquisme* général, qui vicie tous les arts [28]...

Point de vue que Stendhal reprendra dans sa lettre à Balzac : « Je crois
que nous en sommes au siècle de Claudien [29]. » Stendhal n'est pas des
Esseintes, et le faisandé des décadences n'exerce nul attrait sur lui.
Inébranlablement campé sur un socle de solide classicisme que son
engagement « romanticiste » et shakespearien n'a jamais ruiné, il ne
s'étonne pas que les rhéteurs, les enflés en tous genres ne puissent même
plus entendre la pudique partition fénelonienne. Quand il s'agit de
majorer à tout prix l'expression pour se faire remarquer, de cultiver par
principe « l'effet-buvard » (où le disant surpasse le sujet), on n'a plus
l'oreille assez fine pour être sensible à la subtilité de certaines harmoniques.

Les métaphores picturales et musicales sont d'autant mieux venues
ici que Fénelon s'inscrit en plein dans la transversalité des équivalences
que Stendhal aime à établir entre les divers champs de l'expression artistique au sein de cette esthétique intégrale, ou généralisée, dont il a
toujours rêvé. Écoutant par l'exemple la voix des sœurs Anna et Esther
Mombelli, il s'ausculte :

Ces voix me transportent au-delà de tout ce qu'il y a de commun dans
la vie.

C'est la pureté de Raphaël dans les madones de sa première manière ;
souvent aussi c'est sa faiblesse. La voix de ces jeunes filles n'est pas très forte,
elle produit tous ses miracles par le manière dont elle est conduite.

Comparées aux cantatrices modernes, c'est le style de Fénelon [30]...

Texte remarquable, où convergent et s'échangent trois langages (opéra-
tique, plastique, littéraire) pour exprimer une seule et même émotion
polymorphe. Fénelon, c'est Mozart (« ce sont en général les caractères
les plus insensibles à la crainte du ridicule qui préfèrent hautement

---

28. *Vies de Haydn, de Mozart et de Métastase*, in *L'Âme et la Musique*, Paris, Stock, 1999,
p. 151.
29. *Correspondance générale*, t. VI, p. 408.
30. *Voyages en Italie*, p. 71 (*Rome, Naples et Florence en 1817*).

Mozart. Les amateurs vulgaires en parlent comme les littérateurs vulgaires de Fénelon. Ils le louent, et seraient au désespoir d'écrire comme lui »[31]), c'est Mercadante (« Toutes proportions gardées, le génie de Mercadante a des rapports frappants avec celui de Fénelon ; il en a l'onction et la sensibilité pleine de mesure »[32]), c'est Raphaël, aussi bien peintre (« Quand Raphaël est *déclamateur*, il l'est comme Fénelon dans certains morceaux du *Télémaque* »[33]) qu'architecte (« On leur reprochait [aux ouvrages d'architecture de Raphaël] de la froideur ; n'est-ce pas le défaut du style de Fénelon aux yeux des imitateurs de M. de Chateaubriand ? »[34]). C'est surtout, de manière récurrente et élective, le Corrège, à qui Stendhal l'apparie systématiquement.

En 1812, il note : « Qui m'eût dit *that the Confessions of* J.-J. Rousseau me déplairaient et que je chercherais la couleur dans Fénelon ? Le dessin de *Télémaque* est, à la vérité, pitoyable, mais c'est le coloris qui me semble approcher le plus *of* Allegri[35]. » Pour s'en persuader, il recopie une phrase particulièrement moelleuse de *Télémaque* : « Mais ce qui me perça le cœur fut que je crus que Mentor avait perdu la vie, et qu'ayant passé les ondes du Styx, il habitait l'heureux séjour des âmes justes », et commente en soupirant : « Quelle douceur dans cette fin ! C'est le Corrège[36]. » Et en 1814, lisant une lettre de Fénelon à son neveu, il remarque : « Jeu du *tu* et du *vous* dans une lettre entre hommes. Fénelon est bien le Corrège du *style*[37]. » Autant que corrégien, *La Chartreuse de Parme* serait-elle donc un roman fénelonien ? Pour Stendhal, ce que Corrège (qui n'est sans doute pas le plus grand peintre du monde) a eu d'unique et d'irrésistible, c'est d'avoir su créer des passages parfaitement lubrifiés entre la surface et la profondeur, dans un milieu aux dégradés idéalement onctueux. Cette plongée suave d'un plan à un autre, jusqu'à la vaporisation en des lointains aussi ductiles qu'inépuisables interdit le fixisme de toute définition, fait éclater et dériver le sens vers des horizons toujours inchoatifs, riches de tous les trésors de la virtualité. De même, dans cette lettre de Fénelon,

---

31. *L'Âme et la Musique*, p. 627 (*Vie de Rossini*).
32. *Ibid.*, p. 861 (*Notes d'un dilettante*).
33. *Voyages en Italie*, p. 822 (*Promenades dans Rome*).
34. *Ibid.*, p. 957.
35. *Œuvres intimes*, t. I, p. 821 (*Journal*, 5 mars).
36. *Journal littéraire*, t. III, p. 234.
37. *Ibid.*, p. 238 (19 octobre). *Cf. Œuvres intimes*, t. I, p. 917.

la chorégraphie délicate et affectueuse du *tu* et du *vous* empêche qu'un nom, quel qu'il soit, forcément appauvrissant et entropique, étiquette (et donc diminue) le sentiment qui lie l'épistolier à son destinataire dans un délicieux clair-obscur.

C'est bien entendu parler de tendresse, c'est-à-dire de religion – d'une certaine religion. Fénelon, comment l'oublier, était d'Église, et même sans cette situation en quelque sorte professionnelle, on sait bien que tout style, comme tout choix de point de vue, renvoie à une métaphysique (de même que, traversant tout le corps, il renvoie à une érotique) : le style de Fénelon a profondément à voir avec son Dieu, et il est infiniment plus que son style. Stendhal s'est gentiment gaussé de certaines des productions spirituelles de Fénelon, par exemple son ouvrage sur les *Douceurs de l'amour de Dieu et la Pointe de l'âme extatique qu'il suffit de réserver à Dieu pendant l'anéantissement complet du pêcheur en quiétude* :

> Il est fort étonnant qu'un homme du talent de Fénelon ait écrit cette étrange sottise et, quantité d'autres du même genre. Et ce qui ajoute à l'absurdité de l'époque, c'est que Fénelon nourrissait cet amour extatique et passionné pour la Divinité conjointement avec Mme Guyon, jeune et belle veuve. Bossuet obtint de Louis XIV des lettres de cachet afin d'exiler toute personne soupçonnée de quiétisme, terme dont on se servait pour exprimer cet amour tendre et ardent que Fénelon désirait en toute innocence inspirer pour la Divinité[38].

Ce sont les balivernes d'une exquise sensibilité. Dans *Une Position sociale*, la duchesse de Vaussay, lectrice de Fénelon, a tout pour devenir une Mme Guyon *bis*, à la fois aberrante et touchante. Ces élancements mystiques sont risibles et peuvent devenir dangereux, lorsqu'ils sont imités et exploités par d'habiles intrigants comme l'abbé de Miossince dans *Le Rose et le Vert*, qui, à force d'esprit, contrefait la candeur fénelonienne pour mieux pousser ses pions jésuitiques dans la haute société[39]. Mais ils sont aussi l'indice d'une capacité d'enthousiasme et d'amour à laquelle, chez la femme, Stendhal n'a jamais pu résister. Fénelon est essentiellement féminin, parce que sa religion est amoureuse. Le sens de son affrontement avec Bossuet est très nettement

---

38. *Paris-Londres*, Paris, Stock, 1997, p. 768-769 (*New Monthly Magazine*, novembre 1826).
39. Paris, Flammarion (GF), 1998, p. 290.

sexualisé : l'aigle de Meaux, surmâle de l'orthodoxie, n'éprouve que méfiance devant les pâmoisons efféminées du cygne de Cambrai. Pour Stendhal, il s'agit bien de deux mondes incompatibles :

> Les hommes ont des tempéraments divers. Jamais le sombre et fougueux Bossuet ne pourra sentir la douceur charmante et tendre de Fénelon.
>
> Exaltez, tant qu'il vous plaira, par la pensée, les facultés de ces deux grands écrivains ; supposez-les s'approchant sans cesse davantage de la perfection, toujours Bossuet s'écriera d'une voix sombre et tonnante : « Madame se meurt, Madame est morte ! ». Fénelon dira toujours : « Alors Idoménée avoua à Mentor qu'il n'avait jamais senti de plaisir aussi touchant que celui d'être aimé, et de rendre tant de gens heureux. Je ne l'aurais jamais cru, disait-il : il me semblait que toute la grandeur des princes ne consistait qu'à se faire craindre ; que le reste des hommes était fait pour eux, et tout ce que j'avais ouï dire des rois qui avaient été l'amour et les délices de leurs peuples me paraissait une pure fable ; j'en reconnais maintenant la vérité […] » (livre XIII) [de *Télémaque*].
>
> Au lieu de devenir semblables et de se rapprocher, ils s'éloignent sans cesse davantage. S'ils se rassemblent encore un peu, c'est par timidité, c'est qu'ils n'osent pas écrire tout ce que leur âme de feu leur suggère[40].

C'est donc sur le mode du *ou bien... ou bien* qu'il faut poser une confrontation sans compromis. Si Fénelon est Raphaël, Bossuet sera inévitablement Michel-Ange : il « agrandit ses sujets. C'est le plus grandiose des styles français que nous ayons vus ; sa majesté est terrible. (Ce sont les prophètes de Michel-Ange, à la chapelle Sixtine, au Vatican). / Le grandiose du style de Fénelon est angélique. / Bossuet paraît nourri des livres saints, comme Fénelon d'Homère et des auteurs grecs[41]. » La notion de « grandiose angélique » apparaît assez épineuse. Fénelon est grand parce qu'il est simple et noble, mais il est surtout indemne de cette terreur vétéro-testamentaire qui fait de l'inflexible catholicisme, avec sa loi de crainte et son enfer, la religion des épouvantements. Il est du côté de l'effusion intime, non du côté d'une doctrine qui ne tolère aucun écart et sanctionne les déviants. « Il ne faut que de la foi pour avoir peur des phrases de Bossuet, il faut de l'âme pour goûter

---

40. *Racine et Shakespeare*, Genève, Cercle du Bibliophile, 1970, p. 265-266.
41. *Journal littéraire*, t. II, p. 378 (juin 1812).

Fénelon [42]. » C'est Fénelon qui a su trouver une langue et un nombre réellement évangéliques, porteurs d'un message consolateur : « Cœur digne d'être un disciple de Jésus, il aurait compromis son maître si celui-ci fut, comme il paraît, un jeune philosophe qui se trompa parce qu'il crut les hommes trop bons. Ils sont si bons que de sa doctrine ils ont tiré l'inquisition de Goa [43]. »

Pour dire l'intériorité priante, adorante et aimante, rien de plus expressif que l'idiome fénelonien, tandis que les virils accents bossué-tiens semblent faits pour attiser les énergies d'une institution militante dont Stendhal n'a jamais rien attendu de bon : « Dans une religion, il conviendrait que ce qui doit passer pour la parole de Dieu fût écrit à la manière de Fénelon. Pour enflammer les peuples, on aurait des saint Bernard, des Bossuet, etc. » [44]. De quel autre écrivain Stendhal a-t-il dit qu'il était naturellement le truchement de Dieu ? (De Dieu tel qu'il devrait être). On comprend mieux que la religion selon Fénelon, définie comme « un égoïsme tendre » [45], égoïsme du pur amour partagé, se profile en horizon d'outre-tombe pour Julien et Mme de Rênal dans leurs suprêmes journées carcérales [46]. Si c'est ce Dieu-là, plutôt que l'athlète maudissant de la Sixtine, qui les attend de l'autre côté de la mort, ils seront pardonnés parce qu'ils auront beaucoup aimé. Et si Louise l'emporte finalement sur Mathilde, c'est aussi parce que, contrairement à sa trop amazonienne rivale, et trop peu religieuse, elle a la divine faiblesse, qui se révèle une force, de la piété sincère et d'une relation authentique avec Dieu.

Est-ce à dire qu'ayant enfin reconnu qu'il n'est pas de valeur plus prégnante que la tendresse, Julien renonce à des exigences d'un autre ordre, réputées plus masculines et fondatrices de son être ? Nullement : mais, à l'ombre du couperet, elles ont singulièrement pâli et perdu de leur urgence. Il s'abandonne au quiétisme fusionnel offert au condamné comme une ultime grâce (dans tous les sens du terme) avant le rendez-vous où le convoque « le grand peut-être ».

Stendhal a rêvé de cette comblante utopie : réunir l'adret et l'ubac, les deux versants d'ordinaire antagonistes, marier ce qui semblerait

---

42. *Histoire de la Peinture en Italie*, Paris, Gallimard « Folio », 1996, p. 206.
43. *Journal littéraire*, t. III, p. 237 (sur les *Lettres diverses*, 1814-1815).
44. *Journal littéraire*, t. II, p. 364.
45. *Histoire de la Peinture en Italie*, p. 375.
46. *Le Rouge et le Noir*, in *Romans et Nouvelles*, Paris, Gallimard « Pléiade », t. I, 1952, p. 677.

devoir s'exclure : « Je voudrais mêler au style tout-puissant de P[ascal] quelques morceaux de douceur du bon Fénelon », note-t-il dans son Journal le 10 mai 1804[47]. Pascal et Fénelon, mais aussi bien, autre couple hautement improbable, Fénelon et Montesquieu, dont il dit que la plus grande partie du temps qu'il passait à la Scala était employée à les « mettre d'accord », parce qu'ils « se partagent [s]on cœur »[48]. La musique, on ne s'en étonnera pas, loin de détourner des enjeux littéraires et plus précisément stylistiques, rabat sur eux, les transpose dans son espace propre. Entre réquisition de l'analyse et soif de l'émotion, discipline de la pensée et frisson du cœur, tentation de l'économie et générosité lyrique, Fénelon est bien l'un des termes de base d'une infinie *disputatio*, l'une des branches constitutives de ce thyrse, ou de ce mobile en équilibre savamment instable, où les démarches de l'intelligence se voient sans cesse bousculées par les inspirations du désir.

Philippe Berthier
Université Paris 3 – Sorbonne nouvelle

47. *Œuvres intimes*, t. I, p. 76.
48. *Correspondance générale*, t. II, p. 707 (à L. Crozet, 30 septembre 1816).

LA NOTION DE STYLE
DANS LES ÉCRITS SUR LA MUSIQUE

Dans ces journées consacrées à la question du style chez Stendhal, il sera intéressant d'interroger les textes sur la musique, à la fois parce qu'ils se situent dans les débuts de l'écriture stendhalienne, en quelque sorte à son origine, et aussi parce qu'ils permettent un élargissement de la réflexion vers d'autres domaines que celui de la littérature. On pourra objecter que dans ces premiers textes la part du plagiat est grande et que par conséquent on risque de gloser sur des textes qui ne sont pas vraiment de Stendhal. À quoi je répondrai que depuis déjà des années la part de Stendhal et celle de Carpani, Cramer, *et alii* ont bien été délimitées : Stendhal emprunte en général plutôt des anecdotes que des réflexions de théorie esthétique ; s'il lui arrive là même de faire des emprunts, il leur donne un intérêt pour nous en faisant siennes ces réflexions.

Stendhal ne cesse de vouloir définir le style de Mozart – entreprise particulièrement délicate ; et au début de la *Vie de Rossini*, il y revient avec un chapitre qu'il intitule : « Du style de Mozart » (375 *et sq.*)[1] auquel répond le chapitre XL : « Du style de Rossini » (627 *et sq.*). Tenter de définir un style, n'est-ce pas pénétrer dans le secret même de la création ? Cependant de nombreuses difficultés surgissent pour Stendhal, et aussi pour ses exégètes. Stendhal aime la précision, il a hérité de ses maîtres Idéologues le goût de l'analyse, mais en matière musicale, il l'a dit maintes fois, faute d'une éducation première, il ignore « le bête de la musique », c'est-à-dire tout ce qui relève de la technique, ou encore ce qu'il appelle « le physique du style » (378). D'autre part, son lectorat risque aussi de ne pas posséder non plus ces connaissances techniques ; à une époque où l'enregistrement n'existe pas, « on ne peut parler aux gens que de leurs souvenirs » (199). Il faudrait au moins pouvoir donner des exemples musicaux sur un instrument : « Vous sentez, mon ami, écrit-il dans la Lettre VI sur Haydn, que la plupart des observations que j'aurais à vous faire ici

---

1. Toutes les citations des textes de Stendhal sur la musique renvoient à l'édition de S. Esquier : Stendhal, *L'Âme et la Musique*, Paris, Stock, 1999.

exigent un piano-forte, et non pas une plume ». Par conséquent, « ce n'est que de la partie poétique du style de Haydn que je puis vous parler » (53).

On doit donc convenir que l'on pénètre dans un domaine à la fois vaste et un peu flou, et que, compte tenu d'une certaine imprécision des termes, il faut aussi retenir des passages où Stendhal parle de « genre », de « génie », de « manière », mots qui ne sont pas synonymes de « style », mais qui entrent en composante de ces tentatives de définition. Nous tenterons donc de voir qu'est-ce qu'un style en musique, quelles sont les causes qui peuvent expliquer, au moins en partie, l'existence d'un style, et enfin comment un style peut être perçu par un auditeur ; nous serons donc amenés à ne pas en rester à une simple définition, mais à examiner aussi comment Stendhal situe cette question du style à la fois dans des perspectives historiques et sociales, et dans une réflexion sur la réception. Enfin nous voudrions montrer l'importance de cette réflexion sur le style en musique au moment où elle se situe dans l'évolution de Stendhal et de l'histoire de notre littérature.

Le style en musique, tel que l'entend Stendhal, se définit par rapport à un certain nombre de paramètres. La notion de genre intervient. Ainsi pour Haydn, il distingue la « symphonie », au sens large de musique d'orchestre, la musique sacrée, enfin « le troisième genre, celui de la musique de théâtre » (53). Notons qu'un peu plus loin le mot « genre » est employé d'une façon qui ne recoupe pas exactement les mêmes catégories : « Nous avons de lui (Haydn) des messes, des opéras et des oratorios : ce sont trois genres » (85). Le mot de genre peut désigner des sous-catégories : « Haydn m'offrait tous les genres de musique instrumentale ; Mozart […] donnait les deux genres de musique dramatique ; celle où la voix est tout, et celle où la voix ne fait presque que nommer les sentiments que les instruments réveillent avec une si étonnante puissance » (235-236). Sans oublier que le mot « genre » peut aussi ne pas désigner une forme musicale, mais une impression générale : « Le sentiment des Allemands, trop dégagé des liens terrestres, et trop nourri d'imagination, tombe facilement dans le genre niais » (366) et comme exemple en note : *l'Expiation* de Mülner.

Intervient aussi la notion de « caractère » d'une musique : ainsi à propos de Haydn : « le caractère de la musique instrumentale de notre compositeur est d'être pleine d'une imagination romantique » :

« variété de coloris », « absence du genre ennuyeux ». « Il me semble
que la magie de ce style consiste dans un caractère dominant de liberté
et de joie » (54-55).

Le mot « manière » est parfois synonyme de « style », mais parfois
aussi désigne, comme en peinture, des périodes de la production
d'un artiste. Ainsi « Vous dites que je vous écris sur Haydn, et que je
n'oublie qu'une chose, qui est d'aborder franchement la manière de ce
grand maître » (61), tandis que pour Rossini, suivant le traitement des
ornements, Stendhal distingue une première et une « seconde manière »
où Rossini développe les exécutions de ces ornements au lieu de les
laisser à la liberté de l'exécutant (628). Enfin, en musique comme en
peinture, il existe des écoles, des foyers de création artistique liés à telle
ou telle ville et qui fournissent au musicien les éléments d'une tradition.

Ce qui distingue un grand artiste c'est d'avoir un style qui lui est
propre, et qui le rend reconnaissable entre tous. La longue définition
que donne Stendhal du style de Haydn mérite d'être citée : « Une
qualité remarquable chez Haydn, la première parmi celles qui ne sont
pas données par la nature, c'est d'avoir un *style*. Une composition musicale est un discours qui se fait avec des sons au lieu d'employer la
parole. Dans ses discours, Haydn a, au suprême degré, non seulement
l'art d'augmenter l'effet de l'idée principale par les idées accessoires,
mais encore de rendre les unes et les autres de la manière qui convient
le mieux à la physionomie du sujet : c'est un peu ce qu'en littérature on
nomme *convenance de style* » (72). Dans cette définition très marquée
par la rhétorique classique, on voit émerger un certain nombre d'éléments de définition : le style diffère du tempérament, il relève de l'art,
suppose une éducation du talent ou du génie initial, une science qui
permet le développement de l'idée musicale et sa parfaite adéquation à
cette idée. Dans la phrase suivante, Stendhal explicite cette notion
d'adéquation et de convenance de style : « Ainsi le style soutenu de
Buffon n'admet pas ces tournures vives, originales et un peu familières
qui font tant de plaisir dans Montesquieu » (72).

On voit combien, dans ces premiers écrits, Stendhal est encore
tributaire d'une formation rhétorique, comment aussi la question de
« l'imitation », qui pourtant a été fortement ébranlée pour ce qui est de
la musique dans les dernières années du XVIIIe siècle par Diderot, par
Chabanon, continue à l'embarrasser : « En musique, la meilleure des
imitations physiques est peut-être celle qui ne fait qu'indiquer l'objet

dont il est question, qui nous le montre dans un nuage » (118). On voit aussi l'intérêt de ces premiers écrits et comment le « style » constitue pour Stendhal la qualité première d'un musicien. Il convient de dépasser une apparente contradiction : le style est ce qui appartient en propre à un artiste, mais il n'est pas inné, il ne s'explique que par un certain contexte qui a permis sa formation, qui a infléchi les qualités premières du musicien.

Qu'est-ce qui fait le style ? Interviennent alors de nombreux facteurs que Stendhal analyse avec précision, malgré l'incontestable difficulté de se mouvoir dans ces domaines de l'esthétique musicale. Héritier de Montesquieu et de Mme de Staël, il reprend leurs définitions du rôle du climat, et distingue de façon habituelle style français, style italien et style allemand en fonction de la chaleur et du soleil. « Mozart n'aura jamais en Italie le succès dont il jouit en Allemagne et en Angleterre, c'est tout simple, sa musique n'est pas *calculée pour ce climat.* » *Don Juan* a été mal accueilli à Rome : « L'amour n'est pas le même à Bologne et à Königsberg » (375). L'Italie est le domaine du chant ; « l'organisation dure des Anglais et de nos chers compatriotes peut laisser naître chez eux de bons joueurs d'instruments, mais leur défend à jamais de chanter » (60). Vieux *topos* ! Le clivage Nord-Sud est déterminant.

Cependant, tout autant que le climat intervient également, et là encore Stendhal rejoint ses devanciers, le rôle des régimes politiques. Dans la Vienne des Esterhazy « et de tant de grands seigneurs environnés d'une pompe presque royale, l'esprit n'a point le développement brillant que l'on trouvait dans les salons de Paris avant notre maussade révolution » (31). Le régime politique oppressant de Vienne et de l'Italie est finalement favorable à la musique, dans la mesure où c'est le seul domaine où l'on peut s'exprimer avec une certaine liberté ; l'amour et la musique sont le refuge de la liberté sous les dictatures politiques. Les conditions matérielles offertes à Haydn, « attaché au service d'un patron immensément riche, et passionné pour la musique » (52) sont, en outre, très favorables.

La tradition musicale contribue à la formation d'un style, certes, mais « le beau idéal change tous les trente ans, en musique » (362). « Un homme né avec quelque génie est naturellement porté par son siècle au point de perfection où ce siècle est arrivé : l'éducation qu'il a reçue, le degré d'instruction des spectateurs qui lui [*sic*] applaudissent, tout le conduit jusque-là ; mais s'il va plus loin, il devient supérieur à son siècle, il a du génie ; alors il travaille pour la postérité » (107-108). Sammartini (68), Haendel (116) ont contribué à la formation du style de Haydn, mais il appartient à une autre génération. Le beau à l'époque de Haydn n'est plus exactement le même, et finalement le génie n'imite personne. Haydn, travailleur acharné (48, 98), se formant dans sa jeunesse « d'après les préceptes de tous les musiciens qu'il pouvait accrocher, saisissant toutes les occasions d'entendre la musique réputée bonne, et n'ayant aucun maître fixe, […] commençait à concevoir le beau musical à sa manière, et se préparait, sans s'en douter, à se faire un jour un style tout à lui » (45). Influence de Sammartini et de Jomelli ? « Mais ces légères traces d'imitation sont loin de lui ôter le mérite incontestable d'avoir un style original, et digne de produire, ainsi qu'il est arrivé, une révolution totale dans la musique instrumentale » (79).

Le style naît aussi de la rencontre d'un artiste et de son public, même si celui-ci le comprend avec retard. Il y a une interaction entre l'auditoire et le musicien, interaction qui est déterminante pour la formation du style : l'artiste travaille pour un certain public, ce qui peut infléchir sa création, mais cette création même transforme le public : ainsi du succès de Rossini deuxième manière qui donne plus d'importance à l'orchestre : « La musique de Rossini, qui, à chaque instant s'abaisse à n'être que de la musique de concert, s'accommode fort bien du bel arrangement du théâtre de Paris et sort brillante de cette épreuve. Dans tous les sens possibles, c'est de la musique faite exprès pour la France, mais elle travaille tous les jours à nous rendre dignes d'accents plus passionnés » (629). Les gens du Nord que sont les Parisiens peuvent être modifiés par Rossini : « Ce qui peut arriver, c'est qu'il se forme une nouvelle génération moins affectée, moins prosternée devant la *noblesse* du style et qui ne s'épouvante pas tant du *cra cra* du finale de *L'Italiana in Algeri*. Alors on comprendra en France 1) le bonheur, 2) le génie italien » (632).

Le style est, en partie, une question de réception. Réception, même à retardement, par une collectivité. Mais cette collectivité est faite d'individus, et le style, parce qu'il est le propre de chaque grand musicien, est justement ce qui parle le plus intimement à chaque auditeur, ce qui lui procure un vrai plaisir et ce qui parle à son âme. On sait à quel point pour Stendhal, le plaisir musical est un plaisir physique : « rien ne vit que ce qui donne continuellement du plaisir » (35). « La bonne musique n'est que notre *émotion* » (627) – émotion au sens encore proche de *movere*, ce qui met en mouvement les sens et aussi « l'âme ». « Il semble que la musique nous fasse du plaisir en mettant notre imagination dans la nécessité de se nourrir momentanément d'illusions d'un certain genre. Ces illusions ne sont pas calmes et sublimes comme celles de la sculpture, ou tendres et rêveuses comme celles des tableaux du Corrège » (627).

Art du déroulement dans le temps, la musique est donc mouvement, surtout celle de Rossini dont le style se caractérise par la « rapidité », la « fraîcheur », tous éléments qui donnent à l'âme du bonheur, en chassant les images tristes. « Rossini est rarement triste » (628). Pour jouir de la musique de Rossini, inutile d'avoir de l'âme, il suffit de se laisser entraîner par ce plaisir, plaisir qui risque cependant d'être répétitif. Inutile même d'avoir beaucoup d'attention : « Dans ce siècle expéditif, Rossini a un avantage ; il se passe d'attention » (628). La conclusion de Stendhal, on s'y attendait, c'est que le style de Rossini convient parfaitement au public français !

Ce chapitre sur le style de Rossini exprime la nostalgie de Stendhal pour une autre musique, celle de Cimarosa et de Mozart. La comparaison d'une scène du *Matrimonio segreto* et du *Barbier de Séville* ne tourne pas à l'avantage de Rossini. Rosine fait d'agréables « fioritures, dignes d'un joli concert », mais elles « ne sont sublimes pour personne » (628). Cimarosa, au contraire, « dans le langage du pays, a peint l'amour supérieurement, et dans toutes ses nuances, depuis la jeune fille tendre, *Ha ! tu sai ch'io vivo in pene*, de Carolina, dans le *Matrimonio segreto*, jusqu'au vieillard, fou d'amour, *Io venia per sposarti* » (375).

Mozart oblige Stendhal à sortir des schémas qu'il a lui-même avancés. Mozart est un musicien allemand ; Stendhal ne peut lui refuser cependant la beauté du chant, comme l'ont fait certains « mozarto-phobes » français. Il trouve ses chants « pleins de violence » (376). Mozart a su transformer « en véritables passions les goûts assez légers qui, selon Beaumarchais, amusent les aimables habitants du château d'Aguas-Frescas » (196). « L'opéra de Mozart est un mélange sublime d'esprit et de mélancolie. » « Tous les caractères ont tourné au tendre et au passionné » (198). Les airs du Comte (*Vedrò, mentr' io sospiro*, ou *Crudel ! perchè finora ?*) sont empreints de passion. Les airs de la comtesse surtout « font une peinture absolument neuve » : « la situation de son âme, cette douce mélancolie, ces réflexions sur la portion de bonheur que le destin nous accorde, tout ce trouble qui précède la naissance des grandes passions, est infiniment plus développé chez Mozart que dans le comique français » (196-197). De même Figaro dans son air « *Se vuol ballare, signor Contino* » exprime la force de la jalousie. Dans l'analyse du style de Mozart, Stendhal ne néglige donc pas les mélodies, mais il ne s'y attache pas exclusivement.

Mozart est un harmoniste – autre aspect souligné par la critique antimozartienne qui lui a reproché un excès de science harmonique. Stendhal, au contraire, avance : « La science de l'Harmonie peut faire tous les progrès qu'on voudra supposer, on verra toujours avec étonnement que Mozart est allé au bout de toutes les routes. Ainsi quant à la partie mécanique de son art, il ne sera jamais vaincu » (376). Stendhal reprend donc des éléments de l'analyse du style de Mozart qui ne devraient pas, dans son échelle des valeurs qui est celle des partisans des Italiens, aller à la gloire de Mozart : prédominance de l'harmonie, science extrême.

Mais alors pourquoi ce musicien allemand, cet harmoniste est-il mis si haut dans l'esthétique stendhalienne ? C'est qu'il parle aux « âmes tendres et rêveuses ». « Quelquefois la force de sa musique est telle, que l'image présentée restant fort indistincte, l'âme se sent tout à coup envahie et comme inondée de mélancolie » (376). « Mozart n'a ni légèreté, ni comique ; il est le contraire, non seulement de Rossini, mais presque de Cimarosa. » Stendhal, qui procède par parallèle et antithèses, voit la caractéristique du style de Rossini dans la rapidité, celui de Cimarosa dans le comique tendre, celui de Mozart dans la mélancolie. « C'est ce me semble, dans ce sens qu'il faut marcher pour bien se pénétrer du style de ces trois grands maîtres qui, suivis chacun de la tourbe de ses imitateurs, se partagent maintenant en Europe la scène musicale » (379). Cette mélancolie mozartienne est si puissante sur l'âme de Stendhal – et elle le sera aussi pour Lucien, pour Mme de Chasteller, pour la Sanseverina et pour Fabrice –, qu'elle permet de dépasser les clivages musique italienne/musique allemande, chant/harmonie pourtant si fortement inscrits dans les goûts et dans l'analyse de Stendhal : mélancolie des instruments à vent, mélancolie du piano.

Alors que Stendhal donne une analyse assez détaillée de la plupart des opéras de Rossini, il ne s'est pas risqué à le faire pour Mozart : « Il serait trop long et surtout trop difficile de faire une analyse particulière de chacun des ouvrages de Mozart, écrit-il ; les amateurs doivent les connaître tous » (178). Mais il n'envisage pas moins la totalité de l'œuvre de Mozart, sans oublier le bouleversant *Requiem.* Mozart a triomphé dans tous les genres. « Les qualités physiques qui frappent dans sa musique indépendamment du génie, c'est une manière neuve d'employer l'orchestre, et surtout les instruments à vent. Il tire un parti étonnant de la flûte, instrument dont Cimarosa s'est rarement servi. Il transporte dans l'accompagnement toutes les beautés des plus riches symphonies » (178).

Stendhal, qui pourrait sembler s'intéresser exclusivement à l'opéra bouffe, a aimé *Idoménée* et *La Clémence de Titus* : « rien absolument ne peut être comparé à *Idoménée.* J'avoue que, contre l'opinion de toute l'Italie, ce ne sont pas *les Horaces* qui, pour moi sont le premier opéra *seria* existant ; c'est *Idoménée,* c'est *la Clémence de Titus* » (199). Mozart a su faire triompher la tendresse même dans les opéras *seria.* « Le pardon de la fin, quand il lui dit : *Soyons amis* fait venir les larmes aux yeux aux traîtres les plus endurcis. C'est ce que j'ai vu à Koenigsberg, après la terrible retraite de Russie. La mélancolie est ce qui constitue véritablement l'unité du style de Mozart, à travers des genres divers » (199). Or la mélancolie qui se dégage de cette musique relève d'une esthétique nouvelle.

Don Juan, dont les « âmes sensibles » retiennent « vingt traits mélancoliques », est une grande œuvre « romantique ». Mozart, en effet, « triomphe dans l'accompagnement terrible de la réponse de la statue, accompagnement absolument pur de toute fausse grandeur, de toute enflure : c'est, pour l'oreille, de la terreur à la Shakespeare » (200). Et l'on sait que Shakespeare apparaît comme un modèle du romantisme. L'analyse du style de Mozart amène Stendhal à bousculer les catégories sur lesquelles s'appuyait la critique musicale de son temps, encore héritière du XVIIIe siècle, et auxquelles lui-même recourt souvent : opposition entre Allemagne et Italie, entre mélodie et harmonie, *opera seria* et *opera buffa.* La notion de « mélancolie » bouleverse profondément l'analyse esthétique en ce qu'elle entraîne celle de « romantisme ». À cette date de 1815, on est à la veille du *Racine et Shakespeare.* La bataille du romantisme ne fait que commencer.

L'analyse musicale de Stendhal a ses limites dues peut-être essentiellement à son absence de connaissances techniques ; inversement cette absence, en allégeant le commentaire, lui permet d'aller à ce qui est l'essentiel pour lui : la découverte à travers Mozart, grâce à Mozart, de ce que peut être le style romantique, fait de « mélancolie », mélancolie de la « chimère absente », fait aussi de « terreur à la Shakespeare » ; Mozart devient alors le modèle de cette révolution du style qu'il faudrait opérer à cette date en France pour le théâtre et pour les œuvres littéraires.

Béatrice Didier
École normale supérieure – Ulm

POLITIQUE DU STYLE

Style et politique

À l'article de Francis Jeanson qui, dans *Les Temps modernes*, s'était attaqué aux thèses de *L'Homme révolté*, Camus devait répondre par une lettre dans laquelle il reprenait l'une des accusations portant sur l'écriture même de l'essai :

> D'abord le style. Votre article y voit, trop généreusement, une « réussite à peu près parfaite », mais aussitôt le déplore. *Esprit* se chagrinait déjà de ce style et suggérait avec moins de précautions que *l'Homme révolté* avait pu séduire les esprits de droite par le « bonheur » de ses cadences. Je relèverai à peine ce qu'il y a de désobligeant pour les écrivains du progrès à laisser entendre que le beau style est de droite et que les hommes de gauche se doivent, par vertu révolutionnaire, d'écrire le baragouin et le jargon [1].

Ce qui, en l'occurrence, nous intéresse n'est pas le fond du débat, mais le fait que, dans une polémique intellectuelle, on puisse ranger le style à droite ou à gauche. *Depuis quand* pense-t-on, peut-on penser en ces termes ? *Depuis quand* « bien écrire » passe-t-il pour être du côté de la tradition, du conservatisme stylistique *et politique* ? Depuis quand les belles « cadences » sont-elles passibles du tribunal populaire ? Dans *Le Degré zéro de l'écriture*, Roland Barthes explicite la relation entre l'écriture, l'histoire, la société et la politique, mais sans en interroger l'avènement : depuis quand l'écriture, tout comme la littérature, passe-t-elle pour « être l'expression de la société », d'une vision du monde, voire d'une politique [2] ?

À l'évidence, aucun des philosophes militants du XVIIIe siècle, pour stigmatiser leurs adversaires, n'aurait songé à critiquer telle ou telle

---

1. A. Camus, « Révolte et servitude » (lettre adressée aux *Temps modernes* le 30 juin 1952), *Lettres sur la révolte, in* Camus, *Essais*, Gallimard « Pléiade », 1965, p. 756.
2. Dans le chapitre intitulé « Écritures politiques », R. Barthes (1993, p. 150-154) distingue « l'écriture classique », « révolutionnaire », « marxiste », « stalinienne », et la seconde partie de l'essai est intitulée : « Triomphe et rupture de l'écriture bourgeoise » (*ibid.*, p. 169-171), comme s'il allait de soi (il est vrai que *Le Degré zéro*, paru en 1953, porte les évidents stigmates de l'« électoralisation de la littérature » – le terme est de J. Gracq, dans *La Littérature à l'estomac*, 1950 – après-guerre) que l'on puisse accoler un adjectif politiquement marqué (écriture révolutionnaire, stalinienne, bourgeoise, etc.) à telle ou telle écriture.

phrase en la rapportant à des prises de positions idéologiques. Jusqu'à la Révolution française, on écrit *bien ou mal*, un point c'est tout. La rhétorique seule est juge. C'est au XIXe siècle, au sortir de « l'ère des révolutions » qui a détruit « l'ancien ordre des choses », que les œuvres artistiques se voient évaluées d'un point de vue politique (voir l'emblématique *De la littérature* de Mme de Staël) et que le style, lui aussi, se retrouve, *volens nolens*, socialement et politiquement marqué, et ce bien avant la fameuse « coupure » de 1848 (césure sociale et historique magnifiée par Sartre dans *Qu'est-ce que la littérature ?*, puis reprise, amplifiée par Barthes et bien d'autres ensuite). Et de même que Stendhal fut le premier à inventer [3] et à pratiquer sur le vif (les « lettres anglaises » relèvent d'une critique « à chaud ») une sociocritique des plus pertinentes [4], il semble bien que l'auteur de *Racine et Shakespeare* ait été pionnier dans *l'idée* d'oser qualifier politiquement un style : qui, avant Stendhal en effet, parle de « style à l'usage des duchesses », de « style ultra », de « style ultra-libéral » [5] ? Qui, avant lui, avait songé à lier le règne du « vers alexandrin » à la monarchie absolue, à continûment associer l'« emphase » et le « jésuitisme », les « phrases sonores » et la réaction religieuse et nobiliaire ? Que tout soit politique, *style compris*, c'est Stendhal qui, le premier, sut le dire et l'illustrer avec éclat.

Ce que parler veut dire

Dans la mesure où Dominique est d'abord un homme de parole, un *causeur* finalement – et non sans regret (il suffira de songer au symbolique Avertissement qui fabule l'orale origine du récit des aventures de la duchesse Sanseverina [6]) – *converti à l'écrit,* la « politicostylistique » de l'idéologue a d'abord porté sur la langue orale, sur le parler des salons. Grenoblois naïf monté à Paris, Beyle se trouve soudain confronté à un usage des mots, à un langage codé dont il lui faut apprendre la syntaxe, les signes. Moment capital. Tout comme Julien Sorel auquel le romancier a prêté ses bévues (ah ! le célèbre *cella* !) et ignorances linguistiques, le jeune Beyle doit tout apprendre, tout réapprendre. « Le français de

---

3.   Voir Ansel (2000b).
4.   Voir Ansel (2001b).
5.   Stendhal, *Paris-Londres*, Paris, Stock, 1997, p. 494, 516 ; dans la suite de l'article, toutes les références entre parenthèses renvoient à cet ouvrage.
6.   Voir Ansel (2000a, p. 85-89).

Paris » n'est pas le français de Grenoble (le frère ne cesse d'en avertir la chère sœur : « ne crois pas qu'on parle bien à Grenoble » ; « on parle très mal à Grenoble » [7]), la langue des salons est une « langue étrangère » que le provincial doit à tout prix s'approprier. L'enjeu est vital en effet : Beyle se rend compte que, très souvent, il déplaît, choque, offense. Pourquoi ? Parce qu'il est jeune, novice, certes, mais aussi parce qu'il est emporté, parce qu'il ignore les freins des convenances, la politesse de la litote, les vertus de l'euphémisme et du mot d'esprit, parce qu'il méconnaît la *longueur* qu'il importe de donner aux phrases pour ménager vanités et susceptibilités.

Dans les salons, Beyle étonne parce que, « tranchant jusqu'au fanatisme [8] », il ne sait pas *mettre les formes*, parce que ses jugements sont trop abrupts, trop lapidaires : ses mots heurtent le bon ton, jurent avec la « mesure », la délicatesse, les « habitudes périphrasantes et diplomatiques [9] » du (grand et beau) monde. Être bref, sincère, c'est *nécessairement* paraître cassant, brutal, grossier, vulgaire. La langue des salons, c'est le triomphe des Brid'Oison, le respect de la sacro-sainte « forme ». Et l'agreste Beyle dans ces milieux polis et policés détonne [10]. Pour passer inaperçue, la parole doit être aussi diluée, aussi blonde, aussi incolore que l'aristocratie du Faubourg Saint-Germain : « La manière de voir vive, nette, pittoresque de Mathilde, gâtait son langage, comme on voit. Souvent un mot d'elle faisait tache aux yeux de ses amis si polis. Ils se seraient presque avoué, si elle eût été moins à la mode, que son parler avait quelque chose d'un peu coloré pour la délicatesse féminine [11]. » Un mot cru, ou simplement trop énergique (et nul n'ignore que la grande tare de l'aristocratie aux yeux de Stendhal, c'est son horreur de l'énergie), trahit un caractère instinctif, « sauvage », un individu non totalement brimé et bridé par les convenances, une *force* (et la force toujours sent son jacobin) hostile aux *formes* aristocratiques et monarchiques [12]. Très vite, Beyle comprend que la parole mondaine proscrit concision, passion, énergie et clarté :

---

7. Expressions extraites de lettres à Pauline (22 janvier 1803, 29 octobre-16 novembre 1804), *Correspondance*, Paris, Gallimard « Pléiade », 1968, t. I, p. 45, 166.
8. *Vie de Henry Brulard*, in *Œuvres intimes*, Paris, Gallimard « Pléiade », 1982, t. II, p. 911.
9. *Ibid.*, p. 898-899.
10. Voir *Souvenirs d'égotisme*, in *Œuvres intimes, op. cit.*, t. II, p. 453.
11. *Le Rouge et le Noir* (II, 11), Paris, Garnier, 1973, p. 294.
12. Sur ce point, voir Crouzet (1983, p. 111-123).

Tout ce qui est trop énergique est de mauvais ton ; le style laconique est énergique, il faut donc le fuir. [...] Je sens en écrivant des lettres que plus mes phrases sont bien arrangées et moins elles signifient, plus je m'approche du bon ton. Il ne faut donc jamais écrire de lettres, ni faire de visites, dans les moments de passion [13].

Souvent c'est un bien d'être obscur. Voiler : ce qu'on nomme délicatesse. Connaître les divers degrés d'obscurité. Dire clairement une chose indécente est une sottise de brute, le dire finement ou obscurément (le fin n'est que l'obscur avec) fait sourire les gens les plus polis. La réticence est un moyen [14].

Ici [à Paris], on ne cherche que la *vérité* dite sans offenser la *vanité*. L'homme du meilleur ton est celui qui sait le plus de *vérités* et qui offense le moins la *vanité*. Voilà le modèle. Pour offenser le moins la *vanité*, il faut souvent dire en quatre pages ce qu'on eût exprimé en trois phrases. Voilà pourquoi je suis tranchant dans mes lettres. Je veux dire beaucoup en peu de mots. Mon ton est sérieux [...] [15].

Ces aimables filles [les demoiselles Shepherdrie] sont prises dans le bon ton, n'osent rien se permettre qui ne soit avoué par lui, ce qui les conduit à ne dire que des choses parfaitement communes. Malheureusement, il n'y a d'intéressant que ce qui est un peu extraordinaire ; en rapprochant la digue de la source du torrent, elle l'empêche de couler [16].

Bref, dans le monde où il est absolument nécessaire d'épargner l'interlocuteur, la pensée doit être *endiguée, modérée, et donc étirée, délayée*. Ces *leçons de stylistique appliquée à la langue des salons* ne seront pas perdues : toujours Dominique abordera la question du style dans des catégories, dans des termes qui restent très voisins de ceux employés pour penser la parlure mondaine.

Éthique du style

Pour le disciple des Idéologues, au commencement est la pensée. Le verbe, les mots, les phrases ne sont que le véhicule, le *medium* de l'idée. Dominique oppose constamment le fond à la forme, privilégie systématiquement le fond et ne voit dans la forme, laquelle relève de la politesse, qu'un habillage (plus ou moins apprêté) du message.

13. *Journal littéraire* (28 avril 1804), *in Œuvres complètes*, Genève, Cercle du Bibliophile, 1970, t. I, p. 315.
14. *Journal littéraire* (18 juin 1804), *ibid.*, p. 363.
15. Lettre à Pauline (juillet 1804), dans *Correspondance, op. cit.*, t. I, p. 129-130.
16. Lettre à Pauline Périer-Lagrange (23 mai 1810), *ibid.*, p. 570.

Comme le roman, le style doit être un « miroir » (de la pensée), doit ne pas se laisser voir :

> Un homme aisé [...] nous disait un jour : « Un homme est bien mis si au moment où il vient de sortir d'un salon personne ne peut dire comme il était mis. » Il en est de même des manières, et j'oserai dire du style. Le meilleur est celui qui se fait oublier et laisse voir le plus clairement les pensées qu'il énonce ; mais il faut des pensées, vraies ou fausses [17].
>
> [...] si les détails de la comédie de *Lanfranc* [*Lanfranc ou le poète* est un exemple de « comédie romantique » proposé par Stendhal] sont vrais, s'il y a du feu, si le style ne se fait jamais remarquer et ressemble à notre parler de tous les jours, je dis que cette comédie répond aux exigences de la société française [18].

Ainsi s'expliquent les récurrents griefs de Dominique contre les Laharpe [19] passés, présents et à venir, contre les rhétoriques et les poétiques, sophistiques coupables de dénaturer la parole, de maquiller l'idée, ou plus exactement, l'absence d'idées :

> Le héros de l'Académie française et de notre littérature payée est M. Villemain, jeune rhéteur de quelque talent qui, après le baron Pasquier, l'ancien ministre, l'emporte sur tous en France dans l'art de parler pour ne rien dire. [...] M. Villemain possède éminemment les qualités qui distin-guent les membres de son parti. Ils ont une maîtrise parfaite de la langue et, au lieu d'idées, leur mémoire est remplie d'associations de mots et de toutes les expressions sonores et gracieuses qui furent jamais inventées (630-631).
>
> La vérité est que l'auteur [M. Villemain] n'est rien de plus qu'un théoricien, un faiseur de phrases brillantes et creuses, pleines de bruit mais vides de pensées (599).
>
> Brillanter le style. En 1841, on cherche le style et non les idées. Ce sont les pauvres d'idées qui ont inventé le style : Villemain, Janin, Salvandy, etc., etc. [20].

Stendhal a tant la forme en horreur que, le 17 février 1841, il consigne cet étrange projet :

---

17. *Voyages en France*, Paris, Gallimard « Pléiade », 1992, p. 545.

18. *Racine et Shakespeare n° II* (1825), in *Racine et Shakespeare*, Paris, GF, 1970, p. 103.

19. « Je ne me doutais pas des règles ; j'ai un mépris qui va jusqu'à la haine pour Laharpe » (lettre à Balzac, 16 octobre 1840, *Correspondance*, *op. cit.*, t. III, p. 394).

20. Note en marge de *La Chartreuse de Parme* (14 février 1841), in *Œuvres intimes*, *op. cit.*, t. II, p. 412.

> Quand je serai vieux, si j'en ai la patience, dicter une poétique française qui sera bien nouvelle ; jusqu'ici toujours la forme et non le fond. Les auteurs jésuites du temps de Bouhours, Porée et Cie (que je n'ai pourtant jamais lus) étaient moins imbéciles (dans le sens latin), faibles, sans nerf, etc., que la plupart des Laharpe et Cie [21].

Une « poétique du fond », c'est un comble, une contradiction dans les termes (la forme seule relève d'une « poétique », non le fond), mais une alliance de mots ô combien révélatrice ! Dominique ne veut pas et ne peut pas penser que la pensée puisse être « fille de la forme » (Valéry), que la forme puisse aller de pair avec le fond : *la forme ou le fond, il faut choisir* (ce qui est accordé à l'une est retiré à l'autre), et les mauvais écrivains – ses bêtes noires (Chateaubriand, Salvandy, Villemain, Hugo, Sand, etc.) – optent évidemment pour les phrases sonores, les belles cadences, et ce *nécessairement* au détriment de la pensée. Si l'auteur de *Racine et Shakespeare* s'en prend si vivement au « vers alexandrin », ce n'est pas tant parce que c'est une convention de 1670 devenue obsolète, une contrainte qui n'a plus lieu d'être dans le nouveau théâtre dont il rêve, que parce que la métrique, le rythme, les images, la rhétorique attachée au vers *faussent* (« Décidément les vers m'ennuient, comme étant moins exacts que la prose » [22]) l'idée, si tant est qu'il y en ait une, puisque, précisément, l'excès de la forme sert « le plus souvent » à voiler l'absence même de pensée [23].

Aux yeux de Stendhal toujours cherchant « la pensée plus que la beauté des mots [24] », plus le style est visible, orné, gracieux, élégant, noble, plus il est du côté de la réaction aristocratique, et plus il est « secondaire [25] », plus il est invisible, plus il laisse (trans)paraître l'idée « nue » (« Les formes de la société sont comme les vêtements » [26]), meilleur il est, plus il satisfait aux exigences d'un auteur qui rêve d'une langue épurée, « algébrique », rendant « impossible » l'hypocrisie, « l'emphase […] cousine germaine de l'hypocrisie des prêtres » [27]. Si, au

---

21. *La Chartreuse de Parme…, op.cit.,* p. 414.
22. Lettre à A. de Mareste, 20 octobre 1820, *Correspondance, op. cit.,* t. I, p. 1041.
23. Voir Ansel (2002).
24. *Racine et Shakespeare, op. cit.,* p. 97.
25. Voir *Paris-Londres, op. cit.,* p. 631, 647.
26. Phrase extraite d'un ouvrage de *Maximes*, que Stendhal trouve « *very true* » (lettre à Pauline, 4 juin 1810, *Correspondance, op. cit.,* t. I, p. 576).
27. *Ibid.,* p. 842.

début de son autobiographie, Stendhal n'imagine pas d'autre juge de ses mérites littéraires que l'auteur des *Lettres persanes*, c'est que ce dernier « est le plus concis des écrivains que nous connaissons »[28], et qu'à ses yeux, « le *condensé* de Montesquieu[29] », aux antipodes du « style comédien » mis à la mode par Rousseau, interdit l'hypocrisie caractéristique du XIXᵉ siècle.

Le credo stylistique de l'auteur du *Rouge* est lapidaire, et idéalement ramassé dans les brouillons de la lettre à Balzac[30]. Tout ce qui s'écarte de l'idée claire est mauvais. Le couperet de la guillotine stylistique repose sur une série d'oppositions paradigmatiques simples : fond/forme, force/forme, brièveté/longueur, gaieté/gravité, simplicité (naturel)/emphase (ou enflure), énergie/élégance, etc. Les premiers termes sont valorisés, les seconds stigmatisés. Et ce sont ces catégories-là, indissociablement éthiques et politiques, que le journaliste mobilise pour louer ou éreinter les écrivains contemporains.

Politique du style

Dans les chroniques qu'il adresse aux revues anglaises, Stendhal, qui ne cache pas sa couleur politique (il avoue être « libéral » : 241, 542)[31] et se veut « *tranchant* » (51, 241) dans ses jugements, ne craint pas d'*importer* le vocabulaire politique dans les questions littéraires. Ce qui, dans ces papiers, étonne en effet, c'est, d'un point de vue historique, bien moins l'extrême subjectivité du « petit-fils du Grimm » que la *politisation de la rhétorique*, de l'univers du monde des lettres. Avec Stendhal, le style *même* entre dans « l'ère du soupçon », cesse d'être évalué *seulement* en termes esthétiques.

La première des *Lettres de Paris* annonçait franchement la couleur : « J'ai gardé, pour la fin de cette sorte de préface aux lettres mensuelles que je me propose de vous écrire, le caractère essentiel de la littérature actuelle en France, qui peut s'énoncer en une seule ligne : *la Révolution entre en littérature* » (245). Un constat qui peut se lire aussi ainsi : *la Révolution entre dans les jugements esthétiques*, et c'est de cette « entrée »

---

28. *Journal littéraire, op. cit.*, t. II, p. 365 (remarque consignée en juin 1812).

29. *Mémoires d'un touriste*, in *Voyages en France, op. cit.*, p. 453.

30. *Cf.* lettre à Balzac, 16 octobre 1840, *Correspondance, op. cit.*, t. III, p. 394-395.

31. Avant Stendhal, qui, quel autre critique ose – *et songe même* (ce qui, en l'occurrence, est infiniment plus révélateur) à afficher sa couleur politique lorsqu'il entend traiter de problèmes « littéraires » ?

dont témoignent précisément ces « chroniques pour l'Angleterre ». Dans celles-ci en effet, les qualifications anciennes sont « dénaturées » (ou plutôt : « déculturées »), relues dans une perspective « barbare », partisane, sociologique, politique. C'est ainsi, par exemple, que « le style noble », traditionnellement opposé au « style moyen » et au « style bas », voit sa caractéristique « poétique » reçue carrément *dévoyée*, sociologiquement estampillée, expressément ramenée à une origine de classe : le style noble, c'est (*id est* : ce n'est que) le style des nobles, le « style des duchesses », un style lesté de toute une généalogie et une idéologie [32] que l'iconoclaste Brulard se fait un plaisir d'expliciter, de démasquer (494, 600). Dans la société révolutionnée, il est devenu évident (du moins pour Stendhal) que le style prétendu noble est, *en fait*, un style *politiquement marqué*, peu ou prou réactionnaire, un style tentant de faire barrage au « style de la démocratie » menaçant « le bon usage », autrement dit l'usage du beau monde, de « la bonne compagnie ».

Si le « style noble » cesse d'avoir les mains blanches, *a fortiori* les autres manières d'écrire, moins épurées, cessent également d'être « innocentes ». À chaque parti son style, son écriture, selon le lectorat (*la stylistique de Dominique est une pragmatique* qui tient toujours compte du récepteur), les intentions de communication, les intérêts et les finalités partisanes. *Sous l'esthétique la politique*, au mitan du concert littéraire le bruyant « coup de pistolet ». Ah ! les belles périodes de l'Enchanteur... Ignorant délibérément (faut-il être insensible pour n'être pas séduit !) les charmes de la protase et de l'apodose, Stendhal, lui, ne veut voir dans la « prose boursouflée de l'auteur des *Martyrs* » (266) que de trompeuses « inanités sonores » : le « grand faiseur de phrases de l'époque » (*ibid.*) est « le *grand hypocrite* de France » (243), le modèle de l'ultra qui, par ses belles phrases creuses, cherche insidieusement à restaurer les idées d'Ancien Régime (423).

Avec Stendhal, la clarté (225, 331, 465, 545, 721, 822-823), la concision (les *Chansons* de Béranger, les *Fables* de La Fontaine et les pamphlets de Paul-Louis Courier sont loués pour leur brièveté), la légèreté (841, 869), la simplicité (542, 822-823), l'emphase (408-409, 492, 659, 822), le vague (247, 423, 659, 663), l'obscurité, la gravité, la lourdeur, etc., ne caractérisent plus seulement les qualités d'un style ;

---

32. Voir Bordas (2001).

tous ces mots indexent, révèlent telle insidieuse visée, telle appartenance politique, telle tendance idéologique. Systématiquement, le
chroniqueur rapporte l'écriture à des considérations jusqu'alors totalement *étrangères* à la question du style. Ce sont sans doute les papiers
journalistiques de Stendhal qui, aussi explicitement, aussi continûment,
montrent que la forme relève aussi de conditionnements politiques,
idéologiques, métaphysiques, géographiques (l'emphase est une tare
stylistique liée à la province [33]), juridiques (la pratique de l'allusion, du
sous-entendu, le vague du style et de la pensée tiennent de fort près à
la police, à la censure), historiques, sociologiques, etc., etc., et c'est en
cela que les « lettres anglaises » du « petit-neveu de Grimm » « ouvrent
un nouveau sentier à la critique », inventent une nouvelle manière de
traiter du style (et *Qu'est-ce que la littérature ?*, et *Le Degré zéro de l'écriture* héritent de cette approche sociolinguistique).

Stylistiques et politiques dans les romans

La dramatisation des questions stylistiques, qui ne saurait manquer
dans les fictions, se trouve notamment signifiée dans les commentaires
qui accompagnent les lettres, présentes dans de très nombreux récits.
Outre leur fonction directement utilitaire en effet (par exemple, la
lettre de Soubirane servant à brouiller les deux amants dans *Armance*,
ou encore les lettres russes visant à séduire la jésuitique madame de
Fervaques dans *Le Rouge*), billets et lettres font très souvent l'objet d'un
métadiscours révélant peu ou prou l'échelle de valeurs stylistiques du
romancier. C'est ainsi que Chélan, Pirard ou le marquis de La Mole
écrivent simplement, clairement et brièvement [34], tandis que les hypocrites, les jésuites, les dignitaires ecclésiastiques, les politiques allongent
les propos (les conspirateurs mêmes sont des « bavards »), noient les
propos dans un flux de paroles. Dans le genre « inanités sonores », galimatias sibyllin, le sommet est atteint par les lettres russes, assez vagues,
verbeuses, emphatiques, inintelligibles, pour plaire à la prude et jésuitique
maréchale de Fervaques [35]. Naturellement, la lettre écrite par madame
de Rênal sous la dictée de son confesseur jésuite est « extrêmement

---

33. Voir *Mémoires d'un touriste*, in *Voyages en France*, *op. cit.*, p. 34, 119.
34. Voir *Le Rouge et le Noir*, *op. cit.*, respectivement (I, 25) p. 162-163, (I, 30) p. 202, (I, 29)
p. 194.
35. *Ibid.* (II, 26) p. 387, (II, 27) p. 390.

longue », si longue que le narrateur abrège, et signale ostensiblement qu'il coupe court [36].

Où il apparaît, sur ces quelques exemples, que le roman traduit les jugements stylistiques de l'idéologue, du journaliste, de l'essayiste. Dans tous les cas, la longueur des phrases, inséparable du jésuitisme, du charlatanisme, de l'hypocrisie des parvenus, des ambitieux, des stratèges sociaux qui, pour réussir dans le monde, s'avancent masqués, est négative, tandis que la brièveté se trouve associée à des personnages positifs : des jansénistes « purs » (Chélan et Pirard), un aimable aristocrate (le marquis de La Mole), et le héros de la chronique. Tout le temps de son éducation, le plébéien « fait des gaffes » verbales, a le tort de dire trop clairement ce qu'il pense [37], et, finalement, c'est cela même qui le perdra. « Le fils du charpentier » aura la tête tranchée pour avoir trahi les règles tacites (éviter le mot énergique, veiller à ne pas être trop franc, voiler les vérités, ménager les vanités, etc.) de la parole mondaine (ce n'est nullement un hasard si les avocats, formalistes qui veulent des phrases, trouvent un accusé qui répugne à se trouver des excuses, qui « abrège » les entretiens en avouant continûment, et dans les termes les plus « simples », qu'il a voulu tuer, et donc « mérite la mort » [38]) ; son discours à la barre est « suicidaire » (le mot est de Frilair, jésuite consommé qui sait ce que parler veut dire) parce que trop vrai, trop clair, trop « tranchant ».

Comme le prouve assez nettement le « courrier anglais », le libéral qu'est Stendhal n'est pas loin de penser que le style et la pensée sont incompatibles, et politiquement ventilés de la sorte : *la forme à droite, la pensée à gauche.* Moyennant quelques nuances, c'est cette répartition que l'on retrouve dans *Lucien Leuwen,* roman qui a fait l'objet, sur ce point précis, d'une remarquable étude de Roger Pearson dans *Stendhal's violin.* « Exercices de style », tel est le titre – ô combien pertinent – qui chapeaute l'analyse (1988 : 175-184), laquelle montre que le style est politique, et donc que le politique peut s'analyser à travers le prisme du style. De fait, dans le roman de la monarchie de Juillet, les rôles obéissent à une ordonnance politique *et stylistique.* À gauche, Gauthier, arpenteur « rédacteur du journal libéral et chef des républicains » [39], sincère,

---

36. *Le Rouge et le Noir, op. cit.,* (II, 35) p. 431.
37. Voir sur ce point Ansel (2001*a*), p. 97-107.
38. *Le Rouge et le Noir, op. cit.,* p. 434, 442, 455-457.
39. *Lucien Leuwen,* in *Romans et nouvelles,* Paris, Gallimard « Pléiade », 1952, t. I, p. 789.

honnête, « éloquent » lorsqu'il parle du « bonheur de la France »[40], mais pour le reste sérieux, ennuyeux[41], manquant totalement de style. Au centre, le salon « affecté » des bourgeois de province : voir l'emblématique « arrière-boutique » de mademoiselle Sylviane Berchu[42], et des parvenus enrichis, incarnés par le couple Grandet, représentatif du juste-milieu. Lui est un lourd « demi-sot » incapable de « distinguer une page de Voltaire d'une page de M. Viennet », qui s'efforce de « se tenir au courant de notre littérature » et qui débite des phrases de journal[43] ; elle est une « copie continue » qui se plaît également dans les « propos communs » et dans l'imitation de Mme de Staël[44]. Et c'est évidemment (dans l'esprit de Stendhal, Mme de Staël rime avec emphase) une « emphase lente et lourde » qui règne dans le salon Grandet[45]. À droite, dans les salons légitimistes, il y a infiniment plus d'urbanité, de grâce, de légèreté, de formes, d'éloquence dans les discours ; de là le succès d'un Du Poirier, succès qui repose sur de remarquables talents d'orateur, sur une capacité à parler de tout, à soutenir toutes sortes d'opinions auxquelles peut-être on ne croit pas[46].

Bilan : « The further one moves to the Right along the political spectrum, the greater the performance (Pearson, 1988 : 178). » Et plus il y a d'élégance, d'esprit, de politesse dans les paroles, plus le discours est plaisant (Du Poirier est un charlatan « amusant »[47]), et plus il agrée au héros[48]. Comme aucun lecteur bénévole ne l'ignore, ces « préjugés aristocratiques »[49] accordés par le romancier au héros sont partagés par Stendhal qui ne hait rien tant que la platitude, la gravité, l'emphase, la pesanteur du sérieux, qui, pas plus que Lucien, ne supporte l'affectation bourgeoise, la grossière conversation de « la canaille »[50].

Bref, pour ce qui est du style aussi, nous retrouvons sans surprise les rituelles « contradictions » de Dominique, écartelé entre ses convictions

---

40. *Lucien Leuwen, op. cit.*, p. 829.
41. *Ibid.*, p. 859.
42. *Ibid.*, p. 834-835.
43. *Ibid.*, p. 1340-1342.
44. *Ibid.*, p. 1329, 1169, 1151, 1173-1174.
45. *Ibid.*, p. 1181.
46. *Ibid.*, p. 859.
47. *Ibid.*, p. 853.
48. *Ibid.*, p. 822-823, 854.
49. *Ibid.*, p. 878.
50. Voir *Vie de Henry Brulard, op. cit.*, p. 678, 686, 778.

républicaines et les valeurs, la « vision du monde » aristocratique. Comme Lucien ou la Sanseverina [51], Dominique a « besoin des plaisirs donnés par une ancienne civilisation » [52], par les formes policées, par le style des salons d'Ancien Régime, comme le souligne expressément la Deuxième préface [53]. Rien de plus « sérieux » que cette préface faussement légère. Mais à ce compte-là, le républicain honnête, sérieux, simple, n'a *aucune chance d'avoir la préférence,* et c'est bien ce qui semble ressortir des valeurs stylistiques dramatisées dans le roman. Indéniablement, le récit discrédite les vertueux discours de Gauthier, les propos bourgeois des Berchu ou des Grandet pour privilégier les anciens privilégiés, pour valoriser les maîtres et les gardiens de la forme (les légitimistes attachés aux grâces, aux belles manières de l'ancien ordre des choses), tous ceux qui, se moquant du « fond » (rien n'est « sérieux », rien n'est « grave »), savent être coquins, polis, plaisants, spirituels, etc.

Oui mais… Comme le souligne très justement Roger Pearson, le causeur le plus brillant du roman, l'improvisateur de génie qui déteste le bruit et la pluie, les ennuyeux et le sérieux, le très « aimable » père du héros qui ne croit à rien [54], « is of course the supreme stylist in the novel » (Pearson, 1988 : 179) ; *mais aussi* ce champion de la forme est un homme vide, creux – lucide sur ses limites, M. Leuwen en fait d'ailleurs lui-même l'aveu à son fils : « Mon éloquence et ma réputation sont comme une omelette soufflée ; un ouvrier grossier trouverait que c'est viande creuse » [55] – qui bradera sa position politique (dont il ne sait que faire [56]) et financière (banqueroute finale). La fin de M. Leuwen, tout comme celle du ministre Mosca, ne laisse aucun doute sur le « penchant secret », discret, du romancier. En dépit de toutes ses qualités aristocratiques (M. Leuwen est un faux banquier, c'est un M. de La Mole déphasé, un aristocrate de cœur déplacé dans le juste-milieu des Grandet et Cᵢₑ), stylistiques, le père ne vaut pas son saint-simonien de fils : « The supreme stylist has no substance. […].

51. Voir *La Chartreuse de Parme,* in *Romans et Nouvelles, op. cit.,* t. II, p. 135.
52. *Lucien Leuwen, op. cit.,* p. 823.
53. *La Chartreuse, op. cit.,* p. 762.
54. *Lucien Leuwen, op. cit.,* p. 1311.
55. *Ibid..*
56. *Cf. ibid.,* p. 1311-1313.

Like Du Poirier he [M. Leuwen] is all form and no content. […] There is a moral limit to the demands of style. M. Leuwen dies after a bankrupt, unloved by the son for whom he thought he was doing so much. The *omelette soufflée* has collapsed » (Pearson, *ibid.* : 180-181). *Mutatis mutandis*, ces analyses, rigoureuses, décisives, de Roger Pearson valent *également* pour *La Chartreuse de Parme*.

Dans le sillage des paraphrases italianisantes, euphémisantes, euphorisantes, lévitantes, *etc.*, de Maurice Bardèche (la cour de Parme est un « rêve », une « utopie », une « demeure où la morale est au vestiaire », où tout est « indifférent », où « plus rien n'a d'importance » : « on se croirait à Lilliput. On ne se fâche pas contre Lilliput, c'est tout simplement un autre univers » – 1947 : 365-377), les roses gloses de Christopher W. Thompson (1982) et de Michel Crouzet (1996a, 1996b) ont imposé la cécité, l'idée que *La Chartreuse* ne serait qu'une bulle, qu'une bluette, qu'une « opérette » (Valéry) à paillettes, qu'une fête perpétuelle, qu'un immense jeu de rôles, un théâtre du brillant et du brio déployant les fastes de l'amabilité, de la mondanité et de l'esprit, une *commedia dell'arte* où triomphent Gina et Mosca, experts ès coquineries « amusantes » et grands prêtres du Verbe [57].

Que le roman accorde infiniment d'importance au jeu, à l'esprit, à l'ironie, qu'il focalise avec délectation et bonheur sur les performances langagières du ministre Mosca, dont les manières polies contrastent avec celles, fort grossières, du plébéien Rassi, c'est une évidence. Pour autant, cela ne signifie nullement que le romancier sacrifie le fond à la forme, les valeurs républicaines de Brulard aux « préjugés aristocratiques » de Dominique, remise la morale « au vestiaire » (Bardèche). Sauf à souscrire aux aberrations et billevesées de la déconstruction (les signes ne renvoient qu'aux signes, *il n'y a pas de hors-texte*), qui pour nier que les mots ont une portée sociale, politique ? et qui, plus que Stendhal, pour voir le pouvoir derrière les phrases, la peur sous les fleurs (de rhétorique) ? Et pour peu qu'on lise « *toute* la fable », force est de constater que le romancier ne laisse jamais planer le moindre doute sur *les effets politiques* (la stylistique de Stendhal, avons-nous dit, est une pragmatique) *des virtuosités linguistiques* de Gina ou de Mosca.

---

57. « L'esprit est au pouvoir. […] le plaisant est bien la valeur suprême dans le roman […]. Toutes [les dictions des personnages] semblent marquées d'abord par une incessante festivité verbale ; l'esprit se moque «du fond», et même de tout » (Crouzet, 1996*a*, p. 106-109).

Quand la Sanseverina, par simple curiosité, désire monter dans la tour Farnèse, elle obtient l'autorisation de cette visite et l'insigne honneur de gracier un prisonnier de son choix. Mais que fait-elle de ces princières faveurs ? Elle visite la tour en touriste, et, par étourderie, par frivolité de grande dame, elle demande une grâce… qui tombe bien mal : « La duchesse écrivit le nom de l'homme qui lui avait parlé. Par malheur cet homme se trouva un demi-coquin, une âme faible ; c'était sur ses aveux que le fameux Ferrante Palla avait été condamné à mort [58]. » Question : pourquoi le narrateur signalerait-il ainsi l'inconscience de la duchesse si tout était « indifférent », si la fiction était « amorale » ? De même, pour être un habile joueur qui voudrait ne tenir à rien, Mosca n'en est pas moins, *dans les faits*, un efficace agent de la tyrannie, un sbire (de haut vol, sans doute, mais un sbire *quand même*) consommé, l'homme de main d'une violente « réaction » politique (Coe, 1996), la *doublure présentable*, l'*alter ego sortable* du vulgaire, de l'infâme Rassi [59]. Mosca, assurément « the supreme stylist in the novel » (Pearson, 1988), a les mains sales, Mosca est un homme stylé « de droite », un homme d'ordre qui n'hésite pas à mater la rébellion, à « supprimer » (il supprimera d'ailleurs *deux fois* les émeutiers de Ferrante Palla : la première fois en les tuant, la seconde en supprimant dans la « gazette » « tout ce qui s'est passé à Parme » [60]) quelque « soixante » « coquins » pour sauver la monarchie (et son portefeuille), pour assurer le trône du prince héréditaire.

Comme quoi le rire, l'esprit, le formalisme, la « festivité verbale » (Crouzet, 1996*a* : 109), le jeu, le plaisir, le style « grand seigneur », dans ce roman italien *aussi*, sont liés au pouvoir, dépendent de réalités fort « prosaïques » (pas d'aimable cour sans tour infernale, pas de « grands seigneurs » sans « petit peuple ») : *le hors-jeu est la raison du jeu*, ce que n'ignore pas le roué Mosca, lequel est d'ailleurs loin de mener la danse. À Parme en effet, ce n'est nullement *la star* (puisque de théâtre, de jeu, de paillettes il serait grandement question dans *La Chartreuse*) de la forme, ce n'est point « l'esprit [qui] est au pouvoir » (Crouzet, *ibid.* : 106) : celui qui tire les ficelles, c'est le prince, et, dans les coulisses, l'homme du pouvoir, c'est l'obscur, l'inélégant Rassi [61], le fiscal général

---

58. *La Chartreuse de Parme, op. cit.*, p. 131-132.
59. Voir Ansel (1997).
60. *La Chartreuse, op. cit.*, p. 409-410.
61. *Ibid.*, p. 417.

qui manque totalement de style, mais ne cesse de grandir [62]. Et au besoin, l'élégant Mosca sait retrousser ses manches, abandonner les formes pour l'uniforme : quand les intérêts des privilégiés sont en jeu, le noble ministre quitte incontinent l'habit, redevient soldat, fait feu, tue. Et tout comme M. Leuwen est une « omelette soufflée » qui finit par retomber, à l'heure des comptes, Mosca, Gina et Fabrice (héros inconscient de ses privilèges indus, parfaite tête vide, forme sans fond) paient le prix fort. Le jeu a ses limites…

Bref, dans *La Chartreuse de Parme* comme dans *Le Rouge* ou *Lucien Leuwen, le style est à droite,* et jamais le romancier ne glorifie aveuglément la forme aux dépens du fond, les grâces de la phrase au détriment de la pensée, la plaisanterie et la coquinerie au mépris de toute morale républicaine. Politesse, élégance, gaieté, esprit, légèreté, finesse, belles manières, style, etc., toutes ces qualités héritées des cours monarchiques, de « l'ancienne civilisation » [63] séduisent Dominique, mais toujours le fond « jacobin » résiste, et informe *intus et in cute* les récits de Stendhal.

Brulard *for ever.*

Yves Ansel
Université de Nantes

---

62. Voir Ansel (1996).
63. *Lucien Leuwen, op. cit.*, p. 823.

II. GENÈSE : FORME, SUBSTANCE, TEMPORALITÉ

*D*es intentions à la pratique, de la formation à la réalisation, on entre dans la genèse active du « style stendhalien », saisi à travers quelques-unes de ses réalisations les plus récurrentes et les plus personnelles. La substance de la langue se fait forme, par un usage particulier, idiolectal et idiosyncrasique, des mots et des phrases, mais aussi et surtout des disponibilités textuelles les plus variées. Anne Herschberg Pierrot étudie les notes dont Stendhal a ponctué les marges de nombre de ses manuscrits, et particulièrement cet étrange grimoire qu'est la Vie de Henry Brulard, et découvre toute une scénographie stylistique des voix qui est un autre niveau d'énonciation, du texte et dans le texte. Marie-Christine Lala montre que cette scénographie dramatique peut se retrouver également à l'intérieur d'un récit de facture traditionnelle, comme Armance, du fait d'une très subtile contextualisation des représentations de la conscience sensible. Et Jacques Neefs s'attache à la lecture des notes, non plus marginales celles-ci, mais notes de brouillon, bouts de plan et autres, pour Lamiel : le style stendhalien est là, non seulement dans ce laboratoire d'énonciations croisées, mais surtout dans le dialogue qu'il entretient avec lui-même, et avec une écriture/lecture à venir. La genèse du style comme forme, donnant cohérence aux matériaux de la substance, se déploie dans toute une temporalité d'écriture et de pensée, de perception, dont Stéphane Chaudier reconnaît une manifestation inattendue à travers l'articulation logique implicite, du type « fait, conséquence, commentaire », qui assure la cohésion de la fameuse parataxe stendhalienne.

NOTES SUR LE STYLE
DES MARGES DANS
LA *VIE DE HENRY BRULARD*

« Fabrice était bien bon de donner le nom
de simples notes aux griffonnages infinis dont il avait chargé
les marges d'un exemplaire in-folio des œuvres
de saint Jérôme »

La Chartreuse de Parme [1]

Un nouvel aspect de Stendhal – celui des manuscrits autobiographiques et des marges – émerge de la critique et de l'édition génétiques des vingt dernières années : avec les travaux de Béatrice Didier et de Jacques Neefs, le *Stendhal autobiographe* de Béatrice Didier (1983), le *Stendhal* aux Presses de Vincennes (1988), les articles de Jacques Neefs sur Stendhal (1986) et les « marges » du manuscrit (1989) ; les études de Serge Sérodes sur *Les Manuscrits autobiographiques de Stendhal* (1993), de Louis Marin sur l'écriture et les dessins de la *Vie de Henry Brulard* (1999) ; et avec la monumentale et remarquable édition diplomatique de la *Vie de Henry Brulard,* en trois volumes par Gérald Rannaud (1996-1997), qui donne à lire le livre-manuscrit. Tous ces travaux ont ouvert une nouvelle approche du style de Stendhal, le style des manuscrits inachevés, en particulier les autobiographies, alors que le livre de Josiane Attuel sur *Le Style de Stendhal* (1980) porte essentiellement sur les romans.

Le style des marges pour moi ne signifie pas qu'il y aurait un style unique des notes marginales, ni que ces notes constitueraient un texte à part, comme certaines éditions pourraient le laisser croire. Ces marges sont à lire comme des fragments au statut un peu particulier, qui ne sont pas homogènes et qui gardent un caractère spécifique dans chaque manuscrit.

---

1. Paris, Le Livre de Poche, 2000, p. 514.

D'autre part, je ne limiterai pas le style à une conception grammaticale ou linguistique des expressions, mais je l'envisagerai plus largement comme processus de l'œuvre, à l'image de cette « grande ossature inconsciente que recouvre l'assemblage voulu des idées », dont parle Proust dans sa « Préface » à Morand [2].

Marginales

Les marginales, sauf exception, ne sont pas des annotations. À la différence des notes ajoutées aux textes publiés comme *Le Rouge et le Noir*, les notes des marges ne sont pas subordonnées au texte qu'elles commentent, et leur fonction n'est pas de proposer un référent, d'accréditer une affirmation, mais de proposer un commentaire. Elles ont une fonction intermédiaire entre la note de journal, destinée à un seul, et l'aparté théâtral, que s'adresse conventionnellement le personnage et que surprend le public. Ces marginales peuvent occuper la place au-dessus du texte, à sa gauche, mais aussi les versos des pages qui lui font face. Ce qui est alors remarquable, c'est que, seules sur une page, elles s'alignent verticalement en colonne, formant un texte en retrait, laissant affleurer une voix en dialogue, en repartie avec le texte, et constituant une rythmique propre. On distinguera ces fragments des expansions marginales, qui portent les réécritures ou les ajouts dans l'espace interlinéaire, dans les marges autour du texte ou sur les pages de versos.

Ces notes, cela est bien connu, comprennent, de façon mêlée, des commentaires sur le style et sur l'auteur, ainsi que des indications biographiques datant les campagnes d'écriture et spécifiant le moment de l'écriture. On pourrait considérer qu'elles forment un journal de l'œuvre, mais, comme cela a été remarqué, elles font partie du texte qu'elles regardent et qu'elles redoublent. Bien souvent, Stendhal essaie dans la marge une réflexion qu'il intègre au texte quelques lignes ou pages plus loin. En même temps, ces notes s'organisent en une continuité sérielle, spécifiée par les titres des fragments (« style », « idée », « écriture »…). La *Vie de Henry Brulard* présente peu de notes sur l'auteur semblables aux marginales de *Lucien Leuwen*, et les notes sont rédigées à la première personne, ou, classiquement, en style nominal, à l'exclusion de la troisième personne pour parler de soi. Dans les marges

---

2.   M. Proust, *Contre Sainte-Beuve*, Gallimard, « Pléiade », 1971, p. 611.

du roman, le fragment prend une portée autobiographique, dans les marges de l'autobiographie, le fragment relève de la discontinuité du moi, le style fait lui-même partie de l'autobiographie, comme l'affirme Rousseau [3]. L'écriture est une interrogation, une recherche du moi, qui s'écrit au présent, avec les lacunes de la mémoire et cette question ajoutée : « Quel œil peut se voir soi-même [4] ? » (I : 71).

Je commenterai en premier lieu plus spécifiquement les notes sur le style et l'écriture, puis l'entour biographique de l'écriture, et quelques aspects des ajouts marginaux. Je m'attacherai à souligner la rythmique de ces notes et le rapport à l'écriture de la mémoire.

Fragments sur l'écriture

Une série de fragments porte sur le « style », et sur l'« écriture », au sens graphique du terme, que Barthes nomme la scription. Dans la *Vie de Henry Brulard*, les notes sur le « style » veillent sur la précision : « Stile vague me désolait » (I : 84), sur le ton et la réception du texte (« ton archileste », II : 634), sur les longueurs [5]. Précision, rapidité dans l'enchaînement des idées sont des qualités prisées par les idéologues. Une annotation, signée « H. Beyle », prend valeur de testament de l'auteur :

> Je sens bien que tout ceci est
> trop long mais je m'amuse à voir
> reparaître ces temps primitifs quoique malheureux
> et je prie M. Levavasseur d'abréger
> ferme s'il imprime. H. Beyle (I : 655).

Le style de l'autobiographie implique les deux pôles, celui de l'écrivain qui prend plaisir à l'écriture et devient son premier lecteur et les autres destinataires, les proches, et le lecteur idéal, dont le souci fait partie du style pour Stendhal. Le style est bien un ensemble de processus activés par le lecteur : « Un Roman est comme un archet, la caisse du violon qui <u>rend les sons</u> c'est l'âme du lecteur » (I : 763). Le style implique l'effet sur le lecteur. Une note indique :

---

3. Rousseau, « Préambule » de Neuchâtel aux *Confessions* : « mon style inégal et naturel, tantôt rapide et tantôt diffus, tantôt sage et tantôt fou, tantôt grave et tantôt gai fera lui-même partie de mon histoire », *Les Confessions*, Gallimard, « Pléiade », 1959, p. 1153.
4. Les références à la *Vie de Henry Brulard* renvoient à l'édition diplomatique du manuscrit de Grenoble de G. Rannaud, Paris, Klincksieck (I-III), 1996-1997. Il modernise l'orthographe.
5. Une page est surchargée de la mention « Longueur ailleurs » (I, 838).

> Stile
> Ordre des idées
> préparer l'attention
> par quelques mots
> en passant
> 1ᵉ sur Lambert
> 2ᵉ sur mon oncle
> dans les premiers Chapitres
> 17 Déc. 35 (I : 260).

Plus généralement, *Henry Brulard* s'interroge sur le lecteur idéal :

> Qui diable, pourrait
> s'intéresser aux simples
> mouvements d'un cœur
> décrits sans Rhétorique ! (III : 148)

Le refus de la rhétorique accompagne l'affirmation d'une individuation du style, de Montaigne à Rousseau. Un ajout précise : « La difficulté n'est plus de trouver et de dire la vérité mais de trouver qui la lise » (III : 17).

Le style, pour Stendhal, est ce qui se travaille en dernier. De ce point de vue, il se situe dans la tradition rhétorique de l'*elocutio*. Mais remettre le travail du style, c'est aussi ne pas retarder la pensée ; ne pas corriger est un gage de sincérité. Un fragment suggère cette pensée du premier jet :

> idée
> Peut-être en ne corrigeant
> pas ce premier jet
> parviendrai-je à ne pas
> mentir par vanité.
> Omar 3 Décembre
> 1835 (I : 396).

Toute une série de remarques portent sur le lien du style et de la graphie. La rapidité (pour reprendre le titre de ces notes) est celle de la pensée à la main, de la vitesse d'écriture. Ces notes prennent la forme de réponses à des reproches :

> Réponse à un reproche

Comment veut-on que j'écrive bien
forcé d'écrire aussi vite pour
ne pas perdre mes idées
27 Décembre 1835
Réponse à MM
Colomb & & (II : 124).

Voici la note du « 30 Déc. 1835 » :

Justification
de ma mauvaise
écriture.
Les idées me galopent
et s'en vont si je ne les saisis pas.
Souvent mouvement nerveux dans la main (II : 201).

« Les idées me galopent » : la tournure implique un emportement physique de la pensée, un emportement du corps dans l'acte d'écrire[6]. Cette note fait face à un passage du texte autobiographique, qu'elle redouble :

Comment aurais-je pu écrire bien <u>physiquement</u> M. Colomb. – Mon ami Colomb, qui m'accable de ce reproche dans sa lettre de hier et dans les précédentes braverait les supplices pour sa parole, et pour moi […].

L'autobiographie intègre le temps de l'écriture et son commentaire. Les notes dans les marges, condensées dans le temps des derniers jours de décembre 1835, se répètent en un rythme obsessionnel :

Écriture

—————

voilà comment
j'écris quand la pensée me talonne
si j'écris bien, je la perds (II : 661).

Écriture

—————

Les idées me galopent
si je ne les note pas vite

---

6. Voir R. Barthes (1995, p. 73) : « L'écriture, c'est la main, c'est donc le corps : ses pulsions, ses contrôles, ses rythmes, ses pesées, ses glissements, ses complications, ses fuites, bref non pas l'*âme* (peu importe la graphologie), mais le sujet lesté de son désir et de son inconscient. »

je les perds.
Comment écrirais-je
vite.
voilà, Mr. Colomb, comment
je prends l'habitude de mal écrire.
Omar, Thirtyest December 1835.
revenant de San Gregorio et du Foro boario (II : 182).

Une spécificité de ces notes sur le style est de penser en continuité l'écriture et la scription. Cela définit une manière d'écrire, au sens où la rapidité du style et celle de la main relèvent de processus continus. Barthes développe cette réflexion dans ses écrits sur la peinture et sur l'écriture, et dans son cours sur *La Préparation du roman*. Il aborde en effet les difficultés qui attendent le futur écrivain et réfléchit sur la vitesse graphique et mentale et sur les « types de main » (rapides et lentes) qu'il relie à des types de style. Il rattache ainsi l'écriture « au galop » de Proust au « caractère quasi infini de ses phrases » (Barthes, 2003 : 338). La phrase de Proust ne ressemble probablement pas à celle de Stendhal, malgré leur pratique de la digression, mais je trouve intéressante l'idée d'un style d'écriture qui relie la main et la manière. Proche de Stendhal, Sartre pratique l'écriture d'improvisation pour ses écrits autobiographiques, et pour les écrits philosophiques, qu'il rédige, pour certains, sous amphétamines pour retrouver une vitesse de pensée et de plume (ainsi, *La Critique de la raison dialectique*). La question de la vitesse et de la discontinuité, des chevauchements de la pensée est encore posée par Michaux dans l'avant-propos de *Misérable miracle*, écrit sous l'influence de la mescaline : « Les difficultés insurmontables proviennent de la vitesse inouïe d'apparition, transformation, disparition des visions ; de la multiplicité, du pullulement dans chaque vision [7]. »

Un autre aspect de ces notes de Stendhal, qui porte sur leur écriture même, est leur caractère constamment dialogique, marqué par la présence de l'autre, comme l'a bien montré Béatrice Didier (1988 : 94) [8] – que l'autre soit un proche ou prenne un aspect plus anonyme, et par la figure de l'occupation, qui anticipe l'objection pour mieux y répondre :

---

7. H. Michaux, *Œuvres complètes*, Gallimard, « Pléiade », II, p. 620.
8. « Quelquefois disant des bêtises exprès avec moi-même, pour me faire rire, pour fournir des plaisanteries au parti contraire (que souvent je sens parfaitement en moi), je me dis », *Vie de Henry Brulard*, III, 348.

À placer

Touchant mon caractère
On me dira mais vous êtes un prince un Émile
pour que quelque JJ Rousseau se donne la peine
d'étudier ou de guider votre caractère ? Je
répondrai toute ma famille se mêlait de mon éducation
Après la haute imprudence d'avoir tout quitté à la mort
de ma mère j'étais pour eux le seul remède à l'ennui et
ils me donnaient tous
l'ennui que je leur ôtais.
Ne jamais parler à un
autre enfant de mon
âge ! (II : 182)

L'autre peut prendre la forme de la censure avec laquelle joue le scripteur :

Rapidité
_____

[…] Comment pourrai-je
écrire bien physiquement ?
D'ailleurs ma mauvaise
écriture arrête les indiscrets (II : 264).

Writen
bad Caracters *(sic)*
exprès
for the
Poli
cemen
I have alwais *(sic)*
this précaution
I fear also
the
bookbinder (II : 117).

Outre le jeu personnel du cryptage, l'accent même de ce mauvais franglais fait entendre l'ironie du scripteur dans la dissonance. Cette voix démultipliée s'exprime d'ailleurs souvent comme un monologue à mi-voix, ce que rend la ponctuation. Ainsi, les questions, comme chez Proust, sont parfois ponctuées d'un point, engageant le ton d'une rêverie, plus qu'une question de dialogue (dans une citation précédente : « comment écrirais-je vite »).

La polyphonie s'exprime encore dans la relation des notes marginales à l'intertextualité, qu'on trouve aussi intégrée à l'autobiographie. Ces remarques sont un bon exemple de la façon dont la singularité du style se différencie et se définit en dialogue avec d'autres discours et d'autres styles [9], y compris le style des œuvres précédentes de l'écrivain. Comme dans les marginales de *Lucien Leuwen*, *Le Rouge et le noir* est un centre de référence, et la comparaison intertextuelle se fait avec la conscience d'une historicité du style [10]. Cette note en marge de *Henry Brulard* :

> Stile
> Ces mots
> pour un instant
> sont un repos pour l'esprit,
> je les eusse effacés en 1830
> mais en 35 je regrette de
> ne pas en trouver de semblables
> dans le Rouge.
> 25 Déc. 1835
> dîner de poisson
> au N° 120 (I : 824).

fait écho à cette autre réflexion du texte sur le style de Chateaubriand : « C'est ainsi que tant d'années après, les phrases nombreuses et prétentieuses de MM. de Chateaubriand et Salvandy m'ont fait écrire *le Rouge et le Noir* d'un style trop haché » (II : 266-267). On trouve, dans le texte même, d'autres références négatives, aux *Confessions* de Rousseau, par exemple, et au style académique. Parmi ces références intertextuelles, il convient de mentionner le jeu des avertissements désignant les mémoires de *Henry Brulard* comme un roman, avec les allusions, explicites au *Vicaire de Wakefield*, implicites à Sterne, qu'ont commentées Béatrice Didier (1983 : 273 et suiv.) et Gérald Rannaud (1988 : 143). Il me semble que Stendhal joue avant la lettre avec l'autofiction,

---

9. Voir cet ajout marginal au texte, qui explicite le pastiche de style : « J'emprunterai pour un instant la langue de Cabanis » (I, 827).
10. Voir : « Style *of Dominique.* – Sensation sur les premières vingt-sept pages du cinquième volume du *Rouge et le noir* : vrai, mais sec. Il faut prendre un style plus fleuri et moins sec, spirituel et gai, non pas comme le *Tom Jones* de 1750, mais comme serait le même Fielding en 1834. 26 septembre 1834 », cité dans l'édition Flammarion (GF) de *Lucien Leuwen* par M. Crouzet, p. 406, n. 434.

comme le fait Barthes avec le *Roland Barthes par Roland Barthes* et son épigraphe « Tout ceci doit être considéré comme dit par un personnage de roman » (Barthes, 1995 : 81), qui n'est peut-être pas sans référence à Stendhal [11]. Ces avertissements disent : c'est moi et ce n'est pas moi. Ils établissent une distance avec l'image de soi, sans qu'on doute de l'identité de l'auteur-personnage.

Comme d'autres manuscrits en cours d'écriture, le manuscrit de la *Vie de Henry Brulard* rend manifeste l'hétérogénéité des voix, de l'espace et du temps graphique, précisément par le jeu des marginales qui, parfois, juxtaposent plusieurs notes de temporalité distincte. L'énonciation des notes mêle aussi plusieurs styles (et parfois deux langues) : le présent d'écriture alterne avec le style nominal et avec l'infinitif dans les notes de régie qui organisent le devenir d'un écrit encore instable et en mouvement. Les détails ou les fragments à ajouter comme : « Faits à placer ici pour ne pas les oublier à mettre en leur lieu » (I : 347). « À placer. Caractère of my father Chérubin B. » (I : 106), nous renvoient à un espace et une temporalité virtuels :

Faits

placés ici pour ne pas les oublier
à mettre en leur lieu

Pourquoi Omar m'est pesante (I : 347).

Faits

À placer
en leur temps
mis ici pour ne pas l'oublier (II : 30).

En même temps, les indications de régie organisent la virtualité des volumes, et le devenir des feuillets, mis en attente d'être dictés, ainsi pour le voyage des Échelles :

Dicter ceci et
le faire écrire sur
le papier blanc
à la fin

---

11. Sur Barthes et Stendhal, voir Kliebenstein (2000).

du 1ᵉ volume
relier ce
Chapitre
à la fin du
2ᵈ
Volume
18 Déc (I : 851).

Moments et sensations

Ces dernières marginales concernent la mise en œuvre du texte. D'autres notes, d'ailleurs souvent voisines sur la page, associent l'écriture à son entour biographique : datation, notes sur le temps de la saison, menu du dîner (« dîner de poisson » avons-nous lu précédemment), programme de concert, rencontres, lectures, mais aussi rythme des pages et conditions physiques de l'écriture. Stendhal note le malaise physique de l'écriture, lié au froid qui freine la plume :

> Rapidité.
> _____
> Mauvaise écriture (raison de la)
> 1 Janv. 1836
>
> _____
> Il n'est que 2 heures et j'ai
> déjà écrit 16 pages,
> il fait froid, les plumes vont
> mal, au lieu de me mettre
> en colère, je vais en avant
> écrivant comme je puis (II : 302).
>
> Écriture
> _____
> Le 1ᵉʳ Janvier 1836
> 26 pages
> toutes les plumes vont mal
> il fait un froid de chien
> au lieu de chercher à bien
> former mes lettres et de
> m'impatienter
> io tiro avanti.
> R. Colomb me reproche
> dans chaque lettre d'écrire
> mal (II : 344).

Il indique aussi sa position de scripteur, debout, devant le bureau à la Tronchin, ce qui offre les conditions, certes fatigantes, d'une « dynamique respiratoire » de l'écriture, selon les termes de Gérald Rannaud [12] :

j'écris ceci debout sur un Bureau à la Tronchin (II : 177)

24 Déc. 35

tenu
first parole
écrire
sur le Bureau
à la Tronchin (I : 824).

Les notes portant indication de la date, de la lumière ou de l'atmosphère forment des séries condensées dans le temps et créent un rythme des pages. Les notations « écrit de nuit » servent à expliquer la mauvaise écriture qui fait récrire les pages, mais elles marquent aussi l'ambiance de l'écriture :

écrit
de nuit (I : 124),

écrit à la
nuit tombante (I : 154),

écrit
de nuit
le 1er Déc.
35 (I : 233),

1 Déc.
écrit
absolument
de nuit (I : 235),

2 Déc. 35
écrit de
nuit à 5h (I : 387).

---

12. G. Rannaud, *op. cit.*, t. II, p. 176, n. 1.

De même, la notation de la température marque une saison dominant la rédaction. Pour *Lucien Leuwen*, la chaleur étouffante empêche parfois d'écrire, pour *Henry Brulard*, c'est le froid, dont la notation se répète :

17 Déc. 35
grand froid
à la jambe
gauche
gelée (I : 801).

17 Déc. 35
Je soufre du froid
devant mon feu
à 2 pieds 1/2
du foyer
gd froid
for Omar (I : 827).

17 D.
grand froid (I : 843).

18 Décembre 1835
froid de chien (I : 851).

18 Déc. 1835
Omar
froid de chien
avec nuages
et
soleil (I : 853).

18 Déc.
froid de
loup fait
du feu
au Cab. (I : 859).

18 Déc. 1835
froid
à 2 pieds
de mon feu
Omar (I : 863).

18 Déc. 35
froid
jambe gauche
gelée (I : 885).

Ou bien c'est la « pluie infâme » :

21 Déc.
pluie infâme (I : 275).

21 Déc.
pluie continue (I : 283).

21 Déc. 1835
pluie
infâme (I : 305).

2 Fév. 1836
pluie infâme ! (III : 289)

Travail

———

Le 2 Février 1836
pluie infâme
de midi à 3 heures
écrit 26 pages
et parcouru 50
pages de Chatterton.
Dîner at Sandre,
pas pu finir
Chatterton (III : 326).

Ces marginales gagnent à être mises en système, car elles permettent la remémoration d'une sensation associée au moment d'écriture [13], comme le temps de saison, et la lumière, la fatigue, les battements de cœur, l'émotion du souvenir :

fatigue du matin (I : 350)

---

13. Voir Crouzet (1981). Pour un rapprochement avec Barthes et la notation du temps qu'il fait, voir Kliebenstein (2002, p. 261).

16 Janv. 1836
le 15 excès de
lecture,
battement de
cœur ou plutôt
cœur resserré (II : 689),

et aussi en fin du premier volume :

18 Déc. 1835
de 2 à 4 1/2
24 pages
je suis si absorbé par
les souvenirs qui se
dévoilent à mes
yeux
que je puis à peine
former mes lettres
25 x 2 + 2 + 11^{ms} years (I : 906).

Stendhal s'est expliqué sur le rôle mémoriel des annotations marginales dont il griffonne, comme Fabrice les marges de saint Jérôme, les marges de ses livres. « *Marque ta sensation* à la marge par les mots les plus énergiques et les plus clairs » écrit-il dans une lettre de 1817 [14] et dans les *Souvenirs d'égotisme* : « Quelquefois j'écrivais une date sur un livre que j'achetais et l'indication du sentiment qui me dominait. » « La moindre remarque marginale fait que si je relis jamais ce livre, je reprends le fil de mes idées et *vais en avant* [15]. »

Noter le froid, la lumière qui baisse, ou le grand soleil, avec la date, mais aussi sa lecture de Vigny et le dîner de poisson, c'est se remémorer le passé, un peu à la manière de Proust dans « Journées de lecture ». C'est même plus précisément se remémorer l'acte d'écriture avec son entour, et au-delà, dans le texte autobiographique, le présent de la mémoire, à ce moment-là. Mais c'est aussi se souvenir des rythmes de l'écriture, et de la relecture. De ce point de vue on distingue plusieurs séries croisées, plusieurs rythmes : le rythme des dates (jours d'écriture et jours de correction des pages), le rythme des sensations et le rythme des pages écrites. On aurait tort de s'arrêter à l'idée d'un simple calen-

---

14. Stendhal, Lettre à Crozet de 1817, citée par Sérodes (1993, p. 66).
15. Stendhal, *Souvenirs d'égotisme*, Gallimard « Folio », 1983, p. 94 et 104.

drier de la rédaction et de la relecture. Les sensations notées mettent en valeur l'importance qualitative du moment, d'un moment-durée en accord avec la saison, au sens où le définit François Jullien (2001), par opposition à l'événement ponctuel du temps qui passe. La nuit, le froid, ne sont pas forcément des sensations dysphoriques, mais la conscience cénesthésique du moment de l'écriture, et de son lien avec la saison. Stendhal emploie l'expression : « tramontane des nerfs », qui marque, me semble-t-il, à travers la métaphore cette conscience d'une osmose :

24 Décembre 1835

Tramontane
des nerfs (I : 824).

À d'autres moments, il exprime son euphorie :

7 Déc. 1835
Cᵃ Vecchia
Sirocco
fenêtre ouverte (I : 493) ;

écrit de
188 à 197
en une heure,
gd froid et
beau soleil
Le 14 Déc. 35 (I : 653).

Le compte des pages écrites note moins une quantité arithmétique qu'il ne marque une valeur intensive, le plaisir de la rapidité (parfois aussi le regret de ne pas avancer) [16]. C'est la notation rétrospective d'un moment heureux, fondé sur le rythme de l'écriture et ses intermittences. Ce rythme suit la saison :

À 4-50ᵐ :
manque de jour
je m'arrête (I : 905).

---

16. « En 1 h1 /2 de 450 à 461 11 pages » (II : 712) ; « En 7 quarts d'heure de 483 à 500, 17 pages. » (II : 812) ; Stendhal note aussi les reprises : « 13 Décembre, 1835 Omar. repris le travail of Life » (I : 597) ; « 20 Janvier 1836. le 3 Décembre j'en étais à 93 » (III : 17).

Le 1ᵉ Janvier 1836
29 pages
je cesse faute de
lumière au ciel
à 4 3/4 (II : 352).

Mais pas toujours, puisque Stendhal écrit parfois de nuit. L'important me semble de ne pas dissocier le texte autobiographique de ses marginales, des conditions de l'énonciation, dates, sensations, rythme des pages qui entourent l'acte d'écriture.

Il est un autre élément du rythme qu'il convient de ne pas négliger, c'est la rythmique du blanc dans la disposition verticale des notes en marge. Ainsi dans la marginale déjà citée :

il fait froid, les plumes vont
mal, au lieu de me mettre
en colère, je vais en avant
écrivant comme je puis (II : 302).

La césure passe avant « mal » et le retour à la ligne crée un accent d'attaque sur le mot et une suraccentuation du groupe « vont mal », ainsi qu'une tension entre les deux termes, qui laisse entendre une intonation et une voix graphique (selon l'expression de Louis Marin). De même, la mise en place graphique souligne la reprise phonique des consonnes « v » de « vont/je vais/écrivant », et la mise en série des mots. Dans cet autre exemple, la fragmentation de l'énoncé met en relief la « nuit », à l'alinéa :

30 Nov 35
écrit de
nuit
à la bougie (I : 201).

De plus, le blanc sert de ponctuation, et se substitue parfois à une virgule ou un point, assurant la continuité d'une diction et d'une voix singulière. Dans cet exemple :

Écriture
———
voilà comment
j'écris quand la pensée me talonne
si j'écris bien, je la perds (II : 661),

108

il n'y a pas de point mais un blanc avant « si j'écris bien ». C'est alors au lecteur de constituer une diction, de retrouver la rythmique de l'énoncé, de l'achever. Cela s'inscrit dans l'écriture privée de ces notes qui prévoient la virtualité des relectures.

Le présent de l'écriture

Je voudrais encore proposer quelques remarques sur les ajouts et corrections qui se placent dans les marges interlinéaires et latérales du texte. La *Vie de Henry Brulard* a pour dominante la référence au présent de l'écriture, comme l'a bien vu Claude Simon dans son *Discours de Stockholm*. C'est le point de référence des notes que nous avons lues : l'écriture en marge de la sensation appelle une lecture ultérieure qui réactive le présent de l'écriture dans l'anamnèse [17]. C'est aussi une constante du texte qui se manifeste dans l'expression « je le ou la vois encore » [18], fréquemment ajoutée à la relecture. Au chapitre III, la description de Mme Pison du Galland est reprise avec l'addition de ces termes : « Mon premier souvenir est d'avoir mordu à la joue ou au front Madame Pison du Galland ma cousine […]. Je la vois encore » (I : 165). On trouve à plusieurs reprises le même mouvement d'écriture, soulignant l'importance de ce qui subsiste du souvenir dans la vision présente : « Dans cette position M. Barthélemy d'Orbane m'apprit à faire des grimaces. < Je le vois encore et moi aussi > », la formule est ajoutée en marge (I : 299) [19]. De même, Stendhal décrit en marge, comme une hypotypose, la blessure de l'ouvrier lors de la journée des Tuiles :

> Il était sans habit, sa chemise et son pantalon de nankin ou blanc étaient remplis de sang, je le vois encore, la blessure d'où le sang sortait abondamment était au bas du dos, à peu près vis-à-vis le nombril (I : 321).

Il y a encore cette présence proustienne de la mémoire du livre : « M. Durand commença à m'expliquer *les Métamorphoses* d'Ovide. < Je le vois encore ainsi que la couleur ~~noire~~ jaune ou racine de buis de la couverture du livre. > » (I : 549).

Une autre formule est, non pas : « je le vois encore » attestant de la vivacité du souvenir, mais : « je vois maintenant », qui rend à la mémoire

---

17. Sur l'importance du présent, voir Reid (1991, p. 31).
18. Sur le rôle de la vue dans le *Brulard*, voir Didier (1983, p. 218 et suiv.) ; sur ce chapitre III, voir Marin (1991, p. 69 et suiv.)
19. Les soufflets (<…>) notent les additions.

son historicité et ses lacunes : « < Après la mort de ma mère mon grand-père fut au désespoir. Je vois mais aujourd'hui seulement que c'était > un homme qui devait avoir un caractère dans le genre de celui de Fontenelle [20] » (I : 352). L'association du présent de la mémoire et de la modalisation se retrouve au chapitre III dans la rédaction corrigée de la scène de la morsure : « Je vois la scène mais sans doute parce que sur le champ on m'en fit un crime et que sans cesse on m'en parlait » (I : 165). L'ajout des souvenirs, que prévoit un « plan » vers la fin du manuscrit :

> Plan
> établir les époques, couvrir
> la toile, puis en relisant ajouter
> les Souvenirs (III : 789)

se joint à la modalisation des « peut-être » et des « sans doute » :

> Ce glacis de la porte de Bonne était couvert de marguerites. C'est une jolie petite fleur dont je faisais un bouquet. Ce Pré de 1786 se trouve sans doute aujourd'hui au milieu de la ville au Sud de l'église du collège (I : 165).

L'écriture est une interrogation de la mémoire : « Cette tante Séraphie avait toute l'aigreur d'une fille dévote qui n'a pas pu se marier. Que lui était-il arrivé ? Je ne l'ai jamais su nous ne savons jamais la chronique scandaleuse de nos parents » (I : 165-167). De même, Stendhal ajoute au bas d'un petit feuillet deux hypothèses écrites l'une en dessous de l'autre : « Je n'avais pas plus de 5 ans », « Je pouvais avoir 4 ou 5 ans » (I : 175).

Il y aurait encore beaucoup à dire sur ces marges. Il y a bien un style des marges qui les distingue de la rédaction du texte, ne serait-ce que par la discontinuité, mais ce style est pluriel dans la mesure où les notes d'idées, en osmose avec le texte, peuvent se distinguer de l'entour biographique et des notes de régie. Ces notes organisent un étrange redoublement du texte, un étrange ressassement qui devient un rythme du texte [21] quand Stendhal prend plaisir à recopier son texte rédigé de nuit, et entrelace les versions identiques. Le plaisir de l'écriture se joint à celui de la mémoire, du texte écrit et des femmes aimées. Et la réécriture fait naître

---

20. Voir aussi : « Actuellement je vois (mais je vois de Rome à 26 x 2 ans) que j'avais le goût de la musique » (II, 378).
21. Voir Sérodes (1993, p. 110-113).

de nouveaux détails [22]. En même temps, la notation des conditions physiques de l'écriture établit une continuité de l'acte matériel d'écrire et de la rédaction, de l'esprit et de la main, mais aussi du corps et de sa relation au monde. La prise en compte des sensations, des dates, et des lectures, qui semble entourer l'œuvre de ses circonstances, tisse un lien fort avec l'intensité du moment de l'écriture. Les dates ne notent pas le temps qui passe, elles s'associent au temps qu'il fait. Elles inscrivent une historicité particulière du style qui crée un calendrier personnel, et même un rythme personnel de l'écriture, marqué par les temps forts des notations, puis leur éclipse sur les pages, qui se surajoute au rythme des interruptions et des reprises de la rédaction. L'écriture de Stendhal est tendue entre la nécessité de fuir la sensation pour l'écrire et celle de noter la sensation pour se souvenir de la singularité du moment. « Il ne peut travailler que loin de la sensation, écrit-il dans son *Journal*. Ce n'est point en se promenant dans une forêt délicieuse qu'il peut décrire un bonheur, c'est renfermé dans une chambre nue, et où rien n'excite son attention, qu'il pourra faire quelque chose » [23]. Mais l'entour biographique du texte ouvre la possibilité d'une relecture qui puisse retrouver le présent de l'écriture et son mouvement d'anamnèse.

L'intérêt du manuscrit est de maintenir le livre en suspens. Les notes de régie organisent un devenir multiple de l'écrit, redistribuent le texte mouvant, de même que le sujet se divise dans ses interrogations, ses relations dialogiques, ses figures hétérogènes (auteur, scripteur), et ses effets de distance dans la multiplicité graphique et temporelle de l'écrit. La singularité du style dans le texte comme dans ses marges prend appui sur la mémoire intertextuelle du genre, sur le dialogue avec d'autres styles, d'autres voix, sur l'appel aussi à la lecture, d'un public choisi. Mais la lecture des marges du manuscrit laisse entendre une voix à mi-voix, dans la disposition graphique et la ponctuation des notes et seule elle fait comprendre la dimension égotiste profonde de l'œuvre. Les mémoires de soi sont une invitation personnelle à se remémorer l'acte d'écrire.

Anne Herschberg Pierrot
Université Paris 8
ITEM-CNRS-ENS

---

22. « Tout ceci ce sont des découvertes que je fais en écrivant » (III, 822).
23. *Journal*, 15 septembre 1813, cité par Josiane Attuel (1980, p. 365).

LA GENÈSE DU STYLE
COMME ÉCRITURE DU SOI :
LE CAS D'*ARMANCE*

C'est en 1827 que paraît le premier roman de Stendhal : *Armance ou Quelques scènes d'un salon de Paris en 1827*, et depuis la critique n'a cessé, car on a beaucoup parlé autour de la valeur de ce roman. Serait-ce un coup d'essai ? une œuvre manquée ? ou encore un « chef-d'œuvre discret » selon l'expression de Jean-Jacques Labia (1994 : 41). Si tel était le cas, il y aurait ainsi les chefs-d'œuvre avec *Le Rouge et le Noir* (1830) et *La Chartreuse* (1839), et puis tout le reste de la production écrite de Stendhal... de l'essai au Journal, du récit autobiographique au roman inachevé... Nous n'entrerons pas ici dans le jeu de l'évaluation de l'œuvre, pour revenir plus directement au texte et à sa lecture.

Lire et relire *Armance*... c'est d'abord se laisser porter et emporter par le rythme de la prose. Peu à peu le texte se donne comme le lieu de l'*exercice* d'une écriture – exercice à la fois incantatoire et magistral. Cette écriture, le style de Stendhal est en train de la forger à notre oreille et sous nos yeux. Il est en train de la rendre systématique jusqu'à la perfection. Dans *Armance*, on voit très nettement en effet l'écriture (emportée dans le geste de l'improvisation) se lier au parler oral dans le dialogue et dans le monologue, mais c'est pour y devenir le véritable instrument du style de Stendhal. Il s'agit bien d'une technique « incorporée » *à force d'exercice,* puisque nous connaissons – avant même l'écriture de ce premier roman – le goût de Stendhal pour la déclamation et son sens appuyé de la sténographie à travers sa déjà longue pratique de l'écriture avec le *Journal* et dans la tentation du théâtre (Prévost, 1974 : 28-29 ; 70 et 112).

Dans *Armance*, cette « écriture d'improvisation » se fait l'instrument du style à l'encontre de l'« idée du style », et même à l'encontre de tout « travail du style » à la manière flaubertienne. Il y a dans l'écriture de ce texte une remise en question de la conception traditionnelle du style, de par la pratique même du style – *par un acte de style* – dans la mesure où la critique du « style pur » s'opère dans et par le mouvement d'une écriture où l'improvisation (au sens musical du terme) libère l'écriture de soi. S'interroger alors sur la « genèse du style comme écriture du soi » revient à s'interroger sur les modalités d'invention d'un style dans le vif du processus de la création. Toutefois, il s'agit bien du style observable à l'état final de l'écriture – et non pas du style dans le processus non arrêté de l'écriture génétique – ce qui introduirait une autre problématique de l'écriture [1]. Dans notre perspective, qui est celle d'une analyse linguistique du « style », nous envisageons le procédé du *monologue intérieur rapporté*, dans le corpus extrait d'*Armance*, comme une donnée observable en tant que « fait de style ».

Et si *Armance* était en quelque sorte l'art poétique de Stendhal ? un art poétique – au sens verlainien du terme – par l'exemplification et par l'exercice même du style. Nous verrons comment, dans ce corpus, le style de Stendhal se lie à l'écriture du soi, et de là comment Stendhal nous découvre en quelque sorte sa théorie du style. Il semble que le « style » se forge dans l'écriture du soi et que simultanément le style de Stendhal interroge et redéfinit la notion de style parce qu'il fait *acte* de style. Si la sensibilité et la faculté créatrice de l'écrivain interviennent pour « tirer de la langue, par un acte de style, un fait de style » (Antoine, 1970 : 31), on peut dire que l'écriture de Stendhal se trame et se tisse dans et par la constitution du texte – texte qui, à son tour, sera appréhendé par la sensibilité et la capacité réceptrice de l'auditeur ou du lecteur. Considérant le « style » dans la langue [2], l'analyse linguistique du style envisage d'une part le fait de langue en tant que « fait de style », d'autre part la relation entre le texte et le lecteur (Adam, 1994). La caractérisation du style de Stendhal à partir du « fait de style » (en particulier : le cas du *monologue intérieur rapporté* dans *Armance*) nous permettra donc de montrer comment l'écriture du soi module des variations d'intensité à la pointe du style.

---

1. La dissemblance entre « ajout génétique » et « ajout stylistique » met en relief cette problé-matique – voir Authier-Revuz et Lala (2002, p. 28-48).
2. Dans la préface de l'ouvrage collectif *Qu'est-ce que le style ?* (Paris, PUF, 1994, p. 5), P. Larthomas rappelle la nécessité de distinguer clairement entre analyse linguistique et analyse stylistique dès lors qu'il y a « irruption des linguistes dans le sanctuaire de la poétique » (Jakobson). La démarche de J.-M. Adam avec *Le Style dans la langue* (1997) procède de cette nécessité dans la perspective d'une « reconception de la stylistique ».

I. Le style comme « écart dissonant »

I.1. Un écart tragique de l'esquive à l'esquisse

L'idée d'un double fiasco plane autour de la réception d'*Armance* dans la mesure où le soupçon du secret d'Octave (la défaillance sexuelle n'est jamais dite dans le texte) se superpose à la notion d'une œuvre sinon « ratée » de Stendhal, du moins non parachevée. Il est certain que le récit impossible de l'impuissance met à nu l'impossible de tout récit, et la glose deviendrait alors facile[3]. Dans *Armance*, les deux « ratages » semblent se superposer : celui du sexe et celui de la parole.

C'est tout d'abord l'impossibilité de l'acte sexuel qui explique l'impossibilité du mariage ; ce que corrobore le hors-texte de la *lettre à Prosper Mérimée* où, sous le pseudonyme de Comte de Chadevelle, Stendhal précise : « Les gens sages diront : "Que diable ! quand on est *babilan*, on ne se marie pas. […]" Le vrai Babilan doit se tuer pour ne pas avoir l'embarras de faire un aveu[4]. » Un abîme sépare l'élan du désir toujours recommencé et la défaillance du corps – défaillance jamais nommée, mais toujours exprimée dans les larmes, cris ou évanouissements du héros, et qui se confond avec la défaillance de la parole. Stendhal met en exergue de ce roman le fait que l'impuissance physiologique est *quelque chose d'impossible à dire*. Le silence relève par conséquent de cet aveu impossible qui entraîne le geste toujours renouvelé d'une esquive, où la fuite et l'évitement de l'aveu maintiennent l'interdit sur le bonheur et sur la parole. Il ne faut d'ailleurs pas minimiser l'importance de la question sociale : l'empêchement où se trouve Armance d'avouer son amour pour Octave est aussi lourd du fait de sa pauvreté qui la rend suspecte d'être envieuse. Et par la suite, quand elle hérite et que les obstacles semblent être tous levés entre les amants – à l'exception bien sûr de l'aveu d'Octave qui reste à faire – c'est la jalousie et la malveillance de l'oncle Soubirane qui créent le malentendu fatal – par le truchement de la fausse lettre qui intervient au moment où Octave s'apprête à tout avouer à Armance.

---

3. « On peut saluer en *Armance* un exploit littéraire, ou gloser sur sa modernité (le secret aveuglant se donnant à lire sans jamais être formulé, comme l'image dans le tapis de Henry James, ou encore l'impuissance du héros comme métaphore d'une impuissance à dire de la part de l'écrivain…) » [Rey, 1999, p. 10].
4. Lettre du 23 décembre 1826, citée *in* Labia (1994, p. 289-292).

Mais c'est aussi que, à travers ce jeu de l'esquive, l'objet même du récit se dérobe dans le mouvement de l'écriture. *Quelque chose d'impossible à dire* se trouve sans cesse esquissé, puis encore repris et déplacé comme si le secret du récit ne reposait que sur « la quête impossible de l'absence » (Todorov, 1978 : 97). L'écriture, qui se déploie au risque de l'improvisation, esquisse le double mouvement d'une chute et d'une reprise toujours réitérées [5]. Seule subsiste, entre esquive et esquisse, la figure d'un écart tragique emporté dans la répétition.

I.2. Un silence exorbitant au creux des mots

Le mouvement de l'écriture rend visible le tracé du non-dit, car ce déplacement incessant (dans la fuite et l'esquive) d'un *impossible à dire* esquisse en se dérobant les contours d'une figure vide. Cet espace marqué, dans la répétition, par le retour du silence garde l'empreinte d'*un point noir sur blanc*. L'écriture de Stendhal relève de *l'écriture du silence* parce qu'en pratiquant « le genre noir sur blanc » [6], elle expose « la façon d'exister d'un silence » (Barthes, 1993 : 180). La part du silence se marque dans les mots et entre les mots. On peut comparer l'écrivain à ce prisonnier qui trace des arabesques sur le bout de toile dérobé, à l'aide des petits cailloux noirs glanés dans sa ration de lentilles. L'espace de la page blanche est parcouru de rythmes et le sens se divise en mots. Le silence s'inscrit dans l'interstice du blanc [7] comme l'absence même du sens dans la langue : trait unitaire et distinctif de la valeur, pertinence d'une pulsation dont le battement décide de la découpe du sens. Le rythme se confond avec le mouvement même du discours poétique dont la ligne se suspend et se brise à des coupes imprévues.

Ce *quelque chose d'impossible à dire* est de l'ordre du répétable (un point « noir sur blanc ») : c'est un point repérable « par le biais de la défaillance qu'il impose à tous les repères » (Milner, 1978 : 45-46). Ce point où l'exorbitant se concentre (où le chemin se perd) se marque à la fois comme donnée d'impossible et émergence du sujet de l'énonciation

---

5. « Mais l'achèvement stendhalien offre ceci de curieux qu'il n'est pas séparable d'une démarche qui sans cesse le mine, le fait diverger [...] vers un mouvement de fuite, d'écarts et de ruptures » (Hamm, 1986, p. 24).

6. *Lettre à Mérimée, ibid.*, p. 292.

7. Nous nous permettons de renvoyer ici le lecteur à notre analyse de la fonction du silence « au creux des mots » – à la pointe du style (Lala, 1999).

(en suspens entre la fureur et les évanouissements d'Octave) introduisant une rupture dans la langue. Dans l'écriture d'*Armance*, les équivalents linguistiques de ce point « noir sur blanc » inscrivent, sur un mode à la fois rythmique et sémantique, le « silence au creux des mots » :
– Sur le *plan typographique*, on le remarque aux occurrences des points de suspension. Le marquage du point « noir sur blanc » dans la ponctuation s'inscrit aux moments cruciaux où l'imminence d'un aveu pourrait compromettre le secret qui pèse sur les amours d'Octave :

(1) Je l'aimerais avec passion… *Je l'aimerais* ! moi, malheureux [8] !… (65).
(2) Je vous le jure, dit Octave profondément étonné ; …mais Armance me permettra-t-elle de lui parler de mon amour (195-196) ?
(3) Il y a des moments où je suis beaucoup plus heureux, car enfin j'ai la certitude que rien au monde ne pourra me séparer de vous ; je pourrai vous voir et vous parler à toute heure, *mais*, ajouta-t-il… et il tomba dans un moment de silence sombre qui faisait le désespoir d'Armance (238).

– Sur le *plan topographique*, l'inscription de la lettre (sous diverses formes) donne à l'écrit une consistance ambiguë – marque et effacement du scriptible – avec les occurrences qui ponctuent l'accélération du récit : billet du marquis de Crêveroche / lettre écrite avec le sang d'Octave / lettres cachées / lettre interceptée / lettre substituée / lettre de l'aveu déchirée / lettres posthumes…
– Sur le *plan sémantique* : de multiples occurrences de l'adjectif *sombre* comme « sombres soupçons » (215) ou « silence sombre » (238) préparent le lecteur à ce surprenant changement de catégorie : « mais l'idée affreuse pour une jeune fille de pouvoir, avec quelque apparence de justice, être exposée à la calomnie de toute une maison, et encore de la maison où vivait Octave, jeta sur la vie d'Armance *un sombre* que rien ne put dissiper » (216, nous soulignons cette occurrence du substantif [9]). Le « point noir » impossible à thématiser est par ailleurs métaphorisé par le biais de certains équivalents sémantiques tels : « le monstre » ou « le fatal » – inscrivant l'œuvre de la mort dans l'écriture [10].

---

8. Pour le corpus, la pagination des occurrences renvoie à l'édition Gallimard « Folio », 1975.
9. « Le substantif joue chez Stendhal un rôle plus grand que chez les auteurs du XVIII° siècle. Non seulement il sert à désigner les choses, mais encore il doit exprimer tous les jugements de valeur » (Prévost, 1974, p. 494).
10. La mort opère comme le révélateur de l'énonciation dans l'écriture : « l'œuvre de la mort en corrélation avec l'émergence du sujet souverain dont la disparition correspond à un moment de mort, mais dont l'émergence est toujours le signe du rejaillissement » (Lala, 1985, p. 66-67).

I.3. La dissonance d'un écart

La menace de la séparation (amour impossible ; menace de mort : du duel au suicide) délimite donc l'espace d'un écart tragique, et cet écart se manifeste et se creuse sur le plan linguistique, car le « secret » lié au non-dit (ou le maillon manquant du récit) introduit dans la langue une discontinuité non réductible. À travers cette quête impossible de l'absence, le silence exorbitant au creux des mots réitère son effet de rupture dans la langue. Tout n'est plus que dissonances : syntaxe perturbée ; fuite du sens (absence de sens/trop plein de sens/perte du sens-folie) ; trouble entre le son et le sens (quand ça sonne faux). La dissonance, en faisant irruption comme un effet de manque (par défaut ou par excès), inscrit la marque d'un *écart dissonant*[11] dans la langue.

La répétition d'un *écart dissonant* introduit une ponctuation dans la langue et dans le discours, une ponctuation prosodique qui ne recouvre pas la ponctuation grammaticale (Lala, 1999 : 109). Les ponctuants martèlent la langue : c'est ce qui l'excède ou la met en défaut. Le procédé formel du *monologue intérieur rapporté* dans *Armance* va maintenant retenir notre attention comme un « fait ponctuel de texture ». Il peut se définir comme « fait de style » en tant que « produit perçu d'une récurrence ou d'un contraste, d'une différence par rapport à des régularités microlinguistiques observées et attendues » (Adam, 1994 : 19). L'incidence de l'*écart dissonant* d'un « fait de style » réfute la notion traditionnelle du style comme écart par rapport à une norme, parce qu'elle joue le rôle d'un ponctuant qui, à force de répétition, opère dans la langue pour faire « acte de style ».

II. Une technique « incorporée »

II.1. L'art de « raturer le vif »

La problématique de *L'Ajout*, en établissant la différence entre « ajout génétique » et « ajout stylistique », permet de distinguer la question génétique de l'écriture en cours aux différents états du manuscrit[12].

---

11. Nous proposons cette notion d'un « écart dissonant » qui nous semble opératoire pour rendre compte du rythme qu'introduit le silence dans l'écriture. Nous avons analysé comment la discontinuité de cet effet de dissonance traverse le style de Michel Leiris entre écriture autobiographique et écriture poétique (Lala, 1990).

12. Nous renvoyons sur ce point aux analyses d'A. Herschberg Pierrot (sur le style des marges) et de J. Neefs (sur l'improvisation) dans cet ouvrage.

Connaissant la pratique des marges par Stendhal en vue des corrections ou des additions, on peut se demander à quel moment le « style » est véritablement « arrêté ». D'autant plus que dans l'« écriture d'improvisation » qui caractérise le style de Stendhal, il y a la trouvaille, le risque de l'inconnu et la rupture imprévisible. Il y a aussi l'instantanéité de l'inspiration et le souffle... On distingue à juste titre ces deux grandes classes de prosateurs :

> Les uns se consacrent en artisans à leurs œuvres, se sacrifient à elles, tâchent que cette œuvre vaille mieux qu'eux, la mettent au-dessus d'eux par des recommencements acharnés. Les autres, au lieu de travailler sans cesse leurs manuscrits, travaillent sur eux-mêmes, raturent le vif, s'affinent par la culture et par l'expérience, s'exercent à tout propos, fût-ce par des badinages ou par des œuvres inégales, et deviennent enfin *capables d'improviser*. Chacune de leurs pages, fût-elle dictée en quelques minutes et échappée de leurs mains sans ratures, peut résumer autant de travail que la page de l'artisan minutieux ; mais c'est un travail plus lointain. [...] Ils n'offrent pas à qui veut les étudier, la ressource sûre des ratures, des variantes et d'abondantes collations. Mais ils ont aussi une technique, plus incorporée à eux-mêmes, plus liée à leur vie intime et par là plus délicate peut-être, mais moins mystérieuse (Prévost, 1974 : 28-29) [13].

Dans l'écriture de Stendhal, le « fait de style » reste en suspens entre l'oral et l'écrit, et l'écrit – qui essaie de rendre les intonations de la langue parlée – ne le fixe que *in extremis*. Dans *Armance*, la structure du texte se construit sur un clivage très marqué entre la conversation (dialogue, monologue ou monologue intérieur) et l'échange des lettres. L'intrusion de l'écrit dans le texte inscrit une sorte de rupture : on se rend compte que chaque lettre correspond à une articulation forte dans la dynamique du récit. Depuis le premier écrit – le billet du marquis de Crêveroche qui amène le défi, le duel puis le premier rapprochement avec Armance : « Octave fut profondément étonné de ce billet qui le rappelait aux intérêts vulgaires de la vie » (182) – jusqu'aux dernières lettres d'Octave transmises à titre posthume par les marins témoins de sa mort. Il est vrai que le parler oral admet les ruptures, la spontanéité, les hésitations et les méandres, alors que le fait d'« écrire » appelle la mise en réseau où le texte se constitue – exigeant une construction

---

13. J. Prévost (1974) insiste (c'est lui qui souligne) sur le fait que l'écrivain *capable d'improviser* (p. 28) est « *à lui-même son propre instrument* » (p. 22).

rigoureuse et une attention aux rapports des mots entre eux. Mais, en maintenant cette tension entre le parler oral et la transmission de l'écrit, l'écriture de Stendhal dans *Armance* se trouve soutenue par un rythme où domine l'accord de la personne physique et du discours puisque « le rythme doit entrer dans un ouvrage en proportion des sentiments qui y sont » (Beyle, cité par Prévost, 1974 : 101).

II.2. L'écriture en mouvement

Le procédé du *monologue intérieur rapporté* [14] n'est pas très fréquent dans *Armance*, cependant les occurrences, aussi peu nombreuses soient-elles, mériteraient une analyse exhaustive. À partir de quelques exemples, nous allons voir ici comment ce procédé s'érige en un véritable « fait de style » qui, par sa récurrence, nous porte « dans l'âme du héros, au centre même de la pensée principale » (Prévost, 1974 : 489). Non seulement « tout se passe au présent comme dans les scènes de théâtre » – car il n'y a plus de temps hormis une succession de présents assimilable au présent de l'énonciation, qui fait exister le temps selon Benveniste –, mais cet art de « serrer à l'extrême le monologue intérieur » devient la ressource principale du style de Stendhal qui invente par là une sorte de « récit intérieur » (Prévost, *ibid.* : 486-489).

2.2.1. Analyse du corpus (I) : Citation et contexte

On remarquera, dans les occurrences suivantes, que le décalage entre la narration et le *monologue intérieur rapporté* s'accentue au point de mettre en relief la dissonance d'un *écart* entre l'acte d'énonciation dont relève la citation et le contexte de l'énoncé auquel renvoie le plan d'énonciation de l'histoire (Cohn, 1981 : 84-94) [15].

> (1) En moins de trois minutes, le silence de mademoiselle de Zohiloff se trouva expliqué, et elle convaincue, dans l'esprit d'Octave, de tous les sentiments bas dont on venait de l'accuser. Grand Dieu, *se dit-il*, il n'y a donc plus d'exception à la bassesse de sentiments de toute cette société ! [...] Dieu ! que les hommes sont vils !

---

14. Le lecteur se reportera aux analyses de D. Cohn sur les « modes de la vie psychique dans le roman » – en particulier à propos du *monologue rapporté* (1981, p. 75-120).
15. Les analyses de D. Cohn s'appuient à plusieurs reprises sur le corpus du texte stendhalien.

(2) Il vint s'habiller, et se trouva ce soir-là une sorte d'empressement à paraître chez madame de Bonnivet. Qui pourrait m'assurer, *pensait-il*, que cette méchante duchesse d'Ancre n'a pas calomnié mademoiselle de Zohiloff ? Mon oncle croit bien que j'ai la tête tournée par ces deux millions. Cette idée, qui était venue à Octave [...] (76).

(3) Par ce malheur réel Octave fut distrait de sa noire tristesse, il oublia l'habitude de chercher toujours à juger de la quantité de bonheur dont il jouissait dans le moment présent. [...] *Il se disait* : Quel homme n'a pas été calomnié ? La sévérité dont on use envers moi est un gage de l'empressement avec lequel on réparera ce tort quand la vérité sera enfin connue.

Octave voyait un obstacle qui le séparait du bonheur, mais il voyait le bonheur, ou du moins la fin de sa peine et d'une peine à laquelle il songeait uniquement. Sa vie eut un but nouveau, il désirait passionnément reconquérir l'estime d'Armance ; ce n'était pas une entreprise aisée. Cette jeune fille avait un caractère singulier (82).

(4) [...] il lui sembla voir encore plus clairement toute l'étendue de son malheur.
Je n'avais pour moi que ma propre estime, *se dit-il* ; je l'ai perdue. L'aveu de son amour qu'il se faisait bien nettement et sans trouver aucun moyen de le nier, fut suivi de transports de rage et de cris de fureur inarticulés. La douleur morale ne peut aller plus loin (159).

(5) Dès que le paysan l'eut quitté, Octave rompit une jeune tige de châtaignier, avec laquelle il fit un trou dans la terre ; il se permit de donner un baiser à la bourse, présent d'Armance, et il l'enterra au lieu même où il s'était évanoui. Voilà, *se dit-il*, ma première action vertueuse. Adieu, adieu, pour la vie, chère Armance ! Dieu sait si je t'ai aimée ! (163).

(6) Octave resta frappé d'horreur. Tout à coup il se réveilla comme d'un songe et courut reprendre la lettre qu'il venait de déposer dans la caisse d'oranger : il la déchira avec rage, et mit les fragments dans sa poche.
J'avais besoin, *se dit-il froidement*, de la passion la plus folle et la plus profonde pour qu'on pût me pardonner mon fatal secret. [...] Je me suis trompé ; il ne me reste qu'à mourir. [...]
Ce fut dans ces sentiments qu'Octave entra chez sa mère où il trouva Armance qui parlait de lui [...] (249).

La citation semble sertie au cœur de la narration, comme si elle s'y insérait en creux – mais l'on hésite parfois à interpréter le *monologue rapporté* comme du *discours intérieur* dans la mesure où, selon le contexte (en particulier, selon qu'il s'agit du salon ou de la forêt), les paroles peuvent aussi avoir été proférées à voix haute. Le contexte sert en quelque sorte à souligner par contraste le statut autonyme [16] de l'acte d'énonciation, rapporté « tel quel » dans la citation – et dont la matérialité signifiante inscrit et réitère l'*écart dissonant*, là où la voix tantôt se laisse deviner, tantôt se fait entendre à travers une exclamation toujours à la limite du soupir ou du cri.

2.2.2. Analyse du corpus (II) : Verbe de parole ou verbe de réflexion ?

Remarquons aussi le rôle des verbes introducteurs du *monologue (intérieur) rapporté* [17] :

(7) La fierté d'Octave était bien loin de songer à répliquer à cette insinuation. Pendant que la malignité en jouissait, il se livrait en silence et avec délices à un petit mouvement d'admiration passionnée. *Il sentait plutôt qu'il ne se le disait* : cette femme ainsi attaquée par toutes les autres est cependant la seule ici digne de mon estime ! […] (91).

(8) Quelle différence ! *pensait ou plutôt sentait Octave* ; comme ma cousine serait humiliée de ce qui fait le triomphe de mademoiselle de Claix ! pour celle-ci, ce n'est que de la coquetterie permise […] (105).

(9) Cette idée est le *devoir*, se dit la malheureuse Armance. Dès ce moment le sacrifice fut fait. *Elle ne se disait pas, elle sentait (le dire en détail eût été comme en douter), elle sentait cette vérité* : du moment que j'ai aperçu le *devoir*, ne pas le suivre à l'instant, en aveugle, sans débats, c'est agir comme une âme vulgaire, c'est être indigne d'Octave. Que de fois ne m'a-t-il pas dit que tel est le signe secret auquel on reconnaît les âmes nobles ! Ah ! je me soumettrai à votre arrêt, mon noble ami, mon cher Octave ! *La fièvre lui donnait l'audace de prononcer ce nom à demi-voix* […] (102).

– Ils soulignent le dénivelé de l'énonciation entre le locuteur premier (instance du narrateur) et le locuteur second (instance du protagoniste) – faisant jouer l'écart et la distance (par fait de dialogisme) parfois jusqu'à l'ironie.

– Ils ont une fonction à la fois incantatoire et intensive dans la mesure où ils jouent le rôle de ponctuants de par leur réitération.

---

16. J. Authier-Revuz (1992, p. 40) s'appuie sur l'opposition des deux modes sémiotiques (mode autonyme/mode standard) pour rendre compte de la spécificité du discours rapporté direct : « l'énonciateur […] *fait mention* des mots du message qu'il rapporte ; le mode sémiotique du discours direct […] est autonyme dans la partie "citée", c'est-à-dire montrée. »

17. Dans notre relevé des occurrences du corpus, nous avons signalé en italiques les incidences de syntagmes porteurs du verbe introducteur de pensées ou de paroles.

– On note des variations sémantiques pertinentes dans le choix de ces verbes introducteurs – il semble à travers ces diverses qualifications de l'acte d'énonciation (s'agit-il de sentir, penser, dire ou se dire ?) que le *monologue intérieur rapporté* s'identifie à une sonde jetée au cœur de la sensibilité pour moduler les degrés d'intensité de la vie intérieure et du sentiment.

Le *monologue rapporté*, dans « le va-et-vient répété entre récit et citation », a pour effet d'imposer au texte « un rythme discontinu, fragmentaire, syncopé » (Cohn, 1981 : 79). L'hésitation entre les différents aspects de ce monologue (intérieur ? rapporté ?) permet de laisser miroiter et de capter à la pointe du style les intermittences d'une pulsation interne. Elle remonte, reflue et se vrille aux oscillations de la scansion (*noir sur blanc* ou *écart dissonant*) qui ponctue et martèle la langue. Par cette technique « incorporée », le style fait corps avec l'homme dans le geste de l'écriture saisissant la réalité au vif.

III. Écrire le soi à la pointe du style

Par le procédé du *monologue intérieur rapporté*, on discerne avec précision comment chez Stendhal la technique d'écriture se lie aux profondeurs de la psychologie de l'auteur et du personnage. Il s'agit de peindre la vérité intérieure, celle des sentiments, sans *pathos*, au plus près de la sensation et de l'émotion. Et pour cela, le style plonge comme une sonde au cœur de la sensibilité. Non seulement l'art d'écrire doit tenir un compte parfaitement exact (comme un sténographe) du mouvement des passions, mais il sert de truchement, par une sorte de *mimique intérieure*, à la sympathie qui passe de soi à l'autre. Jean Prévost cite la *Filosofia nova* de Beyle qu'il considère comme « le discours de la méthode le plus personnel qu'on ait écrit » parce qu'on y voit expliquée la « technique théorique » qui mènera Stendhal à sa maîtrise du discours intérieur :

> Nous avons observé dans nous-mêmes que lorsque nous faisions tel signe, nous étions animés de telle passion. Nous avons souvent observé dans les autres de tels signes être suivis d'effets qui prouvaient que l'homme était animé de la passion que ces signes marquaient chez nous. [...] En écrivant successivement ce qu'indiquent les signes que nous pouvons traduire chez un homme, nous parvenons quelquefois à trouver les choses les plus remarquables qui se passent en lui (Prévost, 1974 : 113).

Le « fait de style » du discours *rapporté* – de par le dénivelé de l'énonciation – permet de faire résonner et de moduler les intensités des décalages de points de vue, car la réitération de leur *écart dissonant* fait écho aux ruptures énonciatives. Parler de soi comme un autre, à la suite du constat angoissant d'une impossible coïncidence, c'est ce que fait le créateur quand il se met « de l'autre côté de la rampe pour juger ses héros » (Prévost, *ibid.* : 486). Dans le dialogue comme dans le monologue (intérieur) rapporté, le style de Stendhal fait sentir l'achoppement de la structure complexe du dialogue. À force de répéter la figure du manque dans sa coupe incisive, la pointe du style martèle l'*écart dissonant* de la présence-absence de l'autre dans la parole [18]. Les héros de Stendhal – et le créateur lui-même dans la fiction autobiographique – se trouvent sans cesse aux prises avec leur sensibilité, à même la langue dans le curieux alliage de *corps* et de *psyché* d'où remonte le souvenir.

La genèse du style ne se sépare donc plus de *l'écriture du soi* dès lors que l'apprentissage du discours intérieur ouvre l'écriture aux profondeurs insondables du moi. Dans *Armance*, le « secret » qui rôde autour de l'identité d'Octave donne une densité opaque et abyssale à la *personne*, plus proche de l'*ipse* que du moi (« plus moi que moi »). L'énigme de la *personne* – qualifiée de *monstre* – prend la place du non-dit de l'impuissance sexuelle, et c'est l'isolement où jette la conscience aiguë de l'étrangeté du soi qui fait retour dans la fuite :

> [...] Être séparé de vous serait la mort pour moi et cent fois pis que la mort ; mais j'ai un secret affreux que jamais je n'ai confié à personne, ce secret va vous expliquer mes fatales bizarreries.
> En disant ces mots mal articulés, les traits d'Octave se contractèrent, il y avait de l'égarement dans ses yeux [...] Ses yeux effrayés regardaient fixement devant lui comme s'il eût eu la vision d'un *monstre*.
> [...]
> – Oui, chère amie, lui dit-il en la regardant enfin, je t'adore, tu ne doutes pas de mon amour ; mais qui est l'homme qui t'adore ? c'est un monstre.
> À ces mots, l'attendrissement d'Octave sembla l'abandonner ; tout à coup il devint comme furieux, se dégagea des bras d'Armance qui essaya en vain de le retenir, et prit la fuite.
> [...] Les illusions de la passion qui animaient Armance étaient si singulières que bientôt elle se trouva habituée à aimer un assassin. Il lui sembla que tel

---

18. « Le locuteur [...] dès qu'il se déclare locuteur et assume la langue, implante l'*autre* en face de lui, quel que soit le degré de présence qu'il attribue à cet autre » (Benveniste, 1974, p. 82).

devait être au moins le crime dont Octave hésitait à s'avouer coupable. Son cousin parlait trop bien pour exagérer ses idées, et il avait dit ces propres mots : *Je suis un monstre* (238-239, 242).

Stendhal, par son écriture d'improvisation, donne au style sa force de frappe. Le scripteur se fait le passeur de l'émotion éprouvée pour rendre intacte l'énergie et la puissance de l'émotion, dans un geste où la manière du style porte en elle la justesse du comportement. Dans le creuset de la création de ses *personnages*, entre roman et autobiographie, un même élan semble unir le héros, l'auteur et le lecteur par un jeu incessant de réversibilités où communiquent l'intérieur et l'extérieur, la chute et l'élévation. Alors, le lecteur ressent « la faille soudain creusée dans la solidité des choses » et le rythme de la passion humaine se module à fleur de texte, dans l'extrême tension d'une discontinuité qui isole et creuse *la force du contour* (Richard, 1954 : 44-45) [19]. Le « fait de style » se plie à l'organisation accentuelle de l'énoncé – ponctuée par les silences ou les turbulences de la pulsation du discours intérieur – pour faire *acte de style* à même le matériau de la langue. Avec une prescience toute moderne de la visée perceptive du monde à venir, Stendhal promeut une notion du style où l'écriture se fait *mouvement* au sens physique (cinétique) du terme, car le style se lie aux variations d'intensité de la passion. Par là, le style se libère de l'« idée du style » parce qu'il se désenclave des ampoulures que drainent le « style noble » ou le « style pur ». La genèse du *style* comme écriture du soi (et *écart dissonant*) s'oppose au style comme simple infraction à la règle (écart par rapport à la norme). La littérature, pour Stendhal, est déjà une expérience où se testent les limites de la langue et, dans ce passage à la limite incessant, le style *vrai* c'est le *style* à l'état pur.

Marie-Christine Lala
Université Paris 3 – Sorbonne nouvelle
UPRES EA 2290

---

19. J.-P. Richard (*ibid.*, p. 42) cite lui aussi la *Filosofia nova* : « En fait de style, la forme fait partie de la chose. *Pour les sentiments, le rythme les montre.* Le rythme doit donc entrer dans un ouvrage en proportion des sentiments qui y sont. »

« L'IMPROVISATEUR »
(à propos des notes pour *Lamiel*)

« Mon talent, s'il y a talent, est celui d'*improvisateur*. J'oublie tout ce qui est écrit. Je pourrais faire quatre romans sur le même sujet, et j'oublierais tout également [1]. »

Cette affirmation de Stendhal sur les modalités de son écriture apparaît au moment d'un bouleversement de l'économie d'ensemble de *Lamiel*, à la date du 8 mars 1841, qui se joue sur une « refonte du chapitre I » du roman, refonte du texte écrit en janvier 1840, « avec montage de passages du texte refait les 5, 6 et 10 février 1840 », comme l'indique Anne-Marie Meininger dans son édition [2]. Stendhal veut modifier profondément l'économie du chapitre : « À Paris, conserverai-je en les corrigeant les descriptions qui suivent ? Il me faut de la place pour le caractère de Sansfin. / 8 mars 1841 [3]. » Il s'agit d'intensifier l'action, comme en cette réduction du chapitre III, qui enjambe une série de descriptions : « 8 mars / Venir de 52 ici à la chute de Sansfin. / Introduire la chute et le dialogue que je trouve vrai et bon le 8 mars 1841 par dix lignes tout au plus de description. / Voilà une poignée de pages écrites inutilement. Cela tient à l'impossibilité de faire un plan sans perdre tout le feu [4]. » Stendhal semble alors considérer les « descriptions » successives, qui l'ont pourtant conduit à la situation déterminante, comme un encombrement, comme des détours qui nuisent au feu de l'action : cette réflexion sur le rythme de l'écriture est une réflexion en acte sur l'économie du genre : « Du 30 janvier 1840 au 8 mars 1841, pensé à autre chose. L'Article de M. de B[alzac] me fait penser au genre Roman [5]. »

---

1. Manuscrit de *Lamiel*, R 297, I, f° 50 v°, donné dans l'édition de *Lamiel* de A.-M. Meininger, Paris, Gallimard « Folio », 1983, p. 279. Nous citons le manuscrit de *Lamiel* d'après cette édition : les notes marginales de Stendhal y sont réunies sous le titre de *Journal de Lamiel*, p. 223-310.
2. P. 278.
3. *Lamiel*, Ms. R 297, I, f° 44, p. 278. Cette note apparaît au tout début du chapitre I, en marge d'une longue description du « village de Carville ».
4. *Lamiel*, Ms. R 297, I, f° 112 v°, p. 279.
5. *Lamiel*, Ms. R 297, I, f° 114 bis.

Il pourrait sembler paradoxal d'énoncer ainsi un talent d'*improvisateur* au moment où la relecture aboutit à une reconfiguration profonde du texte. Mais c'est reconnaître, en identifiant ce qui devient « inutile », que l'écriture n'est libre que par l'impulsion qui la conduit, que toute considération nouvelle sur le texte déjà écrit induit une trajectoire neuve, celle-ci étant conduite moins par l'ajustement narratif ou stylistique d'une pensée que par la découverte d'un nouveau possible, d'un nouvel angle, que par une compréhension renouvelée de ce que l'histoire permet et exige.

Antérieurement déjà, on trouve, sur un folio de la rédaction du début de *Lamiel*, le même type d'investissement narratif pris au cœur de l'écriture-lecture de l'œuvre en cours :

> 1er janvier 1840
> Tombé dans le feu en corrigeant la 35e page de *Lamiel*.
> J'invente assez vite, mais je ne puis juger si ce que j'invente est bon ou mauvais. Par ex., j'explique la formation des caractères de Sansfin et de Lamiel de 1 à 35, mais faudrait-il plutôt de l'action ? Rien ne m'est plus facile que d'en faire.
> Le jugement manque jusqu'ici [6].

Corriger, c'est repartir, c'est retrouver l'action, c'est compenser l'écriture « sans jugement », celle qui fait vivre dans l'emportement de l'invention ; c'est accentuer mimétiquement les possibles du récit dans le rythme de l'écriture. Le *feu* de l'invention est un désir d'être dans l'écriture, dans le mouvement que l'écriture doit trouver pour coïncider avec une impulsion, avec le sentiment, la sensation, l'émotion, l'action à trouver – ou à faire revenir.

L'art du roman, du roman comme genre, pour Stendhal, est l'exercice du mouvement, la liberté de l'invention en mouvement, exercice qui compose peu à peu un équilibre sur lequel se fait l'œuvre, équilibre d'actions, d'attractions, de résolutions. Stendhal expose, dans les marges de *Lamiel*, entre autres, les liens qu'il tisse entre une conception du roman, une esthétique de l'intensité et les modalités de l'invention dans l'écriture de l'œuvre :

---

6. *Lamiel*, Ms. R 298, II, f° 38, p. 247.

Art de composer les romans
Je ne fais point de plan. Quand cela m'est arrivé, j'ai été dégoûté du roman par le mécanisme que voici : je cherchais à me souvenir en écrivant le roman des choses auxquelles j'avais pensé en écrivant le plan et, chez moi, le travail de la mémoire éteint l'imagination. Ma mémoire fort mauvaise est pleine de *distractions*.
La page que j'écris me donne l'idée de la suivante : ainsi fut faite *la Char[treuse]*. Je pensais à la mort de Sandrino ; cela seul me fit entreprendre le roman [7].

Il s'agit de se plier à la pensée qui court, d'être disponible pour l'idée qui sollicite, dans le flux mimétique des actions possibles, dans l'appel d'une situation désirable ou simplement insistante. « La page que j'écris me donne l'idée de la suivante » : l'écriture avance vers ce qui l'appelle, et s'aventure en suivant sa propre lucidité : « Manière de Dominique / À chaque page je vois s'élever le brouillard qui couvrait la suivante [8]. » La tension narrative est en ce cas le mobile fondamental de l'écriture : « Or, ne faisant guère de plan qu'en gros, j'apaise mon feu sur les bêtises des *expositions* et des *descriptions* souvent inutiles, et qu'il faut effacer quand on arrive aux dernières scènes. / Ainsi, en novembre 1839, j'ai apaisé mon feu à décrire Carville et le caractère de la Duchesse (dans *Lamiel*) [9]. » Il s'agit de trouver les moyens d'assurer la plénitude de l'emportement mimétique : « Que faire ? / Je ne vois d'autre moyen (le 25 mai 1840) que d'indiquer seulement en abrégé : *l'exposition* et *les descriptions*, car, si je fais un plan, je suis dégoûté de l'ouvrage (par la nécessité de faire agir la mémoire) [10]. »

Ce rejet de la mémoire (mémoire qui serait le recours à une sorte de concertation d'ensemble préalable) a pour envers positif la sollicitude pour l'action de la fiction, pour l'intérêt narratif lui-même, et suppose, dans le cours du travail d'écriture, une sorte de pensée de la forme en mouvement. Cet emportement aménagé répond à la nécessité de maintenir le désir de l'œuvre, de ce que celle-ci pourrait permettre de découvrir, de retrouver, et de soutenir l'intérêt qu'il s'agit de capter dans le cours de l'invention. C'est ainsi que l'invention peut mimétiquement

---

7. *Lamiel*, Ms. R 297, I, fᵒ 2-4, p. 272.
8. *Lamiel*, Ms. R 298, II, fᵒ 70 vᵒ, p. 232.
9. *Lamiel*, Ms. R 297, I, fᵒ 2-4, p. 272. Les scènes contre les expositions et les descriptions : l'écart par rapport à Balzac est ici tout à fait remarquable.
10. *Lamiel*, Ms. R 297, I, fᵒ 2-4, p. 272-273.

atteindre dans l'écriture narrative la subtilité d'une passion, ou d'un trait d'émotion complexe. L'improvisation est une course vers ces moments de tension que le récit permet d'entrevoir en avant de lui-même, attente de l'inattendu.

La pensée de la forme se joue donc, pour l'*improvisateur*, dans le cours même de l'avancée rythmique. Pourtant, penser l'œuvre dans son cours peut prendre la forme d'une réflexion préalable, d'un essai de « configuration » en personnages et en actions. Le manuscrit de *Lamiel* comprend de tels moments prospectifs (peu nombreux, cependant). L'un d'eux, écrit sans doute entre le 9 et le 16 mai 1839, d'après Anne-Marie Meininger, développe longuement l'idée du roman à faire, comme dans un débat avec soi-même : « Plan : veut dire : je m'explique » est le début de cette sinueuse réflexion qui est en même temps une construction des personnages de la fiction. Il s'agit de construire l'histoire, de voir les êtres, de les faire être, de déplier l'idée en la développant sur elle-même. Stendhal commence par poser un trait général, qui semble devoir commander le récit : « Le dégoût profond pour la pusillanimité fait le caractère d'Amiel. » Mais il est remarquable que cette « explication » qu'est le « plan » est aussitôt un portrait, ouvert en récit par l'imparfait : « Amiel, grande, bien faite, un peu maigre, avec de belles couleurs, fort jolie, bien vêtue comme une riche bourgeoise de campagne, marchait trop vite dans les rues, enjambait les ruisseaux, sautait sur les trottoirs. Le secret de tant d'inconvenances, c'est qu'elle songeait trop au lieu où elle allait et où elle avait envie d'arriver, et pas assez aux gens qui pouvaient la regarder. »

Cette projection mimétique est d'emblée marquée par la vitesse, et par l'emportement : « [songer au lieu] où elle avait envie d'arriver. » C'est la course d'un désir que l'écriture entrevoit déjà, dans cette brève esquisse du personnage. La notation est reprise, amplifiée en un caractère passionné : « Sa vie désordonnée se passait à marcher rapidement à un but qu'elle brûlait d'atteindre ou à se délecter dans une orgie. Alors même qu'elle employait son imagination brûlante à pousser l'orgie à des excès incroyables et toujours dangereux, car, pour elle, là où il n'y avait pas de danger, il n'y avait pas de plaisir […] : elle effrayait les âmes privées de courage. » Le personnage est *vu* « marchant » vite (le terme est répété), comme un tracé que le récit va devoir poursuivre, comme une course à suivre, conduite dans le puissant effet de mémoire que l'imparfait donne à l'invention fictionnelle. Dans la suite de cette

« explication » Stendhal passe au présent, pour des récapitulatifs prospectifs, à l'économie narrative parfaitement contrôlée : « L'Amiel a 2, 3, 4 amants successifs. Revue des principaux caractères de jeunes gens de l'époque. Intérêt comme dans les contes. Chaque amour dure trois mois, puis regret pendant six mois, puis un autre amour. » Les personnages partenaires sont posés en vis-à-vis, au présent de leur existence virtuelle : Sansfin d'abord : « Sansfin est chirurgien à Langanerie, esprit très vif mais sans nulle profondeur, il ne devine rien par imagination, mais sent avec finesse [11], analyse tout ce qui existe et tout ce qu'il éprouve ainsi qu'un homme couché dans un mauvais lit d'auberge en sent tous les noyaux de pêche. » Il y a manifestement une sorte de jubilation dès cet instant de l'invention, qui active avec précision le possible, qui déjà pose le personnage sous les yeux.

Cette note « plan » s'achève sur un autre « portrait » de Lamiel, mais cette fois au présent, comme si le personnage avait trouvé sa consistance devant l'imagination, cette fois par référence à des rencontres passées, comme si la mémoire narrative retrouvait des souvenirs qui la confirment :

> [...] L'Amiel.
> Elle est un peu trop grande et trop maigre [*note* : took] ; je l'ai vue de la Bastille à la porte Saint-Denis et dans le bateau à vapeur de Honfleur au Havre ; sa tête est la perfection de la beauté normande : front superbe et élevé, cheveux d'un blond cendré, un petit nez admirable et parfait ; yeux bleus pas assez grands, menton maigre, mais un peu trop long [*note* : vrai] ; la figure forme un ovale parfait et l'on ne peut y blâmer que la bouche qui a un peu la forme et les coins abaissés de la bouche d'un brochet [12].

« Took » (peut-être pour « saisi sur le vif »), « vrai », le personnage est l'actualisation d'une figure, il retire de la mémoire sa vivacité propre. Non assurément pour être la représentation d'un modèle, mais parce qu'il tire son intensité et sa vie imaginaire d'une capture fugitive, d'un instantané de désir.

On pourrait mesurer la différence de ces éclats de prévision avec l'abondante écriture des scénarios de Flaubert, scénarios qui composent la totalité du récit, découpant progressivement des ensembles narratifs,

---

11. Sansfin « *sent* avec *fin*esse » : si le « sans fin » stendhalien repose d'emblée dans le nom du personnage, ce rapprochement pris au fil de la note double le rôle d'une autre capacité stendhalienne, celle de sentir finement.
12. *Lamiel*, Ms. R 297, I, f° 12-17, p. 228-230.

repris en totalité d'une manière de plus en plus dense, jusqu'à cinq ou six « versions » successives, jusqu'à saturation imaginaire, et surtout jusqu'à ce que la forme de l'œuvre acquière une sorte de plénitude narrative, épisodes et événements se composant minutieusement de manière à la fois logique et esthétiquement efficace [13], et avec le dialogisme analytique des « ébauches » de Zola, récit pour soi de pesées narratives, d'équilibres structuraux, de partages et de divisions, qui configurent le récit, les dispositions de personnages, comme autour d'un raisonnement et d'une pensée des effets signifiants [14]. La pensée du récit chez Stendhal s'alimente à l'attrait de celui-ci, à ce qu'il est possible d'y faire revenir comme souvenir d'émotion, de désir, comme intensité que l'écriture fait naître ou renaître, en avançant vers l'imprévu, en se précipitant vers ce qui attend. Cette intensité est une « vision » : « Le penchant naturel de Dom^{que} est de *voir*, d'imaginer des détails caractéristiques [15]. » Mais l'intensité de la vision crée précisément la puissance du détail : et l'on sait l'importance des « *small things* » dans les textes stendhaliens, comme accroche, comme point d'attrait, comme preuve de la persistance d'une impression. mais on sait également le risque – et le charme – de la lacune, de la fuite latérale, par suspens, par rêverie sur ce qui advient : « *For me* / Paresse d'écrire au moment même, pour le plaisir de rêver, prive D[ominique] de beaucoup de pensées. Elles ne reviennent pas, du moins sur le champ. 1 déc 39 [16]. »

C'est en livrant l'écriture à sa propre invention que Stendhal découvre peu à peu la forme à donner, c'est en cherchant les scènes intéressantes, les situations désirables, les effets de poursuites et de contradictions que le roman avance, pris dans le cours de son écriture. Des réflexions sur le style apparaissent dans cette poursuite vers *Lamiel* :

> Réflexion du 1er octobre 1839, CV^a
> Voici la couleur du style qui rend possible le Ko[mique]. De plus voici le récit *d'une action* au lieu du *résumé moral* d'une action, chose qui va si mal surtout au commencement d'un roman. On ouvre un tel livre pour avoir : 1° des récits ; 2° des récits amusants [17].

---

13. Voir, en particulier, Leclerc (1995), Cento (1964).
14. Voir, en particulier, Becker et Lavielle (2003).
15. *Lamiel*, Ms. R 298, I, f° 9 v°, p. 245.
16. *Ibid.*.
17. *Lamiel*, Ms. R 298, II, f° 75, p. 234-235.

Entre pensée et récit, le fil de l'action est une tension : « Maxime. 2 oct. 39 / Sur chaque incident se demander : faut-il raconter ceci philosophiquement ou le raconter narrativement selon le système de l'Arioste [18]. » « Raconter narrativement », une sorte de redoublement du récit s'invente, ou plutôt il s'agit de donner à la pensée l'élan des actions, la complexité des situations, de ne pas la détourner de ce que le récit produit continûment de nouveau : « Réflexion / Si le récit est trop chargé de philosophie, c'est la philosophie qui fait l'effet de la nouveauté à l'esprit, et non le récit. / 1er octobre 1839 [19]. » Le souci d'un effet net, rapide, est premier, c'est lui qui conduit l'écriture dans son mouvement. Cela est particulièrement dans la recherche du « Comique », dans la conquête et la liberté du rire : « 10 février / Avis au jeune homme. / Trop de profondeur dans la description d'un caractère empêche le RIRE. / Donc la plus grande partie de ce que j'ai écrit sur le docteur Sansfin restera dans les substructions de l'édifice. / 10 fév. 40 / Oui. 19 février [20]. »

Les « substructions de l'édifice » sont ces pages qu'il faut déjà écrire pour arriver à la perception de ce que doit être le rythme vrai du livre, son intensité propre, comme pour préparer la « couleur » : celle-ci sera trouvée après les premières « approches », qui font entrevoir le cours désiré des choses et des passions.

Stendhal en pose fugitivement, en marge de l'écriture de *Lamiel*, la théorie sous la rubrique ironique d'un « Cours de Littérature », à la date du 25 janvier 1840 :

> Les ouvrages littéraires, poèmes, romans, comédies, tragédies, odes, peignent des passions, ou combat de passions, ou bien font rire. Le style doit être clair, net, brillant, rapide, etc. Plus tard nous nous occuperons du style. Parlons d'abord des passions qu'Homère, le Tasse, Shakespeare, etc. ont peintes [21].

La conception mimétique est claire, d'une netteté aristotélicienne, la littérature couvre un spectre qui va de la peinture de passions et d'actions

---

18. *Lamiel*, Ms. R 298, II, f° 75, p. 235.
19. *Lamiel*, Ms. R 298, II, f° 76 v°, *ibid.*.
20. *Lamiel*, Ms. R 297, I, f° 356, p. 269.
21. *Lamiel*, Ms. R 5896, tome XV, f° 51, p. 254.

au comique. Dans l'inventaire et la combinatoire des passions qui suit cette première affirmation (« Combat des *liens* ou passions d'habitude : / 1ᵉʳ avec l'instinct ; 2ᵉ avec les passions accidentelles / L'*instinct* ou *l'amour de la vie* forme, comme il est naturel, la plus ancienne des habitudes. [...] »), Stendhal revient à plusieurs reprises sur la production du rire : « Bon pour le comique : un ambitieux, maire de Paris un jour d'émeute. » ; « L'amour de la vie : Richelieu passant sur une échelle à travers la rue ; un amoureux bien armé allant chez sa maîtresse mariée à un capitaine grand Duelliste... / Dᵠᵘᵉ montant à l'échelle à Monchy [*chez Clémentine Curial*]. / Bon pour le comique : faire tout ça avec peur [22]. » Mais dans la recherche de la contradiction d'émotion qui peut créer le comique, Stendhal mesure le paradoxe et l'intérêt nouveau d'une telle tension : « Un homme croit sa vanité engagée à faire l'amour avec une femme, mais il a une peur du diable qui tue et anéantit tous les plaisirs de l'amour (Caractère *neuf,* / non peint, / ce me semble) [23]. » L'entrelacs des passions et des contradictions intimes est un type de comique moderne, fait de l'écart entre la prétention à paraître et l'intimité de la peur, de la faiblesse, écart qui est comme la visibilité donnée à un mensonge intime : « Les coups de bâton du siècle de Sansfin sont les déconvenues d'amour-propre [24]. » Stendhal recherche assurément par cette voie comme la démonstration d'un ridicule nouveau : « Pour exemple, Sansfin venu faire l'amour à Lamiel devenue Duchesse de Miossens. Elle pour se moquer de lui, lui prépare des dangers en avertissant son mari fort jaloux et qui croit Lacenaire déguisé. / Lamiel blasée aguiche Sansfin puis jouit de sa peur [25]. » Il y a une sorte de bonheur à imaginer les pièges qui seront ceux mêmes du récit, comme révélateurs du souci envahissant de la « position » et du « paraître ». Là encore, l'imagination mimétique consiste à jouir d'avance de la scène à faire, celle que l'écriture devrait poursuivre.

Il faudrait donc pouvoir écrire dans l'immédiateté de l'invention, dans la pensée des scènes elles-mêmes :

---

22. *Lamiel*, Ms. R 5896, tome XV, fᵒ 55-56, p. 256.
23. *Lamiel*, Ms. R 5896, tome XV, fᵒ 56, *ibid.*.
24. *Lamiel*, Ms. R 297, I, fᵒ 20 v°, p. 277.
25. *Lamiel*, Ms. R 297, II, fᵒ 116, p. 238-239.

Caractères
Sansfin

Dans une intrigue pressée on voit Sansfin perdre du temps pour ne pas s'enferrer à une position qui peut être tournée en *ridicule*, et, par ce retard, il échoue. Son imagination lui peint d'une façon exagérée le ridicule à encourir. Voilà comment ce personnage ressemblera aux Duvergier de Haur[anne] ou aux Odil[on] Bar[rot], etc., et aux premiers hommes de notre temps ; c'est l'absence de telles pensées (autrement que peut le faire sous forme de remords qui donne tant de remords).

J'ai vu il y a une heure que ce roman marchait très bien. Si j'avais pu écrire dix pages en deux minutes, j'avais bien toute l'action [26].

Seule la vitesse d'écriture, vitesse d'improvisation, permettrait de coïncider avec la pensée mimétique, celle qui court en scènes et actions, celle qui pressent ce que peut être une situation à imaginer intensément, à vivre entre fiction et mémoire, et qui serait comme une mimique lucide de soi devant soi. C'est que la pensée est du corps, elle se libère avec lui :

Saignée du 17 mars [1841]

PLAN

Quoique je sois assurément l'homme du monde le plus incapable d'imiter quand je le voudrais, j'écris ici, pour me comprendre moi-même, en peu de mots, les idées qui me sont venues la tête libre après la saignée.

Pour le courant du récit, *imiter la brièveté* de Gil Blas, moins sa morale niaise sur la vertu, sur le respect pour les seigneurs, sur le King, etc.

Il n'a aucune morale ; fils de conventionnel qui, après le 18 brumaire, ne s'est pas vendu à Napoléon, comme Fouché, Réal et tant d'autres [27].

Les « idées » tiennent dans l'idée d'un rythme, d'une rapidité, d'une conversion du temps en action, en effet de saisissement.

« L'improvisation » s'alimente ainsi d'un calcul, qui n'est pas un « plan » à proprement parler, « plan » que la rédaction suivrait, mais qui est la mise en condition pour ressentir, pour entrevoir, pour désirer, et en même temps pour mesurer l'effet produit, dans le cours même de l'invention. Aussi revient souvent, dans la pensée du livre en cours, la pesée de sa longueur, du nombre de pages à écrire, avec des calculs compliqués qui portent vers ce que pourrait être le volume fini. C'est

---

26. *Lamiel*, Ms. R 297, I, f° 21, p. 270.
27. *Lamiel*, Ms. R 298, II, f° 86, p. 296-297.

le cas dans tous les manuscrits de Stendhal. Dans les dossiers de *Lamiel*, on trouve ainsi, dès le début de la rédaction : « 15 janvier 40 / Commencer le [17 *rayé*] 16 par la tartine de Mlle Anselme. Le 27 juillet, elle instruit de ce qui se passait à Paris Mme la V^{esse} de Saint Pois. / Je suppose que 21 lignes ou 1 page 1/2 de ms. font 1 page printed. Mettons les chap. à 20 pages (Difi [*Di Fiore*] les voudrait de 15 pour soulager l'attention, Dup. [*Dupont, éditeur de* La Chartreuse] de 32). Des chapitres de 20 pages stamped prennent 30 pages of this ms. » Le calcul que fait Stendhal le conduit à établir que les 322 pages de son manuscrit, à cette date, « font 10 chapitres 2/3 »[28]. La figure du « volume » est une manière de se figurer le livre en son entier, comme ce qu'il faut atteindre, y compris selon une répartition interne indépendante, quasiment, de la trame narrative. Mais ainsi l'écriture peut-elle se donner une mesure, comme extérieure à son impulsion. Telle est la fonction, également, des « tables » qui ponctuent les manuscrits de Stendhal, et qui sont comme une mesure d'après coup, une manière d'exposer (d'« expliquer », pour reprendre le mot de Stendhal) le paradigme narratif qui s'est composé dans la course de l'écriture. Ainsi dans *Lamiel* ces « Table *post opus* » qui sont une manière de parcourir à nouveau le récit, pour le prolonger, et pour s'y reprendre :

Table

post opus

Voyage de Lamiel seule ———————————————————
Les commis voyageurs ———————————————————
Le vert de houx ———————————————————
Rouen ———————————————————
Le Havre, Mme Volnys, la marquise ———————————
Rouen ———————————————————
Absence du duc ———————————————————
Lamiel le plante là à Rouen, et arrive à Paris ——————
Mme Legrand ———————————————————

« Est-il donc possible que cet amour si vanté soit si insignifiant pour moi ? » se dit-elle. Elle se donne au maître de danse qu'elle voit fort amoureux d'elle.

---

28. *Lamiel*, Ms. R 297, II, f° 114 v°, *verso du dernier folio de la dictée*, p. 253.

Après cela rajouter […] [29].

Le cours de l'invention se regarde alors, comme en un miroir, réduit en stations et titres qui font un paradigme irrégulier, que seule la mémoire du récit rend compréhensible. C'est une manière encore de se raconter le récit, en une pause rétrospective. Cette perspective apprivoise comme *a posteriori* ce que l'improvisation peut avoir d'aveuglant.

Le talent d'*improvisateur* que Stendhal s'attribue, est de fait pris dans un grand souci de la disposition du récit, de son efficacité, de sa vitesse et plus particulièrement, dans *Lamiel*, comme suspendu par la décision d'un changement de point d'appui. Le tournant est une conquête d'idée et de style :

> 6 mars
> Sansfin.
> D^que aura-t-il assez d'esprit pour avilir comme il faut Sansfin ?
> Comme D^que n'a que la bravoure et la *vertu* (être utile à son propre péril), ainsi je ne laisserai à Sansfin que le talent de M. Prévôt.
>
> Comme de la moindre nuance de style dépend le Komi, faire un plan serait oiseux. Il faut faire ceci petit morceau par petit morceau ; à chaque instant D^que peut se laisser aller au talent de peindre avec grâce (même je l'admets) des sentiments ou des paysages, mais faire cela, c'est se tromper soi-même, c'est être aussi bête qu'un Allemand. Le *rire* n'est pas né [30].

Pour conquérir la distance du *rire*, un régime nouveau doit être trouvé : « Ne pas gâter ce manuscrit-ci. C'était mes idées de Janvier 1840 et décembre 1839. Je n'ai rien fait que *mûrir l'idée*. Ne pas me perdre en b bécarre en tombant dans le récit gracieux d'un roman ordinaire […] je note en passant que D^que doit prendre un style plus incisif, plus efficace en ce sens et non dans le sens dithyrambique, *plus hardi* [31]. »

Ce retournement de style bouleverse l'idée, retourner l'équilibre du livre autour de Sansfin conduit à une redistribution : « Il faut faire en style *rapide* de nouvelle tout ce qui n'est pas le personnage de Sansfin acteur. Je n'aurai pas de place pour le développer. Samedi soir, 6 mars

---

29. *Lamiel*, Ms. R 297, II, f° 116, p. 238-239.
30. *Lamiel*, Ms. R 297, I, f° 20 v°, p. 276.
31. *Lamiel*, Ms. R 297, I, f° 20 v°, p. 277.

[1841] [32]. » Le tournant est la relance de l'écriture : « À Paris, conserverai-je en les corrigeant les descriptions qui suivent ? Il me faut de la place pour le caractère de Sansfin. / 8 Mars 1841[33]. » L'œuvre ainsi retournée ne pourra être mesurée que par l'exercice de ce nouveau style, celui exigé par le *rire* que la chute de Sansfin doit apporter : « Réouverture du volume 13 mai [40], plus tard le 6 mars 1841. / Pour juger des chapitres de Sansfin il faut les avoir faits, on ne peut pas juger les choses KOMI sur la théorie, sur le plan, sur l'imagination. 7 mars 41 [34]. » La seule preuve que l'œuvre peut donner d'elle-même est sa réalisation, le cours de son écriture.

C'est dans ce moment de redistribution profonde (le roman doit devenir tout autre que *Lamiel*, un nouveau roman, sous le titre « Les Français du king Philippe ») que Stendhal affirme son talent d'*improvisateur* : nous pouvons faire retour sur ce point où l'invention se boucle, où « la vraie fable du roman » [35] s'actualise en ce qui doit devenir un nouveau style, une vitesse propre à l'objet trouvé.

L'invention doit être vive, parfaitement disponible pour un retournement toujours possible d'accent, de style ; et l'écriture est le mouvement de cette invention, sans préméditation, dans la mesure où dans son cours même elle demeure sensible à ses propres événements.

C'est sans doute de cette disponibilité à ce qui l'attend, à ce qu'elle découvre en avançant, de sa disposition à se retourner, à se modifier, que l'écriture de Stendhal tire son attrait singulier. C'est parce qu'écrire, pour Stendhal, est une pratique librement, parfaitement mimétique, c'est-à-dire livrée à ce qui l'attire, susceptible d'être le lieu d'événements, de passion, de trouble, et en même temps de créer la distance qui fait naître un *rire* nouveau, celui que mérite l'empesé moderne, la copie, la pose sociale, que l'œuvre donne le sentiment d'une singularité absolue. Écrire, c'est être une action, un mouvement, un geste, qui ne ressemblent à aucun autre (« N'être la copie de rien au monde », disent les *Mémoires d'un touriste*). Cette singularité qui tire sa force de sa propre course

---

32. *Lamiel*, Ms. R 298, I, f° 80 v°, p. 278.
33. *Lamiel*, Ms. R 297, I, f° 44, *ibid.*
34. *Lamiel*, Ms. R 297, I, f° 21, *ibid.*
35. « 21 janvier 1840 CVa J'ai 310 pages de Lamiel dictées à Rome dans les premiers jours de Janvier 40. / Je trouve la vraie fable du roman. » *Note d'un exemplaire des Mémoires d'un touriste II*, 327°, p. 254.

aventureuse dans le flux d'écriture (qui s'interrompt, qui se trompe, qui doit redistribuer) est une sorte d'éthique, de liberté politique aussi, par une ouverture au temps qui rend visible la pesanteur du présent. L'*improvisateur* avance dans la vivacité qu'il produit, sans point de perspective établi au présent. Sa mobilité ne peut que solliciter un avenir, risqué, désiré, celui d'où les lecteurs auront un juste point de vue, celui d'une extrême proximité, à distance.

Jacques Neefs
Université Paris 8 et The Johns Hopkins University
ITEM-CNRS-ENS

STENDHAL ENTRE LES PHRASES

Pour Noël Dazord,
maître exigeant et discret

Pour légitimer le « entre » : esthétique d'une préposition

La préposition « entre » fascine ; elle fait croire qu'il existe quelque chose entre les phrases ; cette instance ne serait pas d'ordre linguistique. Il ne s'agira donc pas ici des fameux connecteurs interphrastiques. Déjà bien étudiés, ces mots sont encore des signes ; ils manifestent un principe d'organisation logique des énoncés et des discours. « Je pense donc je suis ». Entre les deux propositions surgit l'adverbe « donc », véritable connecteur d'énonciation. À la signification de chaque énoncé – « je pense », « je suis » – « donc » ajoute un surcroît décisif de sens : celui qui naît de la mise en rapport qu'opère le locuteur. « Je pense » : la pensée s'éveille à la conscience d'elle-même et crée l'événement. Désormais cet événement fonde la certitude ontologique. Le « entre » auquel je rêve est tout différent. Il désigne une coupure ; cet interstice permet au mot, à la phrase d'apparaître. Entre deux signes, il faut un espace qui autorise le déploiement de leur distinction. Cet espace n'est pas lui-même un signe, car qu'est-ce qu'un signe sans signifiant ? C'est une fonction. On connaît le prestige de la réflexion sur ce « blanc » : il n'y a rien, apparemment ; et pourtant quelque chose permet au visible de se manifester. La question intéresse le stylisticien. Celui-ci veut rendre compte de ce qui lui arrive quand il lit. Il considère le texte comme un principe agissant. Celui-ci agit doublement : non seulement le texte produit une émotion, mais encore il crée les conditions de son intelligibilité. Au fur et à mesure qu'elle s'empare du lecteur, l'émotion s'éclaire en lui, fait advenir la pensée. On voudrait montrer que « l'entre deux phrases » est précisément un dispositif qui favorise l'émergence de l'événement stylistique.

Pour appréhender chez Stendhal la question de « l'entre deux phrases », deux autorités se présentent : Proust et Gide. À propos de Nerval, Proust pense le « entre » à la lumière de l'esthétique de « l'inexprimable » : « Mais tout compte fait, il n'y a que l'inexprimable, ce qu'on croyait ne pas réussir à faire entrer dans un livre qui y reste. […]

Seulement, ce n'est pas dans les mots, ce n'est pas exprimé, c'est tout mêlé entre les mots, comme la brume d'un matin de Chantilly [1]. » « Dans les mots », « entre les mots » : l'opposition des prépositions manifeste l'existence de deux territoires, de deux épistémologies. Le « dans » relève de la compétence du linguiste ; le « entre » est le domaine réservé de l'artiste. L'esthétique délimite son propre champ. Elle pose son autonomie. Mais à quel prix ? Ce qui agit dans l'écriture se dérobe à toute prise rationnelle. L'inexprimable, pour Proust, fonde le style. De même, en deçà des phrases, la voix de Maman retrouve « l'accent cordial qui leur préexiste et les dicta, mais que les mots n'indiquent pas [2] ». De même encore, Monet sait « peindre qu'on ne voit pas ». Il montre « la défaillance de l'œil [...] infligée [3] » par la brume. L'inexprimable se ressent. Il implique, car il en résulte, une communion affective avec l'œuvre d'art. Avouons-le : le beau mythe proustien n'explique rien. Gide est plus utile. Le *Journal des Faux-monnayeurs* est dédié à « ceux que les questions de métier intéressent ». J'en extrais ces deux notes capitales pour mon propos.

« La difficulté vient de ceci que, pour chaque chapitre, je dois repartir à neuf. *Ne jamais profiter de l'élan acquis* – telle est la règle de mon jeu [4]. » Tout segment déjà écrit (lettre, mot, phrase, chapitre) constitue une réserve d'énergie (« *l'élan acquis* »). Cette force accumulée est susceptible d'une double évaluation. Elle permet la succession des unités. Elle garantit la continuité, gage de l'intelligibilité. Mais elle limite l'émergence des possibles langagiers ; elle contraint l'écrivain ; elle discipline le flux de la « pensée émotion » qui se découvre par les mots. Le « entre » est donc le lieu d'un dilemme esthétique. Il faudrait à la fois doter le style du pouvoir de surprendre sans pour cela menacer le texte d'incohérence. Or ce miracle est précisément ce qui advient, selon Gide, entre les phrases de Stendhal : « Chez Stendhal jamais une phrase n'appelle la suivante, ni ne naît de la précédente [5]. » Chaque phrase apparaît donc singulière, offerte comme la rose de Ronsard « en

---

1. Proust, « Gérard de Nerval », *Contre Sainte-Beuve*, Paris, Gallimard « Pléiade », 1971, p. 242.
2. Proust, *À la recherche du temps perdu*, Paris, Gallimard « Pléiade », 1987-1989, t. I, p. 42.
3. Proust, *Jean Santeuil*, Paris, Gallimard « Pléiade », 1971, p. 896.
4. Gide, *Journal des Faux-monnayeurs*, Paris, Gallimard, 1927 – repris dans la collection « L'Imaginaire », p. 78.
5. *Journal des Faux-monnayeurs, op. cit.*, p. 30-31.

sa belle jeunesse, en sa première fleur ». Mais la phrase, elle, ne se fane pas, car elle est portée par une construction invisible : « chacune », ajoute Gide, « se tient perpendiculaire au fait ou à l'idée [6] ». Un double mouvement s'énonce ainsi ; il fonde, me semble-t-il, la pertinence d'une approche stylistique de « l'entre deux phrases ».

Que révèle la métaphore géométrique « la phrase se tient perpendiculairement » ? Sans doute y a-t-il un jeu de mots sous-jacent, une syllepse *in absentia*, pourrait-on dire. La géométrie, comme le style, est affaire de figure. Mais il y a plus. Une pensée poétique de la phrase se découvre. La construction réfléchie marque l'autonomie de la phrase de Stendhal. Celle-ci se tient et n'est pas tenue. Elle n'est redevable qu'à elle-même de sa solidité. Mais quoique indépendante, elle détermine l'existence d'un lien. Ce rapport est indiqué par l'adverbe « perpendiculairement ». La transitivité de l'adverbe importe : si la phrase « se tient », c'est précisément grâce à sa capacité d'engendrer, « perpendiculairement », dans cette autre dimension qu'est l'esprit du lecteur, le « fait » ou « l'idée ». Le nœud de relation syntaxique – lié à la construction de l'adverbe – relativise l'interprétation classiciste de la phrase de Gide. La pensée ne précède pas la phrase ; celle-ci n'en est pas l'expression limpide, nette. Dans Stendhal, si l'on en croit Gide, la phrase comme structure linguistique déploie, dans le mouvement même par lequel elle se rend perceptible, une chaîne intellectuelle : « le fait », « l'idée ». J'appelle rythme le procédé qui « entre les phrases » assure la transformation du « fait » en « idée ». Ce rythme fait non seulement de la phrase – entendue ici comme structure syntaxique permettant la distinction des fonctions intersyntagmatiques – mais de la succession des phrases une entité esthétique, car créatrice de sens. Ce principe sémantico-rythmique est suffisamment souple pour engendrer une pluralité (*a priori* infinie) de dispositifs. Il est assez ferme pour se laisser reconnaître. « Entre les phrases », assignant à chacune un rôle sémantique, il y a donc un principe articulant trois éléments : le fait, sa conséquence, et le commentaire qu'ils suscitent. Donner le sens de cette configuration et de chacune de ses parties, décrire quelques-unes des réalisations concrètes qu'elle produit, tel est l'enjeu de cette étude.

6. *Journal des Faux-monnayeurs, op. cit., ibid.*

Une structure rythmico-sémantique

Soit une impression triviale : chez Stendhal, il y a plus de pensée que de mots. Comment rendre compte de cela sans recourir à la notion un peu fourre-tout d'ellipse ?

Donnons un exemple : « J'ouvre la lettre qui m'accorde un congé de quatre mois. – Transports de joie, battements de cœur. Que je suis encore fou à trente ans [7] ! » Au commencement était le fait : « j'ouvre la lettre […] ». Dans l'imaginaire stendhalien, le fait résulte d'une propriété étonnante du réel : celui-ci se porte au-devant du sujet. Il aspire à être *compris* par un individu conscient et sensible. Le réel est essentiellement une force : la lettre n'existe que pour être ouverte. L'aspect perfectif de « ouvrir » est saisi par l'aspect sécant du présent : cette forme verbale permet au lecteur d'accompagner par l'esprit l'accomplissement du procès. Une continuité jubilatoire s'établit entre l'objet, la lettre, et le sujet. Mais cette analyse n'est possible qu'après coup, quand le lecteur a pris connaissance de la conséquence. Or celle-ci n'est pas une simple succession d'énoncés sur laquelle on greffe une interprétation logique. La lecture énonciative apporte un éclairage intéressant. Dans P1, un élément prépare et légitime l'énonciation de P2. Par son orientation axiologique, « m'accorde » suffit en effet à indiquer la bonne nouvelle. Mais rien cependant ne détermine la réception enthousiaste du fait par le sujet. Imprévisibles, les « transports de joie » ne peuvent pourtant pas naître sans que le fait ait été préalablement engendré par la phrase.

Ce nœud sémantique peut être pensé grâce à un concept de Barthes : le « déport [8] ». Le fait se produit. Aussitôt, il se déplace ; il irradie. Il ouvre en un sujet un champ de forces inattendu : « Transports de joie, battements de cœur. » La mystique visite le quotidien : c'est une mystique matérialiste, sans Dieu. Elle veut dire la joie de ce qui arrive. Le fait et le déport définissent les deux aspects de l'événement. Celui-ci demande alors à être pensé. C'est le temps du commentaire. Un discours apparaît. S'il est à la hauteur de l'événement, il est noble. Dans le cas contraire, il est vil. La bassesse procède de la peur, qui est elle-même le fruit de l'intérêt. Le philistin juge la vie à l'aune de ses intérêts. Le

---

7. *Rome, Naples et Florence en 1817*, *in* Stendhal, *Voyages en Italie*, Paris, Gallimard « Pléiade », 1973, p. 5.
8. Barthes (1995, p. 201).

commentaire vil est l'objet privilégié de l'ironie, commentaire noble portant sur un discours défaillant.

Fait, conséquence, commentaire. Cette structure explicite le signifié de « l'entre deux phrases ». « J'arrive à sept heures du soir, harassé de fatigue ; je cours à la Scala. – Mon voyage est payé [9]. » Le participe détaché signale le conflit entre deux factualités : la fatigue, l'arrivée à Milan. La conséquence qui suit permet aussi de faire retour sur le fait. Elle marque la victoire imprévisible de Milan sur la fatigue. En P1, la ville, complément sous-entendu de « arrive », permet le déport ; elle ne le rend pas programmable. Il n'existe pas en langue de connecteur logique qui puisse dire à la fois la continuité et la surprise. Ce que la langue ne fournit pas, le discours l'invente, sous forme du rythme. Le rythme crée une « forme-sens » (Meschonnic) qui trouve sa plénitude dans l'événement d'une lecture. Je remarque ici, par exemple, que le déport actualise le passage d'un univers à l'autre, de la contingence d'une fatigue à l'enchantement milanais. Je remarque ensuite la césure entre les deux formes de perfectif (« j'arrive », « je cours à la Scala ») et l'aspect statif du troisième procès. Une fois mise en œuvre, l'énergie stendhalienne aspire à être évaluée ; le vocabulaire bourgeois (« est payé ») est permis, parce qu'il refuse à l'énergie euphorique toute dimension métaphysique qui l'expliquerait, la prolongerait. Ce qui comble le sujet se situe à hauteur d'homme et de langage.

On aura compris ce qui se joue entre les phrases. Dans cet espace, le style se convertit en pensée. « L'entre deux phrases » me paraît être un opérateur de déterritorialisation. Il est en effet une protestation rythmique et politique contre toutes les assignations identitaires. Une chose a lieu ; elle circonscrit un espace. Mais, proteste Stendhal, on ne peut pas en rester *là*. Le mouvement de l'écriture montre l'expansion de la chose, sa capacité d'ébranler la pensée : « Je verrai donc cette belle Italie. Mais je me cache soigneusement du ministre : les eunuques sont en colère permanente contre les libertins [10]. » Le fait est présenté comme acquis. Le « mais » indique la nature consécutive du second temps de la pensée. « Mais » réfute en effet une conséquence plausible (je peux donc laisser éclater ma joie), mise sur le compte d'un énonciateur anonyme ; le commentaire qui suit légitime la réfutation polémique de

---

9. *Rome…, op. cit., ibid..*
10. *Ibid..*

P2. Ce travail de la pensée se fait *entre* les phrases. Leur orientation vise une cible politique : non pas le ministre en tant que tel, mais en tant qu'il incarne un pouvoir hostile à la vie. Tel que je tente de l'approcher, le style éprouve les capacités qu'a l'individu écrivant de se libérer des entraves sociales. En ce sens, le style crée une utopie individualiste. Elle accueille quiconque rejoint par la lecture le point de vue émancipateur qui se découvre dans l'écriture.

Le dispositif mis au jour agence trois moments de pensée interdépendants. Dans les exemples analysés, ces trois moments coïncident de manière exemplaire avec la succession de trois phrases. Par ses limites, l'unité syntaxique de la phrase signale l'existence d'une structure profonde, que j'ai nommée, faute de mieux, « sémantico-rythmique ». Ce type d'analyse rencontre une objection légitime. On pense avoir trouvé une figure : « *fait – conséquence – commentaire* ». On veut la transformer en modèle opératoire. Pour cela, on tord en tous sens les énoncés qu'on rencontre. Une subtilité dévoyée se met au service de l'orgueil du chercheur. Ce risque existe. Comment l'éviter ? La figure de style est une entité double : elle a un signifiant linguistique et un signifié qui résulte de l'engagement de ce signifiant dans un discours. Ce rapport n'est pourtant pas constant ou systématique ; il n'est pas une loi du texte. Il suffit qu'il soit vérifié dans quelques occurrences pour qu'émerge la figure. Celle-ci apparaît dans certains contextes et non dans d'autres. Elle n'est pas un constituant du style car lui-même n'est pas une somme de procédés caractéristiques d'un auteur, d'une œuvre, d'un genre. Le style est en effet la possibilité qu'a un texte d'agir sur son lecteur. Cette propriété virtuelle (mais communément vérifiée, et de manière très diverse) s'actualise dans une expérience de lecture, nécessairement singulière. La stylistique est la discipline qui permet la rationalisation *a posteriori* de cette expérience. La figure décrit donc les conditions linguistiques de cette expérience subjective du style. En ce sens-là, la figure témoigne de l'existence du style ; elle délimite un point de vue sur le style. Ce point de vue, qui n'en exclut aucun autre, n'est pas arbitraire pour autant : un autre lecteur peut l'adopter, le faire sien.

Tel que je l'entends, le syntagme « structure profonde » signifie simplement que la figure est une construction de l'esprit destinée à organiser une pluralité d'observations empiriques (c'est-à-dire nées de la lecture des textes). Cette étude voudrait contribuer à l'analyse de la progression phrastique en mettant au jour un principe intermédiaire entre la phrase isolée et le texte. La progression thématique rend compte de la structuration d'un texte. La linguistique textuelle dégage et analyse des séquences discursives mobilisées par le texte : le narratif, le descriptif, l'explicatif, etc. Ma proposition est stylistique : elle tend à faire émerger un dispositif propre à un auteur, par-delà les différences génériques et diachroniques de ses œuvres. Dans les trois exemples ci-dessus, les constituants que j'ai isolés – le fait, la conséquence, le commentaire – coïncident avec trois phrases. Mais ce modèle présente des variations. Elles portent à la fois sur le nombre, l'ordre, la modélisation linguistique des constituants. Ces diverses réalisations témoignent de la plasticité de la figure. Celle-ci n'est donc jamais immédiate. Elle résulte d'un travail de lecture : délimitation des unités, sélection du mode interprétatif. Au lecteur de dire si le jeu en vaut la chandelle.

Variations autour d'une figure

Comparons deux fragments. Malgré la différence des contextes, l'oreille croit discerner un écho :

> Exemple 1 : vers l'an 1350, Pétrarque mit à la mode en Italie les manuscrits anciens, il suivit de là que l'on conserva aussi les manuscrits contemporains et cela dans un siècle où savoir lire et écrire était une honte parmi les gens comme il faut de France [11].

> Exemple 2 : je ne trouve quant à moi qu'une chose à reprendre au COURS DE LA FIDÉLITÉ ; on lit ce nom officiel en quinze ou vingt endroits, sur des plaques qui ont valu une croix de plus à M. de Rênal [...] [12].

Dans le premier exemple, la figure rythmico-sémantique s'actualise dans les limites typographiques de la phrase. Au fait – « Pétrarque mit à la mode » – succède l'imprévisible déport, signalé par le lexique : « il *suivit de là* [je souligne] que l'on conserva aussi [...] ». Le texte n'explique pas ce « aussi ». Stendhal montre les choses en train d'agir ; il contemple des interactions. Vient le commentaire. Il est antifrançais, comme il se doit. « L'entre deux phrases » se réalise sous sa forme canonique ; la norme d'une figure n'en est que la manifestation la plus facilement perceptible.

---

11. *Chroniques italiennes*, « Préface », *Romans et nouvelles II*, Paris, Gallimard « Pléiade », 1948. p. 555.
12. *Le Rouge et le Noir, Romans et nouvelles I*, Paris, Gallimard « Pléiade », 1947, p. 223.

Dans l'exemple 2, Stendhal place le commentaire en tête de phrase : « Je ne trouve quant à moi […] ». Le lecteur prend connaissance du fait par la médiation d'un discours critique ; l'enjeu de la lecture consiste à valider ou non l'opinion énoncée. L'anaphore nominale (le « COURS DE LA FIDÉLITÉ » / « ce nom officiel ») relève de la glose : elle transforme un référent identifié en discours. Cet acte de reformulation est politique : l'enjeu du débat ne concerne pas la chose, en soi indifférente – le « COURS DE LA FIDÉLITÉ » – mais bien le nom en tant qu'il émane d'une autorité désireuse de l'imposer (« en quinze ou vingt endroits »). La conséquence, elle aussi, est politique : ces « plaques […] ont valu une croix de plus à M. de Rênal ». Le support sans prestige « les plaques » exhibe la matérialité du geste scripturaire. La « croix » s'intègre au paradigme dévalorisé de l'échange. Dans cet agencement rythmico-sémantique, tout vise à légitimer l'ironie du narrateur envers le pouvoir. La succession « *fait, conséquence, commentaire* » n'est pas un corset où enfermer la phrase ; elle résulte au contraire d'une collaboration avec le texte. Barthes dirait que le style « drague » le lecteur : mais il est, comme chacun sait, des milliers de façons de draguer, même si les éléments fondamentaux de la scène désirante sont toujours, peu ou prou, les mêmes.

Les grandes procédures de l'analyse linguistique (addition/suppression, déplacement, commutation) permettent de décrire commodément quelques variations significatives. Elles tendent à montrer que la figure rythmico-sémantique ne relève pas simplement de « l'entre deux phrases » ; elle se révèle aussi pertinente pour décrire la disposition des propositions voire des syntagmes à l'intérieur de la phrase.

1. Addition/suppression

Chaque constituant de « l'entre deux phrases » peut être redoublé. Dans l'exemple qui suit, c'est le troisième élément qui se trouve dupliqué : « Comment parler musique sans faire l'histoire de mes sensations ? On me les niera. Je pense que mes adversaires seront souvent de bonne foi : tant pis pour eux [13]. » La première phrase affirme un fait sous la forme d'une interrogation. Cet acte de langage indirect vaut

---

13. *Rome…*, *op. cit.*, p. 80-81.

invitation à admettre la proposition exprimée. La conséquence déporte le fait vers un type de réception hostile au locuteur. Le verbe « nier » implique un discours ; la conséquence est donc interprétable comme un commentaire. Les deux énoncés suivants constituent donc le commentaire d'un commentaire. Paradoxalement, Stendhal ne reconnaît la « bonne foi » de ses adversaires que pour les discréditer. La suppression de l'un des trois constituants est autorisée, le plus souvent, par un cumul fonctionnel.

Une proposition, un syntagme peuvent en effet jouer deux rôles. Ils se prêtent ainsi à plusieurs lectures : « Je passe pour un homme de beaucoup d'esprit et fort insensible, roué même, et je vois que j'ai été constamment occupé par des amours malheureuses [14]. » On est tenté de lire « je passe pour » comme un fait ; mais c'est aussi un commentaire. Et pourtant, même imméritée, la réputation est bel et bien établie. La force de la pensée tient à la litote que marque le « et » : on attendrait un connecteur signifiant plus explicitement l'opposition. Et pourtant, il ne s'agit pas pour le locuteur de réfuter, comme le ferait Rousseau, le jugement des autres [15]. Le « et » introduit en fin de phrase la donnée qui permet de réexaminer la séquence : le « fait » premier, les « amours malheureuses », justifient *a posteriori* l'expression « je passe pour ». Celle-ci indique donc le déport inattendu d'une vérité intime, donnée pour indiscutable. L'ordre des phrases est capital : la coordination qui articule les points de vue signale aussi une hiérarchie. La distorsion entre la vérité factuelle du point de vue du locuteur et l'erreur commune qui en est le déport ne scandalise pas Stendhal précisément parce que « l'entre deux phrases » lui donne raison, rétablit la justice. On le voit : l'hypothèse d'une structure profonde ne vise pas à clore l'interprétation mais à la relancer.

2. Déplacement

J'ai postulé l'existence d'une succession canonique : « *fait, conséquence, commentaire* ». Je m'inspire en cela du modèle narratologique. Genette (1972) envisage les achronies narratives à partir d'une norme, selon

---

14. *Vie de Henry Brulard*, *Œuvres intimes II*, Paris, Gallimard « Pléiade », 1982, p. 532.

15. Un paranoïaque s'alarme d'être mal jugé : il reçoit le malentendu dont il est l'objet non comme une injure personnelle, mais comme une insupportable entorse à l'ordre des choses, à la vérité universelle dont il croit devoir témoigner puisqu'il en est le dépositaire et le garant.

laquelle les événements de l'histoire apparaissent dans le récit dans l'ordre où ils sont censés se produire. Entre les phrases de Stendhal se joue un conflit de même nature. La temporalité abstraite du schème rythmico-sémantique – « *fait, conséquence, commentaire* » – rencontre sans l'épouser l'ordre réalisé des phrases ou des syntagmes :

> Exemple 1 : à dix-sept ans, Féder, un des jeunes gens les mieux faits de Marseille, fut chassé de la maison paternelle ; il venait de commettre une faute majeure : il avait épousé une actrice du Grand-Théâtre [16].

> Exemple 2 : de la vie, je ne fus plus mal à mon aise, me disait le lieutenant Robert ; ces dames pensaient que j'allais leur faire peur, et moi j'étais plus tremblant qu'elles. Je regardais mes souliers et ne savais comment marcher avec grâce [17].

Le premier exemple autorise à parler de métalepse : la cause effective est indiquée après la conséquence, qui, logiquement, la suit. Le commentaire précède, lui aussi, le fait. Cette double distorsion feint d'instituer comme des données naturelles ce que l'on découvre ensuite comme étant le produit d'une idéologie. Le syntagme « faute majeure » s'interprète en effet comme un fragment de discours paternel. Le verbe passif sans agent « fut chassé » tient en suspens, dans les coulisses du récit, cet éternel opposant qu'est le père. Le second exemple est de statut énonciatif tout différent. Là encore, le fait nous est donné en dernier. Le discours direct du lieutenant Robert montre le travail intellectuel qu'opère le récit rétrospectif. Reconstituons le schéma :
– Fait : entrée piteuse du lieutenant dans le salon (« Je regardais mes souliers » *etc.*).
– Conséquence/déport : « ces dames pensaient que j'allais leur faire peur, et moi j'étais plus tremblant qu'elles ».
– Commentaire : un malaise inoubliable.

L'humour tient au déport entre le fait (le lieutenant est vêtu misérablement) et sa conséquence dédoublée : les craintes parallèles et également infondées des personnages. Ce décalage provoque la jubilation romanesque : le bonheur qui suit naît de l'annulation réciproque de la

---

16. *Féder, Romans et nouvelles II, op. cit.*, p. 1275.
17. *La Chartreuse de Parme, Romans et nouvelles II, op. cit.*, p. 28.

peur causée par des préjugés sans rapport avec la vérité des êtres. La mémoire narrative transforme le vécu en occasion d'exercer son esprit.

Dans l'exemple suivant, on quitte l'axe syntagmatique du déplacement pour entrer dans l'axe paradigmatique de la commutation. La commutation s'entend comme l'ensemble des structures syntaxiques susceptibles d'assumer l'une des trois fonctions sémantiques à l'intérieur du cadre de la figure.

3. Commutation

Soit la première phrase de *La Chartreuse de Parme* : « Le 15 mai 1796, le général Bonaparte fit son entrée dans Milan à la tête de cette jeune armée qui venait de passer le pont de Lodi, et d'apprendre au monde qu'après tant de siècles César et Alexandre avaient un successeur. »

Le fait est la victoire de Lodi (10 mai). Elle est évoquée par une simple relative déterminative, qui définit le SN « jeune armée » par la remémoration d'un événement connu de tous. La conséquence, c'est l'entrée de Bonaparte à Milan. Elle apparaît quant à elle sous la forme d'une proposition qui place « le général Bonaparte » en position d'actant sujet et de thème : le héros ouvre le roman comme il a ouvert l'histoire des peuples. La phrase désigne Milan comme le lieu du récit. La conséquence importe donc plus que la victoire qui l'a permise : celle-ci, on l'a vue, est évoquée dans une subordonnée. Citant César et Alexandre, le commentaire (« et d'apprendre au monde [...] ») donne à l'événement historique la dignité épique d'un haut fait digne d'être célébré. Or ce troisième temps est un prédicat rapporté à l'actant « jeune armée ». Une connivence se dessine entre la parole du narrateur et le discours héroïque qui spontanément naissait de l'événement. Émanant d'une instance narrative singulière, le texte écrit n'en fait pas moins entendre le point de vue collectif d'un groupe que l'histoire a créé. La phrase réalise ainsi la coïncidence euphorique entre l'acte militaire et l'énonciation qui le sature de sens, entre le fait et son commentaire, entre la chose et les mots. Programmatique, la première phrase transforme le roman en hymne républicain.

Le rapport entre les structures linguistiques actualisées dans le concret de la phrase et les constituants sémantico-rythmiques de notre figure apparaît donc significatif. Donnons-en un autre exemple, qui intéresse davantage la sémantique lexicale : « Pour achever d'énerver ce peuple autrefois si terrible et si raisonneur, l'Autriche lui avait vendu à

bon marché le privilège de ne point fournir de recrues à son armée [18]. »
Je crois discerner dans cette phrase l'étagement suivant : *Fait* :
l'Autriche vend un privilège ; *Conséquence* : le peuple s'énerve ;
Commentaire implicite : emploi ironique de « privilège ». L'irréfutable
indication de la finalité (« pour ») dénonce le machiavélisme autrichien.
Le texte le dit : il est avéré que le peuple s'est amolli suite à l'occupation autrichienne. Cette conséquence effective est reconfigurée comme
intention politique ; celle-ci réussit au-delà de toute attente. Il ne s'agit
pas seulement de souligner le cynisme des occupants, mais bien de
découvrir une loi politique : révélée par son passé, la nature d'un peuple
« autrefois si terrible et si raisonneur » ne suffit pas à le sauver de la
dégénérescence. Le principe rationnel de vigilance, de lucidité, doit être
constamment maintenu présent ; c'est précisément ce à quoi s'emploie
la fiction stendhalienne. C'est pourquoi le commentaire se fait entendre
par le biais oblique de l'ironie. Le mot « privilège » fait en effet l'objet
d'une syllepse : au sens juridique du mot (« le droit accordé en dehors
de la loi commune et l'acte qui le ratifie ») se superpose aussi le sens
courant de faveur consentie indépendamment de toute loi. L'adversaire
feint d'être magnanime là où il ne fait qu'exercer sa pesante domination.

Un dispositif politique

Il faut conclure. Dans les textes de Stendhal que j'ai lus, j'ai cru reconnaître l'existence d'une figure ; j'ai voulu présenter les gains interprétatifs
qui s'attachent selon moi à cette hypothèse. Peut-on résumer l'acquis ?
La pensée de Stendhal naît dans « l'entre-deux », entre deux phrases,
entre deux syntagmes. « L'entre-deux » est un nœud de relations
logiques qui déborde l'énonciation explicite des connecteurs. Ce jeu de
rapports logique est une création du rythme : il s'entend, à tous les sens
du terme, avant de se formuler. Cette intrication du sensible et du
sémantique que réalise le style accrédite une certaine conception de la
vérité. Je la trouve magnifiquement exprimée dans cette phrase que
rapporte Alain : « Quelqu'un a écrit que la vérité a cela de dangereux,
c'est que, dès qu'on la cherche, on la trouve [19]. » La vérité ne se révèle
pas ; elle n'est ni cachée, ni complexe ; elle est à la portée du regard qui

---

18. *La Chartreuse de Parme, op. cit.*, p. 26.
19. Alain, « Propos sur Stendhal » (29 avril 1930), dans *Stendhal et autres textes*, édition de
F. Foulatier et R. Bourgne, Paris, PUF « Quadrige », 1994, p. 120.

la désire. Le désir du vrai commence par refuser les mythes intimidants de la vérité. C'est l'acte fondateur de la liberté politique que célèbre et perpétue ce que je suis tenté d'appeler « la machine stylistique » de Stendhal. Le style part à la recherche de la vérité ; il la trouve. Elle est l'horizon que rejoint toute cellule rythmique : d'où la jubilation, politique elle aussi, qui accompagne la mise au jour d'une vérité, même désolante. Les réseaux de « l'entre-deux » forment un prisme changeant destiné à capter les multiples aspects de la vérité dans le jeu singulier, circonstanciel, d'une énonciation. C'est pourquoi, sans cesse atteinte, la vérité est aussi sans cesse remise en jeu. « L'entre-deux » est ainsi la pulsation intime qui accorde le style à la saisie du vrai, source de la joie.

Stéphane Chaudier
Université Jean Monnet – Saint-Étienne

III. PRATIQUES :
RÉTICENCE, NON-DIT, AUTORITÉ

*M*ais l'énonciation stendhalienne et/ou beyliste connaît ses blocages, ses censures, ses difficultés variées. Les trois études réunies sous cette rubrique se concentrent sur quelques phénomènes discursifs qui révèlent une des plus grandes sincérités de la pratique stylistique de Stendhal : l'hésitation. Jean-Jacques Hamm montre comment et en quoi toute l'énonciation de Stendhal, dans les romans ou dans les textes personnels, est déchirée par des réticences plus ou moins violentes à nommer, à désigner, et donc à comprendre. Dire et/ou ne pas dire ? telle est la question. Une question particulièrement prégnante dans le Journal, pour tout ce qui a trait aux performances (et contre-performances) amoureuses : Pierre-Louis Rey révèle une nouvelle dimension de la pudeur stendhalienne, entre naïveté et cynisme, de la dissimulation à la désignation. Le roman serait-il la revanche du timide ? Marie Parmentier analyse les paroles d'autorité dans les grands récits : la pratique des discours doxologiques, maximes et autres, permet à Stendhal de proposer de nouvelles ruses pour être toujours là où on ne l'attend pas.

RÉTICENCES :
NUANCER ET DÉFENDRE

À reprendre chronologiquement le chemin parcouru par Henri Beyle, puis Stendhal, on est frappé par la quantité de réflexions préparatoires. Certaines sont énoncées dans la correspondance avec une sœur docile, d'autres dans les entrées du *Journal intime*, d'autres encore dans des fragments notés au fil d'années de lectures et regroupés ultérieurement dans un *Journal littéraire*. Avant de publier, Henri Beyle s'est livré à une propédeutique impressionnante, entre autres sur la question du style, et comme nous le rappelle Éric Bordas (2003c : 690), très tôt Stendhal avait eu « une conception assez précise du style ». Par des propos à caractère critique ou théorique, un jeune écrivain en puissance se fait les dents sur ses prédécesseurs, réfléchit aux valeurs qu'il souhaite mettre en acte, énonce les choix qu'il réprouve. D'un côté, l'exactitude, la vérité, la clarté, la simplicité, le naturel ; de l'autre, l'emphase, la boursouflure, le style chatoyant, des phrases à effet, tout un refus de « tourmenter la langue pour avoir l'air de dire quelque chose de neuf » (*JL* III : 220), comme il l'écrit à propos de l'abbé Delille. Le 9 juillet 1804, il remarque que « le style n'est mauvais que parce qu'il n'est pas vrai. La première qualité d'un style est donc qu'il ne cause pas la plus petite idée fausse dans la tête du lecteur qui sait sa langue », et plus loin : « la première qualité d'un écrivain : c'est de faire *du style vrai* » (*JL* I : 459-460). Est vrai ce qui est en dehors de l'imitation, ce qui est senti et non transcrit ou reproduit de mémoire [1]. Bien plus tard encore, en 1840, dans les brouillons de sa réponse à Balzac, il reviendra sur la nécessité d'être vrai, d'être naturel, d'être clair. Et il ajoute avec quelque ironie : « Voilà sans doute pourquoi j'écris mal ; c'est par amour exagéré pour la logique » (*C* III : 399).

La pratique de Stendhal semble répondre à des objectifs analogues à sa théorie. On sera sensible à la force, à la vigueur, à la netteté du propos, au tranchant des énoncés, à la place primordiale qu'ils occupent dans l'œuvre. On relève des affirmations claires, des formules percutantes,

---

1. Il s'agit de former son style sur les classiques (Corneille, Racine, etc.), mais non point de les imiter.

des phrases qui font résumé, des ellipses parlantes. Disons la place prépondérante de la parataxe, son efficacité.

Ce que je veux examiner correspond à une situation inverse. Il est des lieux névralgiques de suspension de la phrase, d'inachèvement ou de retrait, de brouillage du sens. On aura des phrases tronquées, des réticences énoncées, des hésitations dites, des atténuations suggérées. Lorsque l'écrit entend contourner les exigences de censures officielles, d'hésitations particulières à l'auteur, celui-ci pratique un art d'esquives, de camouflages, de feintes ou de ruses. Écrire, en vue d'une publication proche, revient pour Stendhal à allier l'énonciation précise qui assume le texte à une démarche souvent retorse et qui s'en distancie. Le 18 juin 1804, il note : « Souvent c'est un bien d'être obscur. Voiler : ce qu'on nomme délicatesse. Connaître les divers degrés d'obscurité. Dire claire-ment une chose indécente est une sottise de brute, la dire finement ou obscurément [...] fait sourire les gens les plus polis. La réticence est un moyen » (*JL* I : 363). Et, de manière plus militante, il répond le 14 juin 1827 à une critique : « Quant aux idées proprement dites, j'aime mieux paraître un peu obscur à certaines gens que verbeux à d'autres. Ces livres-ci sont faits pour peu de gens ; il faut de l'âme, de l'amour du beau, etc. » (*OI* II : 90). Pour arriver à la vérité, à la beauté, il existe diverses routes. Dès 1804 Henri Beyle illustrait, et ce sont ses termes, le secret « du style en vers et en prose », par l'apologue intitulé « *Par un autre chemin* ». « Bien réfléchir à tout cela » (*JL* I : 474-475), ajoutait-il.

La *réticence* qui, en son origine latine signifiait « silence obstiné » est, selon Pierre Fontanier (1977 : 135), un arrêt « dans le cours d'une phrase, pour faire entendre par le peu qu'on en dit [...] ce qu'on affecte supprimer ». Selon cet auteur, divers motifs s'attachent à son emploi : indignation, malignité, haine, modération affectée, etc. La réticence diffère de l'aposiopèse, de l'interruption, « par l'intention de faire deviner ce que l'on ne dit pas » (*ibid.* : 373). Pour Bernard Dupriez (1980 : 215), elle diffère de la prétérition, beaucoup plus explicite, et qui est donc une fausse réticence. Elle est de l'ordre de la prémunition, préparant les « auditeurs à quelque proposition qui pourrait les blesser » (*ibid.* : 358). Henri Morier (1961 : 347) y voit un « appel à la partici-pation active du lecteur ». La réticence est à deux volets : l'un travaillant sur l'énonciation et/ou l'énoncé, l'autre préparant la réception. Elle laisse entendre une intention d'intervention, voire de mise en garde devant l'ordre des choses ou leur déroulement. Figure selon la rhétorique, elle est repérable en la suspension de la phrase. Mais le concept qui nous intéresse, élargi par l'usage et l'usage de Stendhal en particulier, englobe des insinuations, des atténuations au moyen d'interventions lexicales et syntaxiques. La réticence pose, et particulièrement chez Stendhal, la question de la présence et de la place de l'Autre dans la conception et la pratique du style.

J'examinerai quelques-unes des formes que peut prendre la réticence chez Stendhal. Je dégagerai ensuite certaines de ses fonctions. Elle me semble d'une part un outil d'investigation, d'autre part une arme de séduction et de combat. Les deux vont d'ailleurs souvent de pair, l'énoncé, l'énonciateur et le destinataire étant impliqués dans la même phrase. Une question résultera de l'analyse, qui concernera les rapports entre théorie et pratique stendhaliennes. Quant au corpus, il se composera d'œuvres publiées du vivant de Stendhal. C'est là que les réticences apparaissent les plus nombreuses. On en trouverait sans doute moins dans les *Œuvres intimes* : *Souvenirs d'égotisme*, par exemple, n'en contient pratiquement pas. Le propos y est particulièrement net et assumé sans déguisements [2].

D'abord quelques remarques. Rappelons, au niveau macrotextuel, la pratique stendhalienne de l'économie : laconisme dans la narration ou la présentation des faits, ellipses thématiques des romans, des dénouements, paralipse généralisée comme celle d'*Armance* (Genette, 1972 : 212), c'est-à-dire absence d'information permettant au lecteur de répondre de manière univoque à la question de Soubirane : « Que diable es-tu ? » (*R* I : 30) [3].

C'est le niveau microtextuel, c'est-à-dire phrastique, qui retiendra mon attention [4]. Des précautions s'imposent qui concernent le statut

---

2. Dans le *Journal*, le *langage-self*, par ses multiples ambiguïtés, apparaît à l'occasion porteur de réticences faites pour attirer l'attention, pour accentuer et mettre à distance, pour donner à voir et à cacher, pour solliciter enfin par leur étrangeté la perplexité ou l'intervention d'un éventuel et lointain lecteur.

3. Voir le début de *Rouge et Noir* ou la hiérarchie sociale est inscrite dans la topographie de Verrières, la brièveté avec laquelle est décrite et critiquée la fabrique de M. de Rênal, qui pourtant est source de deux problèmes : la pollution par le bruit et l'emploi d'une main-d'œuvre de jeunes filles. En second lieu, les silences sur les relations sexuelles des personnages : Julien et Mathilde, Fabrice et Clelia.

4. Sur la question de « la labilité des phénomènes de focalisation », voir Bordas (2003b, p. 347).

de la phrase chez Stendhal. Il conviendra, le cas échéant, de tenir compte du contexte immédiat de la phrase, qui peut modifier ou compléter la signification de l'énoncé. Je renvoie à l' « Avant-Propos » d'*Armance*. Le refus d'écrire des *applications*, refus énoncé avec force et précision, est précédé de deux phrases floues à dessein, faites pour piquer la curiosité du lecteur ou du moins pour l'intriguer : « Une femme d'esprit, qui n'a pas des idées bien arrêtées sur les mérites littéraires, m'a prié, moi indigne, de corriger le style de ce roman. Je suis loin d'adopter certains sentiments politiques qui semblent mêlés à la narration ; voilà ce que j'avais besoin de dire au lecteur (*R* I : 25). »

Le refus d'un roman à clef s'énonce ainsi dans la proximité de phrases ayant justement besoin d'une clef pour être intelligibles, de phrases prenant leur sens d'une démarche de pragmatique discursive ou, pour reprendre Anne Reboul et Jacques Moeschler (1998 : 27), de phrases qui « loin d'être utilisées pour décrire la réalité, [...] le sont pour la modifier ». On aura l'occasion de revenir sur l'ironie stendhalienne. Disons enfin que le macrotexte et le microtexte répondent dans bien des cas à des objectifs semblables. Voici donc quatre catégories de formes :

1. Réticences repérables dans la typographie : points de suspension, astérisques, initiales des noms propres : M. le duc de…, M. l'évêque de **, au château de ***, la préfecture de ***, la duchesse de C…, M. de R… Des phrases sont laissées en suspens. Dans l'Avant-propos d'*Armance* : « D'ailleurs, un tel sujet !… » (*R* I : 27). Et plus loin : « je pourrai vous voir et vous parler à toute heure, *mais*, ajouta-t-il… et il tomba dans un de ces moments de silence sombre qui faisaient le désespoir d'Armance » (*R* I : 174). Dans *le Rouge* : « Je vous avouerai…, dit-il à l'académicien, et son œil continuait à interroger » (*R* I : 503). Dans *la Chartreuse* : « Renvoyer le comte… me trouver seul avec lui, après ce qui vient d'arriver, c'est ce qui m'est impossible » (*R* II : 284). Ou encore : « Mais, monsieur le comte, dit Rassi effrayé, et regardant la bourse, il y a là une somme énorme, et les règlements… » (*R* II : 305). Le procédé apparaît à la fois dans les romans publiés et inachevés. Il en va de même des *etc.*, que Stendhal a tendance à répéter : « je ne resterais qu'autant que vous me feriez obtenir la main de la princesse Isota, etc., etc. » (*R* II : 305). Et dans *le Rouge* : « on saura se couvrir des

prétextes les plus habiles, on me répondra qu'il est malade, la poste aura perdu les lettres, etc., etc. » (*R* I : 418). Ou encore : « Il laisse après lui le malheur et des regrets éternels […], etc., etc., etc. » (*R* I : 644). On peut ranger dans cette première catégorie certaines des italiques particulièrement énigmatiques [5] : « et l'on pourrait jouer sur la rente *à coup sûr*. Ce mot *à coup sûr* fit faire un haut-le-corps à Octave » (*R* I : 49).

2. Parmi les particularités des catégories grammaticales, on peut relever les usages de l'adjectif et du pronom indéfinis, de la modalisation adverbiale, de locutions-phrases, de verbes dubitatifs. Nombreux sont les *quelque, quelque chose, certain*. Il est dit à propos d'Octave de Malivert : « Peut-être que quelque principe singulier, profondément empreint dans ce jeune cœur […] le portait à se peindre sous des images trop sombres, et sa vie à venir et ses rapports avec les hommes » (*R* I : 30). Dans *le Rouge* : « elle prit quelque considération pour Julien » (*R* I : 459). Dans *Armance* : « On trouvait quelque chose d'asiatique dans les traits de cette jeune fille » (*R* I : 57). *Certain* est souvent plus porteur de flou que de certitude. Par exemple dans *Armance :* « un certain charme de grâce et de retenue enchanteresse se répandait autour d'elle » (*ibid.*). Quant à Octave : « La double attention qu'en se permettant une chose ridicule, il donnait malgré lui à l'impertinence qu'il faisait […] mettait dans ses yeux un certain feu » (*R* I : 89). Parmi les adverbes, notons *peut-être, presque, assez, apparemment*. L'usage du premier a une fréquence élevée [6]. Dans la *Vie de Haydn* : « Je vis à Brescia […] l'homme d'Italie qui était peut-être le plus sensible à la musique » (*VHMM* : 33). Dans l'*Histoire de la peinture en Italie* : « La magie des lointains, cette partie de la peinture qui attache les âmes tendres, est peut-être la principale cause de sa supériorité sur la sculpture » (*HPI* : 148). Dans *le Rouge* : « mais, jamais peut-être, elle ne lui avait plu davantage » (*R* I : 332). La fréquence de *presque* est également élevée [7]. Dans *Armance* : « une allusion presque continuelle et d'assez mauvais goût » (*R* I : 50), ou bien : « je suis guérie d'un vilain sentiment

---

5. Elles ont de multiples rôles : mise en évidence d'idiolectes, marqueurs d'ironie, etc.
6. *Armance [A]*, 64 ; *Rouge et Noir [RN]*, 124 ; *Chartreuse [ChP]*, 138 ; *Chroniques [CI]*, 68 ; *Nouvelles [N]*, 85 ; *Lamiel [L]*, 36. *Peut-être* n'est pas toujours une réticence d'auteur ou de narrateur. Le mot, disant l'incertitude des signes, met quelquefois en scène l'impossibilité de prendre position sur une question et non une demande d'intervention du destinataire.
7. *A*, 31 ; *RN*, 157 ; *ChP*, 114 ; *CI*, 63 ; *N*, 57 ; *L*, 29.

que moi aussi je n'osais presque vous avouer » (*R* I : 178). Dans *la Chartreuse* : « D'un état fort malheureux elle passait en un clin d'œil presque au bonheur » (*R* II : 105). Notons d'autres usages de l'adverbe *assez* [8]. À propos de la carrière d'Octave, il est question d'une guerre « qu'il lui était assez égal de faire comme lieutenant ou avec le grade de colonel » (*R* I : 29). Armance, dit-on, « avait éprouvé d'assez grands malheurs » (*R* I : 37). Et autre adverbe : « c'est un avantage qu'apparemment le ciel m'a refusé » (*R* I : 113), ou bien « Apparemment qu'une timidité malheureuse » (*R* I : 186). Indiquons la locution-phrase *sans doute* [9]. Voici à propos de Haydn : « On ne peut lui refuser sans doute une imagination vaste, pleine de vigueur, créatrice au suprême degré : mais peut-être ne fut-il pas aussi bien partagé du côté de la sensibilité » (*VHMM* : 119). Dans *la Chartreuse* : « Il faut plaire à un souverain, homme de sens et d'esprit sans doute, mais qui […] semble avoir perdu la tête » (*R* II : 112). Parmi les verbes, relevons *sembler* [10]. Dans la *Vie de Haydn*, à propos de Wilhelmine, de l'ange du tableau du Parmesan, figures « dont la force est surmontée par la sensibilité », comme dans le cas de Chérubin chantant *Voi che sapete*, l'auteur remarque que : « Les peuples du Nord me semblent être les sujets de cette musique » (*VHMM* : 217). Dans *Armance* : « les petits événements de la vie semblaient glisser sur son âme sans parvenir à l'émouvoir » (*R* I : 56).

3. Parmi les constructions syntaxiques, relevons le commentaire en aparté, l'emploi de certaines locutions, d'alternatives, de doubles négations, de phrases conditionnelles, de propositions subordonnées causales ou concessives. Dans *le Rouge* : « Il était encore bien jeune ; mais, suivant moi, ce fut une belle plante » (*R* I : 654). Dans *Armance* : « Les médecins pensaient que cette monomanie était tout à fait *morale*, c'était leur mot, et devait provenir non point d'une cause physique, mais de l'influence de quelque idée singulière » (*R* I : 46). Nombre de locutions mettent une distance entre le sujet et la réalité évoquée. « Armance était loin de se faire une semblable illusion » (*R* I : 75). « Octave, par un mouvement que, malgré sa philosophie, il était loin

---

8. *A*, 45 ; *RN*, 119 ; *ChP*, 124 ; *CI*, 61 ; *N*, 67 ; *L*, 25.
9. *A*, 14 ; *RN*, 48 ; *ChP*, 48 ; *CI*, 25 ; *N*, 39 ; *L*, 9.
10. *A*, 73 ; *RN*, 139 ; *ChP*, 159 ; *CI*, 108 ; *N*, 95 ; *L*, 29.

de s'expliquer » (*R* I : 73). Et, pour remplacer la préposition *sans* : « Ces cœurs bien jeunes encore étaient loin de se dire qu'ils jouissaient d'un des bonheurs les plus rares » (*R* I : 151). Dans *la Chartreuse* : « Le marquis pâlit, et sa physionomie, loin d'être animée par ces mots, peignit l'embarras le plus plat » (*R* II : 440). La distance se dit dans l'expression « passer pour ». Dans *Histoire de la peinture en Italie*, à propos de Ghirlandaio : « ce *Massacre des Innocents* qui passe pour son chef-d'œuvre » (*HPI* : 150). Dans *Armance*, « Madame la marquise de Bonnivet pouvait passer pour l'une des femmes les plus remarquables de la société » (*R* I : 61). Ou l'*incipit* de *Rouge et Noir* : « La petite ville de Verrières peut passer pour l'une des plus jolies de la Franche-Comté ». L'alternative suivante se lit dans *Armance* : « Je ne sais si c'est au sang sarmate qui circulait dans ses veines, ou à ses malheurs si précoces qu'Armance devait la faculté d'apercevoir d'un coup d'œil » (*R* I : 90). La double négation ; par exemple : « Quelquefois il n'était pas impossible de lire dans ses yeux » (*R* I : 56). Ou bien dans *le Rouge* : « il n'est pas impossible qu'un jour il déploie de grands talents » (*R* I : 417). Ou encore : « ma famille ne trouvera rien d'impossible » (*R* I : 659). Les phrases conditionnelles sont fréquentes : « Il eût fait sensation s'il eût désiré parler ; mais Octave ne désirait rien, rien ne semblait lui causer ni peine ni plaisir » (*R* I : 29), ou bien : « On eût dit que ses passions avaient leur source ailleurs » [11] (*R* I : 36). On constaterait que dans d'autres romans, nettement moins mystérieux quant au contenu, la fréquence est proportionnellement aussi élevée. Prenons *le Rouge et le Noir* : « Elle avait un certain air de simplicité, et de la jeunesse dans la démarche ; aux yeux d'un Parisien, cette grâce naïve, pleine d'innocence et de vivacité, serait même allée jusqu'à rappeler des idées de douce volupté. Si elle eût appris ce genre de succès, Madame de Rênal en eût été bien honteuse » (*R* I : 229). Enfin, indiquons l'emploi de propositions subordonnées causales ou concessives [12] : « Ce n'est pas que, même en n'étant pas éloignée de Fabrice, son cœur trouvât la perspective du bonheur » (*R* II : 326).

---

11. *A*, 112 ; *RN*, 275 ; *ChP*, 236 ; *CI*, 132 ; *N*, 98 ; *L*, 67.

12. *Lucien Leuwen* : « Quoique ce ne fût rien moins qu'un homme à imagination et à illusions, il se surprenait avec des souvenirs vifs de 1794 » (p. 784). *Lamiel* : « Quoique fort innocente, elle pensait que ce serait bien autre chose de se promener dans le cimetière, tout à côté de la danse, en donnant le bras à un des quatre fils Aymon » (p. 905) ; ou encore : « Quoique à peine âgée de douze ans, elle était déjà susceptible d'ennui » (p. 904).

4. Sur le plan des figures de rhétorique, relevons les périphrases et des formules d'aveux réticents. Certaines des périphrases, mais rarement, rappellent certains procédés des poètes néoclassiques. Le plus souvent Stendhal utilise la périphrase pour cacher ou atténuer le côté dérangeant d'un événement, sa brutalité. Dans *la Chartreuse* : « Nous ajouterons un détail qui, comme plusieurs autres sans doute, fera longueur dans les pays où l'on n'a plus besoin de précautions » (*R* II : 398). Elle permet d'attirer l'attention sur une pensée qui gêne. Le futur mariage d'Octave de Malivert est évoqué par Soubirane comme « un certain arrangement » (*R* I : 172). La périphrase permet d'éviter le tracé trop net du réel. Le mot suicide n'apparaît dans *Armance* qu'à propos des événements de Russie. Le suicide d'Octave n'est évoqué qu'indirectement au moyen de l'agent utilisé : « un mélange d'opium et de digitale préparé par lui délivra doucement Octave de cette vie qui avait été pour lui si agitée » (*R* I : 189). Et Armance est seule à soupçonner « le genre de sa mort » (*R* I : 189). Signalons des précautions de l'énonciateur par rapport à certains de ses énoncés. Nombreuses sont les formules d'ignorance. Dans *la Chartreuse* : « Je ne sais si elle se trompait, mais ce qu'il y a de sûr c'est que cette âme passionnée […] apporta le bonheur au château de Grianta » (*R* II : 45). Dans *le Rouge* : « d'après je ne sais quelle idée prise dans quelque récit de la bonne société » (*R* II : 257). On peut rappeler le « je ne sais combien de milliers de clous » (*R* II : 220) de la fabrique de Monsieur de Rênal. Il y a aussi la modulation des aveux : emploi du verbe *oser*, phrases interrogatives, tournures impersonnelles. Dans *Histoire de la peinture en Italie* : « Je mets le temple de cette *servilité* en Allemagne […] cette nation est née à genoux. Oserai-je le dire ? » (*HPI* : 76). À propos d'Armance : « Elle était remarquable par ce que j'appellerais, si je l'osais, la beauté russe » (*R* I : 57). Et, à propos d'un mouvement de folie de Julien : « Oserai-je dire qu'en rentrant dans sa chambre, Julien se jeta à genoux… » (*R* I : 620). La formule « il faut avouer » revient souvent dans le récit ou le commentaire qui l'accompagne : « Il faut avouer que le Rassi avait des habitudes singulièrement plébéiennes » (*R* I : 417). Ou bien : « car nous avons à avouer une chose qui semblera bizarre au nord des Alpes, malgré ses erreurs elle était restée fidèle à son vœu » (*R* II : 488). Et : « Nous avouerons que, suivant l'exemple de beaucoup de graves auteurs, nous avons commencé l'histoire de notre héros une année avant sa naissance » (*R* II : 33). Enfin : « En recevant cette lettre dont,

il faut l'avouer, l'amitié l'irrita, Clélia fixa elle-même le jour de son mariage » (*R* II : 454).

Stendhal, qui a la réputation d'être si catégorique en ses jugements (je renvoie au *H.B.* de Mérimée), et qui certes l'est dans ses textes, développe comme on l'a vu des formes de réticences et d'atténuation aux multiples fonctions. Dans bien des cas, il s'agit de nuancer des énoncés ou des affirmations, de les fragiliser en somme. On peut lire dans le procédé l'essai de ne pas contrarier la vérité en la généralisant. Je renvoie aux citations de la *Vie de Haydn* ou à celles de l'*Histoire de la peinture en Italie*. Indiquons tel passage de *De l'amour* : « Au reste, au lieu de distinguer quatre amours différents, on peut fort bien admettre huit ou dix nuances. Il y a peut-être autant de façons de sentir parmi les hommes que de façons de voir » (*DA* : 29).

La réticence est également un outil au service d'investigations et de propositions psychologiques. On sait combien Stendhal est sensible à la naissance, au développement souvent ténu des sentiments, à la part de dubitation, d'incertitude qui les entoure ou les accompagne. Cela vaut des formules du type : « Julien sentit tout le charme, sans pouvoir s'en rendre compte » (*R* I : 244) – phrase que condamne Henri Morier dans un livre qui reste curieux (1959). C'est donc souvent dans un contexte de récit que se voit la réticence. Je renvoie à la prise de conscience progressive de l'amour chez Madame de Rênal, aux nombreuses phrases hypothétiques. Il s'agit de nuancer par rapport à l'objet ou la situation. Par ailleurs, il s'agit d'atténuer pour séduire, de laisser entendre pour ne pas offusquer. Ce sont alors des démarches qui relèvent de la *captatio benevolentiae*.

Bien des énoncés ont une fonction apotropaïque par laquelle il s'agit de protéger l'actant, le narrateur, l'auteur dans l'expression d'une idée ou d'une émotion. C'est la partie défensive du style de Stendhal. C'est le rôle que jouent nombre de formules d'aveu. Il est un trait qui consiste à se placer en retrait par rapport à la diégèse, comme si l'énonciateur n'était pas certain de l'information qu'il avait à nous donner. Ainsi, dans *Armance* : « Dix fois peut-être depuis sa nouvelle fortune, Octave avait parlé devant elle de l'époque où il songerait à se marier » (*R* I : 80). La réticence, l'ignorance feinte sont aussi chez Stendhal respect du point de vue ou de la vérité du protagoniste. Ainsi, Julien à Paris : « Peut-être était-il un peu plus clairvoyant que les premiers jours, ou bien le premier enchantement produit par l'urbanité parisienne était passé » (*RN* I : 468). Les réticences expriment dans bien des cas un respect du réel. Mais sous la nuance et la réticence à être catégorique pointe l'ironie.

La réticence peut être une arme offensive. On la trouve dans certaines phrases à deux volets antithétiques : « Sans doute on peut reprocher à la province un ton commun ou peu poli ; mais on se passionne un peu en vous répondant » (*R* I : 469). Ou bien : « Nous passons sous silence une foule de petites aventures qui eussent donné des ridicules à Julien, s'il n'eût pas été en quelque sorte au-dessous du ridicule » (*ibid.*). C'est le procédé de la vaccine, qui consiste à laisser entendre un défaut pour valoriser par la suite l'objet critiqué [13].

La réticence est enfin un véhicule pour l'ironie. Nous avons vu l'*incipit* du *Rouge*. Voici ce qu'il est dit de Mme de Bonnivet : « sa bienfaisance savante est peut-être pour elle un moyen et non un but » (*R* I : 85). C'est le rire de la réticence, une manière de dire finement les choses en les nuançant. Il s'agit de ruser avec le contenu en rusant avec le style. L'ironie se joue dans la réticence feinte. La réticence doit alors susciter la complicité ou du moins le sourire du lecteur.

« Le style », écrit Henri Beyle en 1812, « doit être comme un vernis transparent : il ne doit pas altérer les couleurs ou les faits et les pensées sur lesquels il est placé » (*JL* II : 364). L'auteur reprend la formule dans les *Lettres sur Métastase* : « Le style, qui, comme un vernis transparent, doit recouvrir les couleurs, les rendre plus brillantes, mais non les altérer, dans Alfieri, usurpe une part d'attention » (*VHMM* : 367). Tout au long de ses réflexions Henri Beyle refuse un style qui parlerait trop haut ou qui serait une imitation du style d'autrui. La clarté, la simpli-cité, le naturel, on l'a vu, sont des objectifs que l'auteur s'est fixés très tôt. Il note à propos de la *Filosofia nova* : « Exposer mes principes sans nulle emphase, sans nul orgueil. [...] Prendre un ton de familiarité charmante. [...] Prouver mes principes en parcourant agréablement et en peu de mots [...] tous les objets. Les principes très clairs en style facile. Dans les applications sauter quelques idées intermédiaires, ce qui donne un vernis de finesse » (*JL* I : 432).

À relire l'ensemble des travaux préparatoires, on remarque que l'attention de l'auteur est centrée sur quelques principes et sur l'examen

---

13. Voir, au chapitre III de la *Vie de Henry Brulard*, la pragmatique des aveux.

de la pratique d'une série d'ancêtres littéraires, non pour les imiter dans leur style, mais dans « leurs moyens de faire des expériences (de sentir) » (*JL* II : 134). Confronté aux pratiques du romantisme, notre auteur propose : « Peut-être faut-il être romantique dans les idées : le siècle le veut ainsi ; mais soyons classiques dans les expressions et les tours » (*RS* : 276) – formule que Josiane Attuel (1980 : 44) rapproche du vers d'André Chénier : « Sur des pensers nouveaux faisons des vers antiques. »

Resterait à poser maintenant la question des rapports entre théorie et pratique stendhaliennes. On trouve dans les écrits préparatoires ou critiques relativement peu de réflexions, ou de préoccupations concernant l'impact du style ou de l'écriture de notre auteur sur les destinataires, concernant en retour des stratégies stylistiques, des enjeux pragmatiques, pour amoindrir la menace. Tout au plus y verra-t-on une aspiration à des lecteurs *happy few,* une dénonciation de la médiocrité du public issu de la Révolution française. Les jeux de la réticence montrent l'inscription, dans les textes publiés, d'une attitude prudente ou névrotique à l'égard du lecteur, attitude qui biaise avec le matériau présenté, atténue ou brouille les enjeux. Au contraire, lorsque Stendhal écrit des textes pour lui, regroupés dans les *Œuvres intimes,* le jeu des réticences tend à disparaître dans la netteté du propos. Là, on trouve une adéquation presque parfaite entre théorie et pratique stendhaliennes. L'inachèvement forcé par la nature d'un genre, au niveau macrotextuel, peut ainsi engendrer une écriture sans faux-fuyants. Il y aurait à poser la question des réticences dans un roman comme *Lucien Leuwen,* roman satirique mais en même temps non destiné à la publication du temps du « *plus fripon des Kings* ».

À travers la question de la réticence dans les diverses œuvres se pose la question du corpus stendhalien et de son traitement. Peut-on, du point de vue de la langue et du style, parler d'un texte global ou faut-il, au contraire, se référer à au moins deux types de textes : ceux livrés au public par l'auteur et les autres ? La réponse n'est pas forcément tranchée, comme le montrerait la question des *etc.* Le style d'un auteur, demandait Éric Bordas [14], relève-t-il de la stylistique ? Sans vouloir entrer dans une question qui nécessiterait un autre développement, je répondrai que Stendhal met le style en rapport avec un

---

14. *Cf. supra,* « Présentation ».

ensemble de valeurs qui relèvent d'autres systèmes. On trouve chez lui, et ce au long de sa carrière, une exigence de vérité. Il note en 1803 : « Les hommes aiment la vérité » (*JL* I : 115). En 1835, il écrit au début de la *Vie de Henry Brulard* : « être *vrai*, et simplement *vrai*, il n'y a que cela qui tienne » (*OI* II : 537). Le style vrai est une affaire d'éthique, de tenue et de retenue. L'égotisme du contenu et l'égotisme de la forme vont à l'encontre du vrai : « Je cherche à détruire le charme, le *dazling* [*sic*] des événements, en les considérant ainsi militairement. C'est ma seule ressource pour arriver au vrai » (*OI* II : 544). Se plaçant très tôt au service de la vérité, notre auteur utilise les limites qu'imposent diverses censures, et comprend comment il convient d'en jouer. Le style de Stendhal, pourrait-on dire, est affaire de bienséance. C'est un style d'honnête homme, encore que Stendhal, et cela rime, ait pu faire scandale par le contenu de ses œuvres et par ses idées. Le refus de la saturation, la pratique d'un minimalisme thématique et stylistique, la pratique de la réticence sont autant d'ouvertures que notre auteur offre à ceux qu'il appelle des *happy few,* c'est-à-dire de futurs lecteurs chez lesquels il envisage intelligence, élévation de l'esprit et amour du beau.

Jean-Jacques Hamm
CAIT-Queen's University
Kingston (Ontario)

Références des textes cités :

Correspondance III, Paris, Gallimard « Pléiade », 1968. [*C* III]
De l'amour, Paris, Gallimard « Folio », 1980. [*DA*]
Histoire de la peinture en Italie, Paris, Gallimard « Folio », 1996. [*HPI*]
Journal littéraire I, II, III, Genève, Edito-Service, 1970. [*JL* I, II, III]
Œuvres intimes I, II, Paris, Gallimard, « Pléiade », 1981-1982. [*OI* I, II]
Racine et Shakespeare, Genève, Edito-Service, 1967. [*RS*]
Romans et nouvelles I, II, Paris, Gallimard, « Pléiade », 1952. [*R* I, II]
Vie de Haydn, de Mozart et de Métastase, Genève, Edito-Service, 1970. [*VHMM*]

ELLIPSES, LITOTES ET EUPHÉMISMES
DANS LE *JOURNAL*

Ces trois figures doivent être invoquées avec précaution pour aborder un texte qui n'avait peut-être pas d'autre destinataire que son auteur (et encore, on le sait, Stendhal montre-t-il de la répugnance ou des scrupules à se relire). Les traités de rhétorique définissent en effet l'ellipse, la litote et l'euphémisme en fonction d'un lecteur. Par *l'ellipse*, l'écrivain dérobe un élément du récit, ou une phrase, voire un mot que le lecteur rétablira après coup ou auxquels il suppléera grâce à son imagination. Il faut qu'il puisse les rétablir, fût-ce de façon hypothétique, sans quoi l'ellipse relèverait de la maladresse ou de la négligence. La *litote* est une atténuation de l'expression, dictée par la pudeur, par une forme de censure (ou d'autocensure), ou par la volonté de produire un effet paradoxal (dire moins afin de suggérer plus). *L'euphémisme* se distingue malaisément de la litote, à moins qu'il n'en soit l'opposé. Bien dire ou dire en beau (suivant l'étymologie du terme), ce peut être soit pratiquer l'adoucissement, soit verser dans l'euphorie. Michel Crouzet (1996b) a ouvert tout l'éventail des significations du terme. Son exemple extrait des *Souvenirs d'égotisme* (chapitre III) : « Je la manquai parfaitement, *fiasco* complet » (où l'adverbe « parfaitement » exprime, me semble-t-il, l'éclat de l'aveu plutôt que de la mésaventure elle-même) est tout le contraire d'une litote.

Les ellipses du *Journal* ne sont pas, pour Stendhal, un moyen de jouer à cache-cache avec un éventuel lecteur ; elles correspondent simplement à ce qu'il ne veut pas s'avouer, ou, en vertu d'une retenue souvent exprimée bien avant l'épilogue célèbre de la *Vie de Henry Brulard*, à ce qu'il craint de « gâter ». À titre d'exemple : « Je n'écris plus les souvenirs charmants, je me suis aperçu que cela les gâtait » (6 août 1805, *OI* I : 308) [1]. Le « ne... plus » a de quoi surprendre ; qu'a-t-il donc écrit, jusqu'à cette date, de ces souvenirs charmants ? Il arrive toutefois que, tout en s'abstenant de raconter, Stendhal laisse deviner ce

---

1. Stendhal, *Œuvres intimes*, Paris, Gallimard « Pléiade », 1981-1982 (deux volumes), désormais noté *OI*.

qu'il masque et les raisons pour lesquelles il le masque ; on glisse alors de l'ellipse à la litote ou à la prétérition. Nous écarterons évidemment, comme dépourvues de signification, les ellipses involontaires (mieux vaut les appeler des « trous ») qui amputent le *Journal* de passages qu'on devine importants (en particulier l'histoire de Minette).

Les ellipses des dénouements des conquêtes amoureuses obéissent peut-être, dans le *Journal*, aux mêmes raisons que celles du *Rouge et le Noir*, où la nuit de bonheur de Julien avec Mathilde est remplacée par une ligne de points, et où est effacée (plus exactement différée) sa première étreinte avec Mme de Rênal : « Quelques heures après, quand Julien sortit de la chambre de Mme de Rênal, on eût pu dire, en style de roman, qu'il n'avait plus rien à désirer », écrit Stendhal après avoir glissé sur l'événement (I, chap. XV). Puis, comme s'il avait scrupule, une fois trouvée cette pirouette, d'avoir éludé des instants indispensables, ou comme si le bonheur pouvait mieux être exprimé avec un peu de recul, il revient par vagues de récit sur les caresses des deux amants, avant de faire sortir Julien de la chambre une deuxième fois : « Le départ de Julien ne fit point cesser les transports qui l'agitaient malgré elle […]. »

Dans le *Journal*, il semble se faire une règle d'éliminer pour le moins le « souvenir charmant » immédiat, c'est-à-dire ce qu'il a vécu au cours de la journée qui a précédé l'écriture. Y revient-il ensuite, il le fait avec économie. Est soumis à une ellipse, par exemple, le moment le plus heureux de son intimité avec Adèle Rebuffel : « Charmant feu d'artifice », lit-on simplement au 29 août 1802. Si le café Frascati est ensuite fugitivement mentionné, au 8 septembre, c'est parce que Stendhal s'y est rendu avec Mme Rebuffel (*OI* I : 36-37). Il ne consignera que deux ans plus tard, au 12 août 1804, ce moment (ou ces moments ? [2]) comme l'un des « trois plus délicieux » de sa vie : « Je remarque que depuis que *my love for* A[dèle] *is* tombé, le souvenir du bonheur de Frascati perd peu à peu de son charme et s'efface » (*OI* I : 113).

Rencontre moins sentimentale et plus charnelle : il a obtenu le 25 août 1802 les faveurs de Mme Rebuffel. C'est en tout cas ainsi qu'Henri Martineau, dans son *Calendrier de Stendhal*, et à sa suite les biographes, interprètent le « rendez-vous » que la mère d'Adèle lui a

---

2. Adèle lui a-t-elle consenti des marques d'intimité lors du feu d'artifice, tiré à Versailles, ou au café Frascati ? Il faut rappeler qu'elle était alors âgée de quatorze ans.

170

accordé. Stendhal ne note en fait que le lendemain : « je f[ous] R[ebuffel] » (*OI* I : 36). Au 29 juillet 1805, à Marseille, le jour où Mélanie se donne à lui, figure cette seule phrase : « Mante et moi nous traversons le pont et allons voir la pleine mer, *the evening till the mid-night, for ever* » (*OI* I : 340). On pourrait comprendre que la promenade à la mer accomplie avec Mante a duré jusqu'au milieu de la nuit, si le *for ever* n'inclinait à penser qu'il a achevé sa journée en compagnie de Mélanie, dont le nom n'est pourtant même pas mentionné aux jours précédents. Ses sorties avec elle dans la campagne marseillaise seront rapportées dans le *Journal* sur un ton presque aussi pudique que dans la lettre qu'il enverra à sa sœur Pauline (27 août-5 septembre 1805). Il faudra attendre la *Vie de Henry Brulard* (*OI* II : 689), trente ans plus tard, pour que soit célébrée l'émouvante baignade de sa maîtresse dans l'Huveaune.

La victoire sur Angela Pietragrua est, à l'inverse, explicitement marquée dès le *Journal* : « Le 21 septembre, *at* 11 heures et demie, je remporte cette victoire si longtemps désirée » (*OI* I : 770), mais on attribuera cette précision à la réécriture du cahier en 1813. « Je vois sur mes bretelles que ce fut le 21 septembre 1811, à 11 heures et demie du matin » (*OI* II : 887), note Stendhal au deuxième anniversaire de l'événement. Ses bretelles qui ont, sur le moment, offert un pense-bête à sa mémoire défaillante [3], n'ont probablement pas été le support d'une formulation en règle : celle-ci intervient avec deux ans de retard.

Les raisons qui justifient ce genre de silences sont familières aux stendhaliens : « Pour dire ce que Mélanie m'a fait sentir, il faudrait cinquante pages et un esprit frais [...] » (21 février 1805, *OI* I : 231) ; « Il me faudrait trop de peine pour le bien exprimer, je renonce à en parler » (28 février et 1er mars 1805, *OI* I : 247), etc. Ces parades surprennent pourtant dans un texte qui, plus encore que la *Vie de Henry Brulard*, semble n'appeler d'autre lecteur que son scripteur. Paradoxalement, elles contribuent au statut d'« œuvre » du *Journal* : à quoi bon se justifier de ne pouvoir écrire si on n'écrit que pour soi ?

---

3.   Il ne situe qu'approximativement, « vers 1805 », dans la *Vie de Henry Brulard*, la mémorable baignade de Mélanie. « C'est donc un immense avantage d'avoir une bonne mémoire. J'en ai, je crois, une très bonne : Cr[ozet] appelle B[eyle] l'homme à mémoire terrible » (12 décembre 1805, *OI* I, p 364). Mais cette mémoire n'est, comme il le dit lui-même, que « la mémoire de sa sensibilité » (30 mars 1806, *OI* I, p 420). Même en ce domaine, elle apparaît réfractaire aux dates.

L'écriture des signes amoureux n'échappe pas, dans le *Journal*, aux manies égotistes de Stendhal : ainsi du « H, H, H, H » (initiales du mot « heureux » selon Victor Del Litto, mais peut-être aussi de « *happy* » et de « Henri ») inscrit au 25 juillet 1805 peu avant la victoire sur Mélanie (*OI* I : 334), ou encore des mots étrangers presque systématiquement utilisés pour exprimer soit des réalités intimes désagréables (*il marchese, the caldapissa, il mal francese*), soit un bonheur qu'il convient de protéger (aller *to the gate, my love for A, being in her bed, mad by love…*). Les codes mettent – ludiquement – à l'abri d'une éventuelle indiscrétion ou font l'économie de mots qui échoueraient à coïncider avec ce qui a été vécu.

À l'emploi de termes étrangers, souvent commenté par la critique, on peut chercher, quand il s'agit du domaine amoureux, des raisons spécifiques. Relèvent-ils de la plaisanterie maniaque ? Enrichissent-ils le spectre du réel, de même qu'une grimace développe les virtualités du visage ? Ou sont-ils des esquives grâce auxquelles seront préservés des sentiments indicibles ? La désignation d'Adèle non seulement comme « Adèle *of the gate* », mais plus brièvement par « *the gate* », est une forme de déshumanisation que la jeune fille pourrait juger désobligeante. À moins que cette synecdoque n'orne la figure aimée de la porte près de laquelle elle habite (« Gilberte parée de cathédrales », écrit Proust dans ses brouillons) et qui, dissimulant son nom, lui donne l'aura du mystère. « *Love* » ne dévalorise pas forcément l'amour à la manière dont « *the king* » raille, dirait-on parfois, la fonction royale. Le terme anglais a chance au contraire de faire chatoyer le mot « amour » en lui permettant de sonner différemment, ou, une fois admis que Stendhal n'est pas anglophone, de le masquer pudiquement. Si je dis sans nécessité « I love you » plutôt que « je vous aime » à l'objet de mes vœux, je *joue* à parler anglais et ce badinage, en atténuant l'énormité de ma déclaration, témoigne soit d'une timidité dans l'aveu, soit d'une tiédeur qui me retient de prononcer un verbe qui signifierait, dans ma langue naturelle plus que dans une langue d'emprunt, un engagement sans réserves.

Tantôt Stendhal accepte des termes crus (qui rendront malaisée la publication de son *Journal*), tantôt il devance lui-même la censure en les réduisant à l'initiale, tantôt encore il leur invente des substituts. « Je caracole toujours de temps en temps Mlle Charlotte » (19 février 1808, *OI* I : 492) ne laisse guère de doute sur le type d'action engagée, mais le *Trésor de la Langue Française* ne trouve, pour interpréter le sens du verbe, d'autre auteur que Stendhal (même si y est aussi cité, d'après le *Journal* des Goncourt, un emploi de « caracoleuse » au sens de « débauchée »). Alors qu'il décrit jusqu'aux détails anatomiques scabreux certaines approches érotiques, Stendhal note joliment, peu de temps avant de conquérir vraiment Angela Pietragrua : « Hier, j'ai eu une demi-faveur » (21 septembre 1805, *OI* I : 770), expression parlante, mais qui laisse libre cours à l'imagination du lecteur. « Moi à qui le dessin a donné l'habitude de chercher le nu sous les vêtements et de me le figurer nettement, je suis donc moins susceptible d'amour qu'un autre », lit-on au 26 juillet 1803 dans le *Journal littéraire*[4]. Les privautés sous le vêtement sont complaisamment décrites quand elles s'exercent sur des filles d'auberge, elles sont gazées quand l'amour est en jeu.

Avec plus de gaucherie, Stendhal désigne par « cela » des actes ou des objets faciles à identifier. « Cymbeline me disait ce matin, en parlant des tribades, qu'elles se font *cela* avec leurs doigts, qu'elles se baisent avec leurs langues, qu'elles se titillent avec leurs langues le bout des tétons, qu'enfin elles se frottent *cela* en se couchant l'une sur l'autre [...] » (9 octobre 1805, *OI* I : 345). Le premier « cela » désigne l'acte ; le second, le sexe de la femme. Relatant une promenade avec Mélanie, il écrit : « Elle me disait que j'avais l'air de mourir d'envie de faire *cela* [...]. J'étais prêt à m'envoler, mais j'avais besoin de *cela* pour le faire » (8 novembre 1805, *OI* I : 354)[5]. Le premier « cela » signifie ici « faire l'amour » ; le second désigne les transports dont il suppose qu'Angela eût été capable en une telle circonstance. Quand, enfin, il note à propos de ses relations avec une jeune Marseillaise prénommée Rosa : « Je lui fis cela deux fois, le lui fis faire six, et m'en allai bien dégoûté et honteux à 6 heures du matin » (23 avril 1806, *OI* I : 432), l'inégalité des nombres (deux pour elle, six pour lui) laisse supposer que « cela » désigne autre chose que des accouplements ordinaires, d'autant que ceux-ci ont été racontés sans la moindre vergogne dans les lignes qui précédaient.

Au 15 janvier 1805 est exposé le dilemme : donner aux mots leur « *physionomie* » (celle qu'on prêterait aussi bien à des figures de Raphaël)

---

4. *Œuvres complètes*, Genève, Cercle du Bibliophile, t. XXXIII, p. 198.
5. Dans ces deux exemples, c'est nous qui soulignons. Voir Kliebenstein, 2004a, p. 308.

ou se contenter de porter attention aux « choses mêmes » (*OI* I : 182-183). En conclusion d'une page où il a laborieusement cherché à analyser son amour pour Victorine Mounier, Stendhal s'avoue qu'il a opté pour la deuxième solution. La tentation le prend plus d'une fois de s'en tenir décidément à ce parti : « Je crois qu'à l'avenir je n'écrirai que *the word* lui-même ou des anecdotes » (25 juin 1805, *OI* I : 334). C'est risquer de donner à son style cette sécheresse, ce côté haché, qu'il se reprochera après la publication du *Rouge et le Noir*. Aussitôt après qu'il a décidé de renoncer aux « souvenirs charmants », il s'enjoint : « Apprendre à me borner en écrivant, tondre mon style, autrement les accessoires me font oublier le principal » (6 avril 1805, *OI* I : 308).

Ainsi les souvenirs seraient-ils omis, moins parce qu'ils méritent d'être protégés par le silence, que parce qu'ils sont relégués à l'accessoire. Une autre résolution, légèrement postérieure, apparaît moins profanatrice : « Je n'écrirai [...] que les anecdotes ridicules, satiriques ; je serais bien fou de gâter les souvenirs tendres » (28 juillet 1805, *OI* I : 340). Mais les deux formules se complètent pour définir l'éthique de l'écriture du *Journal* : celui-ci apparaît comme une scène destinée à protéger le jardin secret. Comment s'étonner si, de la vie amoureuse de Stendhal, ressortent des aventures grivoises ou salaces plutôt que des sentiments ?

L'exposé brut des choses est pourtant mis ailleurs au crédit des écrivains qui consentent à exprimer leur sensibilité. Analysant *Delphine*, Stendhal note au 5 février 1805 : « Il y a une manière d'émouvoir qui est de montrer les *faits*, les *choses*, sans en dire l'effet, qui peut être employée par une âme sensible non philosophe (connaissance de l'homme) » (*OI* I : 201). Ses prétentions à la philosophie excluent qu'il revendique cette manière pour lui-même, mais il regrette qu'elle fasse absolument défaut à Mme de Staël (en clair, puisqu'elle n'est pas philosophe, l'auteur de *Delphine* aurait dû s'en tenir aux choses elles-mêmes, et sur ce point aussi elle a échoué...). Les deux « manières » seront à nouveau opposées dans la *Vie de Henry Brulard* : « Je ne prétends pas peindre les choses en elles-mêmes, mais seulement leur effet sur moi. » La préférence de l'auteur du *Brulard* n'est plus seulement implicite : il se range ouvertement parmi les écrivains qui décrivent les effets. Toutefois, bien que les termes employés (« choses », « effet ») soient à trente années d'intervalle identiques, on soupçonne que les deux formules ne sont pas superposables. En 1805, l'« effet » signifie, pour le disciple de Destutt de Tracy, une conséquence logique ; en 1835, le terme fait plutôt référence à l'impression artistique et singulièrement à la peinture italienne. Mais que sont ces « choses » auxquelles Stendhal semble tantôt se tenir, tantôt renoncer ? Le *Journal* laisse supposer qu'il souhaite peindre les choses dans la mesure où celles-ci n'engagent pas sa sensibilité intime (« *the word* », les « anecdotes »), mais qu'il les estompe dès lors qu'elles coïncident avec les sentiments eux-mêmes.

Comme tout journal, celui de Stendhal ne se limite pas à consigner la vie intérieure de l'écrivain : il offre un témoignage sur la vie, et par déduction sur l'intimité, des gens que celui-ci côtoie. Quand il emploie pour son propre compte le mot « cela », Stendhal évoque pudiquement des attouchements ; mais quand il écrit que Mélanie devinait qu'il mourait d'envie de faire « cela », on ignore si l'atténuation du langage est la sienne ou si elle reflète (dans une sorte de style indirect libre) la réserve d'une jeune femme qui s'interdit de désigner l'amour par son nom. Quoiqu'il soit assez bien fourni en discours rapportés, le *Journal* nous donne surtout à lire comment Stendhal nomme *pour lui-même* les réalités de l'amour (avec de surprenantes alternances de crudité et de pudeur), moins les conversations échangées avec les femmes qu'il courtisait ou qu'il avait conquises. S'il ne vise guère au procès-verbal des paroles qu'il a entendues, au moins se fait-il scrupule des écarts auxquels il consent :

> Moment de mélancolie de la petite Pauline [Claustrier], embarras avec lequel elle s'en défend et me dit presque qu'elle pensait combien peu on devait former de liaisons, en réfléchissant que de tous ceux qui étaient là et qui *paraissaient se convenir* (c'est l'esprit, et non les termes, ceux-ci sortant de moi et, je crois, d'une classe plus relevée), aucun ne reverrait les autres peut-être (2 mars 1806, *OI* I : 393).

Au reste, le compte rendu littéral d'une conversation ajoute, à ses yeux, à la sécheresse du style : « Le cours de la conversation a amené ce qui suit ; je saute les détails, qui ôtent l'*air marqué* que ces choses ont ici. Cet avertissement est pour tout le journal en général [6] » (6 avril 1805, *OI* I : 306). Sans doute faut-il comprendre « qui *ôteraient* » : le lecteur est invité à rétablir par l'imagination une mise en scène de la

---

6. À qui est destiné l'« avertissement » ? Au lecteur ou à soi-même ?

conversation avec Mélanie dont les contours seront ainsi adoucis. Quelques phrases de ses maîtresses consignées au style direct n'en ont que plus de prix. Ainsi du « Que je suis malheureuse ! » de Mélanie. « Ce *que je suis malheureuse* était tout ce qu'elle pouvait dire de plus tendre ; ça augmentait encore mon ravissement » (14 mars 1805, *OI* I : 266). On pourrait juger grandiloquente l'exclamation de Mélanie ; si elle attendrit à ce point Stendhal, c'est qu'il l'entend au contraire comme l'expression détournée et pudique de son amour. De même le simple « *Bisogna campar* », entendu par hasard dans la bouche d'une passante, a-t-il ému plus vivement Henry Brulard que n'auraient fait des plaintes formulées en « style tragique » ou en « style de comédie » (*OI* II : 729).

Si le *Journal* offre un reflet du langage par lequel Stendhal pense et parle au quotidien sa vie amoureuse, l'observation vaut surtout jusque vers les mois de février-mars 1805, époque où il se met en garde contre la tentation de dire plus que les choses elles-mêmes. C'est qu'au long de ses premières années parisiennes, il a consigné des impressions qui devaient beaucoup à la scène, aux loges ou aux coulisses des théâtres. La démonstration est trop facile quand il résume *La Donna contraria al consiglio*, de Carlo Gozzi : « Une jeune princesse brûle encore pour son époux défunt, […] elle n'a d'autre consolation que de se repaître de ses larmes […] » (4 juillet 1801, *OI* I : 16). Même s'il s'agit d'une pièce qui ne s'y prête pas forcément, c'est le vocabulaire et le ton du grand répertoire qu'adopte Stendhal pour en faire le résumé. À force d'interpréter des rôles sur les planches, il leur emprunte les poses et les discours pour rendre compte de sa propre vie amoureuse. Quand il écrit : « Et j'ose croire qu'étant à ses pieds, je lui montrerais mon amour d'une manière digne d'elle et de lui, en traits d'une beauté immortelle » (14 janvier 1805, *OI* I : 179), le style paraît masquer la vraie nature de ses sentiments pour Victorine, mais comment en être sûr ? Éprouve-t-il, ou feint-il d'éprouver pour elle les sentiments d'un héros de tragédie classique ? Au demeurant, le grand style n'est pas réservé au théâtre : Stendhal se fait fort de témoigner, dans sa « première grande lettre à V[ictorine] », d'une nature sublime telle qu'elle ressort de l'écriture de la passion chez Héloïse et Abélard (15 janvier 1805, *OI* I : 180). Le style entre ici dans une stratégie. Mais le dessein stratégique exclut-il forcément la sincérité ? Stendhal peut se juger autorisé à emprunter ses formes de langage à Abélard du moment qu'il aime réellement comme lui. Aucun écart n'est ici suggéré entre la hauteur de l'expression et la réalité du sentiment.

Quand, moins d'un mois plus tard, après avoir écrit à propos de Mélanie : « J'ai été sur le point d'avoir une tendre passion pour elle, et je n'en suis pas guéri », il ajoute en note (à une date inconnue) : « *Tendre passion* : exemple frappant du ton servant de commentaire à la conduite, et du style s[ervant] de com[mentaire] aux expressions. *Tendre*, là, est d'un gamin ou de Racine. Le ton du style dit qu'il est à la Racine » (11 février 1805, *OI* I : 212), ayant pris du recul, Stendhal considère que le ton sur lequel ont été exprimées les choses était à lui tout seul un commentaire. S'il juge que l'adjectif « tendre », qui commente son désir d'amour, peut appartenir, selon les cas, à une langue vulgaire [7] ou à une langue choisie, le style de la phrase dans son ensemble nous incline plutôt vers la seconde hypothèse. En somme, Stendhal s'accorde un *satisfecit* en jugeant que son expression est racinienne. À ce point du *Journal*, le lecteur suppose que ses sentiments, exprimés sous une forme élevée, ne diffèrent pas de ceux qu'il éprouve réellement pour Mélanie : ce héros habitué à entendre et à jouer lui-même du Racine exprime dans un style racinien une passion qu'il a peut-être fini par conformer à son idéal littéraire.

Mais le malentendu est bientôt dissipé. Un nouveau mouvement de tendresse en direction de Mélanie est interrompu par une considération toute crue : « *I should have the caldap[issa]* », qui fait voler le masque : « Tous mes propos d'amour avec elle ont été joués, il n'y en avait pas un de naturel » (*OI* I : 214). Songeant à écrire à la jeune femme une épître dont il cite un vers : « *Environné d'erreurs, quel parti dois-je prendre ?* » [8], il ajoute : « Je sens que dans tout ce qui m'entoure il n'y a de vrai que mon amour. / (Vers de l'épître, et non sentiments réels) » (21 février 1805, *OI* I : 230).

La médiocre aptitude de Stendhal à versifier l'a-t-elle aidé à prendre conscience de ce qui sépare la pensée et l'expression ? Un poète habile et inspiré aurait peut-être légitimement confondu l'expression littéraire de son sentiment avec le sentiment lui-même... Quand, enfin, sont

---

7.   C'est en ce sens que Stendhal paraît entendre « gamin » ; voir *Journal*, au 21 février 1805 : « [...] où il est gamin, plat, âme basse et au-dessous de tout » (*OI* I, p 231).

8.   Il semble bien que ce vers appartienne à l'épître composée par lui-même.

cités dans le *Journal*, quelques jours plus tard, six vers du *Misanthrope* où est exprimé le désespoir amoureux d'Alceste (4 mars 1805, *OI* I : 251), la coupure semble décidément faite, dans l'esprit de Stendhal, entre le jeu dramatique et l'expression de l'intime. Elle n'implique pas un désamour du théâtre, mais une lucidité accrue sur l'inauthenticité d'une expression apprise ou laborieusement composée s'il s'agit de rendre compte de ses propres passions. On lira dès lors comme une sorte d'exercice de style cette rupture de ton dans un passage daté du 29 mars 1805 :

> Sans doute, l'intérêt guide les femmes, malheureux ! Mais laisse-le moi oublier en embrassant ma Mélanie, laisse-moi un moment d'illusion ; la connaissance de la vérité la vaudra-t-elle jamais ? / Après ce beau commencement dans le genre amphigouri et tournant tout de suite au grand pathétique, il faut que je répare l'honneur de M[élanie], qui semble attaqué (*OI* I : 302).

Le terme d'« amphigouri » est sévère pour ces lignes qu'on pardonnerait volontiers à un écrivain ordinaire ; il est à la mesure de l'exigence nouvelle de Stendhal en matière d'exactitude du langage. On peut qualifier d'« euphémismes » les formules ampoulées par lesquelles sont désignés les beaux sentiments. Mais à l'opposé du « Je la manquai parfaitement, *fiasco* complet », qui traduit une sorte d'ivresse de la sincérité, les euphémismes qui doivent au style élevé du théâtre ou de la littérature sont un indice de fausseté.

Si Stendhal continue, bien après le mois de mars 1805, de consigner des vers, ce sont, par exemple, ceux qu'il s'enjoint *par stratégie* de dire à Mélanie : « Lui dire demain : / *Mon génie étonné tremble devant le sien* » (6 avril 1805, *OI* I : 306). Le lecteur n'est plus tenté, désormais, de faire fusionner ces formes déclamatoires avec la réalité du sentiment de Stendhal. Mais l'expérience du théâtre lui a surtout appris à discerner ce même écart chez la partenaire. S'il a été à ce point attendri par le « Que je suis malheureuse ! » de Mélanie, c'est que par son ton sans doute, par la simplicité de l'expression à coup sûr, la formule échappait à la déclamation. Le « *Eh ! bien oui, il* [Baux] *me tutoie* », prononcé par Mélanie et reproduit dans le *Journal* en style direct est accompagné au contraire d'une parenthèse dévastatrice : « (Déclamation d'aveu profondément sentie et un peu retenue) » (8 novembre 1805, *OI* I : 357). La petite Pauline Claustrier, enfin, pâtit à son tour des réticences dont s'arme désormais Stendhal. Risque-t-elle à son endroit une amabilité :

> Sa manière me disait que c'était de moi qu'elle pensait cela. En s'en défendant, figure de sang-froid et yeux d'une femme qui cède, qui disent : « Tu n'en sens pas le prix, ingrat ! » / Voilà qui m'aurait tourné la tête il y a un an. Aujourd'hui, par habitude, ça m'a encore donné une disposition tendre un quart d'heure (4 mars 1806, *OI* I : 393).

Il est clair que jamais Pauline Claustrier, dont la culture était probablement modeste, n'a risqué cet octosyllabe tragique ; mais qu'elle fût *de ces femmes qui* auraient pu le prononcer a suffi pour stimuler contre elle d'injustes préventions. Au demeurant, quand il écrit « il y a un an », Stendhal, qui fut si souvent fâché avec les dates, situe pour une fois avec exactitude le début de son évolution psychologique. Le voici désormais à peu près guéri de cette naïveté qui le rendait dupe de phrases tout droit sorties du répertoire classique.

Ces réflexions éclairent aussi un des modes d'écriture du *Journal*, qui, longtemps, a intégré à l'expérience quotidienne des expressions amoureuses de style littéraire sans qu'on sût bien nettement s'il s'agissait de citations indirectes ou d'expressions authentiques. Nous supposerons qu'en fréquentant des actrices et en apprenant à démystifier leurs accents aussi bien que leurs poses [9], Stendhal a appris à mieux discerner jusqu'en lui-même les risques de l'inadéquation du langage aux sentiments.

Pierre-Louis Rey
Université Paris 3 – Sorbonne nouvelle
EA 3423

---

9.   Voir ses réflexions sur les mines qu'affecte Mélanie en société, qui joue des yeux et prend avec ses lèvres « l'enjouement d'une catin » (*OI* I, p 243-244).

LES PAROLES D'AUTORITÉ
DANS LE ROMAN STENDHALIEN

Comme on le sait depuis les analyses fondatrices de Mikhaïl Bakhtine, le roman est un genre foncièrement polyphonique. Le roman stendhalien ne fait bien sûr pas exception à ce trait générique : il fait entendre plusieurs voix, plusieurs types de langage, et, du même coup, plusieurs styles. L'examen de l'un de ces styles est donc l'une des approches possibles du style de Stendhal, ou, à défaut, de la façon dont Stendhal conçoit le style.

On s'intéressera en particulier au style de l'autorité, c'est-à-dire aux paroles proférées par les détenteurs des pouvoirs politique et religieux [1], qui se confondent, chez Stendhal, pour d'évidentes raisons historiques. Il faudra aussi compter parmi les styles de l'autorité les langages judiciaire, journalistique et courtisan, qui sont, au XIXᵉ siècle, des émanations directes du langage politique [2]. De l'évêque d'Agde au prince de Parme en passant par les ministres de *Lucien Leuwen*, de nombreux personnages stendhaliens parlent le langage de l'autorité ; notre choix d'étudier ce style plutôt qu'un autre s'explique donc d'abord par une raison d'ordre quantitatif. De plus, les paroles d'autorité participent à la représentation du pouvoir dans le roman, et sont donc un biais efficace pour comprendre comment le roman construit son idéologie et ses « valeurs ». Enfin, et c'est la raison qui nous intéressera principalement ici, les paroles d'autorité posent à elles seules un problème théorique. En effet, dans *Esthétique et théorie du roman*, Bakhtine oppose la « parole autoritaire » à tous les autres types de langage, pour la raison suivante : « la parole autoritaire exige de nous d'être reconnue et assimilée, elle s'impose à nous [...]. C'est une parole *trouvée par avance*, qu'on n'a pas à choisir parmi des paroles équivalentes » (Bakhtine, 1978 : 162). D'après lui, cette spécificité de la parole autoritaire l'empêche de participer

---

1. Chez Bakhtine (1978, p. 161), le langage de l'autorité recouvre « la parole autoritaire (religieuse, politique, morale, parole du père, des adultes, des professeurs) ».
2. B. Didier l'a montré à propos du langage de la cour (2002, p. 224) : « Jeu du silence, du langage truqué : Stendhal a excellé à rendre le langage des courtisans, à montrer comment le pouvoir crée un langage, ce que nous appelons "la langue de bois". »

à la polyphonie romanesque au même titre que les autres types de langage :

> La parole autoritaire ne se représente pas, elle est seulement transmise. Son inertie, sa perfection sémantique, sa sclérose, sa singularisation apparente et guindée, l'impossibilité pour une stylisation libre de parvenir jusqu'à elle, tout cela exclut la possibilité de la représentation littéraire de la parole autoritaire. Son rôle, dans le roman, est infime (Bakhtine : 163).

Si l'on suit jusqu'au bout la démonstration de Bakhtine, on doit donc considérer que le roman stendhalien contient de très nombreuses « citation[s] morte[s], échappant au contexte littéraire » (*ibid.* : 162). Les paroles d'autorité étant omniprésentes chez Stendhal, faut-il en arriver à une conclusion radicale, qui consisterait à mettre en doute la polyphonie du roman stendhalien ? Faut-il compter ce dernier parmi les œuvres « monologiques », comme l'épopée ou la poésie, sous prétexte qu'il laisse trop de place à la parole autoritaire ? Il est inutile de souligner combien cette affirmation serait peu satisfaisante : prenons plutôt le problème dans l'autre sens. La seule solution pour concilier logiquement l'omniprésence des paroles d'autorité et la polyphonie du récit stendhalien est de supposer que les paroles d'autorité ont, chez Stendhal, un statut tout autre que celui que décrit M. Bakhtine. Nous allons voir comment et pourquoi, loin d'être « inertes », les paroles d'autorité stendhaliennes participent au premier chef à la polyphonie romanesque.

L'hétérogénéité discursive des paroles d'autorité

Dans le roman stendhalien, les paroles d'autorité se caractérisent par leur visibilité : leur présence peut difficilement passer inaperçue, car le narrateur souligne très fortement leur hétérogénéité lorsqu'il les intègre ou les transpose dans son récit. C'est lorsque les paroles d'autorité sont retranscrites au discours direct que leur distance avec le récit du narrateur est la plus évidente [3]. Ainsi, le « petit discours touchant et fort simple » par lequel l'évêque d'Agde conclut en apothéose la cérémonie à Bray-le-Haut illustre très nettement la parole d'autorité religieuse :

---

3. Pour reprendre la terminologie de J. Authier-Revuz (1982, p. 92), le discours direct est la « forme la plus explicite d'hétérogénéité montrée ».

– N'oubliez jamais, jeunes chrétiennes, que vous avez vu l'un des plus grands rois de la terre à genoux devant les serviteurs de ce Dieu tout-puissant et terrible. Ces serviteurs faibles, persécutés, assassinés sur la terre, comme vous le voyez par la blessure encore sanglante de saint Clément, ils triomphent au ciel. N'est-ce pas, jeunes chrétiennes, vous vous souviendrez à jamais de ce jour ? vous détesterez l'impie. À jamais vous serez fidèles à ce Dieu si grand, si terrible, mais si bon (*R* I : 319) [4].

Ce cas de figure, où une parole autoritaire s'épanouit au discours direct, est toutefois assez rare [5]. En effet, plutôt que de laisser se développer les discours de l'autorité, le narrateur préfère souvent les couper par un violent « etc. ». C'est le sort réservé à Mme de Bonnivet dans *Armance* :

Son imagination ne s'occupait que de Dieu et des anges, ou tout au plus de certains êtres intermédiaires entre Dieu et l'homme, et qui, suivant les plus modernes des philosophes allemands, voltigent à quelques pieds au-dessus de nos têtes. C'est de ce poste élevé, quoique rapproché, qu'ils *magnétisent nos âmes*, etc., etc. […]

Ce sens intime, comme son nom l'indique, ne peut se manifester par aucun signe extérieur ; mais rien de plus simple et de plus facile à comprendre, disait Mme de Bonnivet, vous êtes un *être rebelle*, etc., etc. (*R* I : 61, 65).

Le double *etc.* [6] abrège brutalement et presque agressivement les discours directs de la marquise. Il permet au narrateur de retranscrire brièvement une parole d'autorité, c'est-à-dire de l'illustrer, et en même temps de la mettre à distance. Le *etc.* signale au lecteur qu'il s'agit d'un discours typique, répétitif, dont la transposition dans le récit présente peu d'intérêt.

---

4.   Sauf exception indiquée en note, toutes les citations renvoient désormais aux *Romans et nouvelles* (deux volumes), Paris, Gallimard « Pléiade », 1948.
5.   Cette rareté s'explique par différentes raisons. D'abord il y a, comme on sait, peu de longs dialogues chez Stendhal. Ensuite, la méfiance de Stendhal à l'égard du pamphlet le conduit à refuser de faire parler ses personnages de façon caricaturale. Il rejette ce que G. Blin appelle l'« interventionnisme du dedans » : « cet interventionnisme du dedans, proche de la narration tendancieuse, qui consiste à prêter à un personnage typique et haï les propos ou la conduite caricaturale qu'on souhaiterait de lui voir adopter dans la réalité de manière qu'il s'avouât pour ce qu'on l'accuse d'être, et dès lors se discréditât de son propre fait » (Blin, 1954, p. 195). En effet, la critique est alors beaucoup trop aisée, et le roman verse dans la satire.
6.   Voir Bordas (2003a).

Enfin, les paroles d'autorité sont souvent transposées au discours indirect libre, mais avec une particularité notable : alors que l'ambiguïté énonciative est un des éléments qui caractérisent traditionnellement le discours indirect libre (il suscite la question *Qui parle ?*) [7], il semble que, chez Stendhal, l'énonciation du discours indirect libre soit rarement équivoque. En effet, quelques indices, *montrant l'hétérogénéité discursive* de telle ou telle phrase, réduisent à néant les ambiguïtés énonciatives.

Souvent des italiques soulignent le passage au discours indirect libre, indiquant au lecteur qu'un mot ou une expression ne doit pas être attribué au narrateur mais à un autre énonciateur : « On remit de nouveau à la torture le pauvre César del Bene, qui non seulement n'avoua rien, mais dit des choses *qui faisaient de la peine au ministère public,* ce qui lui valut une nouvelle séance de torture » (*R* II : 645). Les italiques marquent sans aucune ambiguïté l'hétérogénéité de la parole autoritaire par rapport au récit plus compatissant du narrateur. Les italiques sont parfois remplacés ou renforcés par un verbe attributif. Dans *La Chartreuse de Parme*, le narrateur évoque « un procès ridicule que Rassi instruisait contre Fabrice, accusé du crime de s'être sauvé, ou, comme disait le fiscal en en riant lui-même, *de s'être dérobé à la clémence d'un prince magnanime !* » (*R* II : 394). Impossible pour le lecteur d'ignorer que le texte donne à entendre un échantillon de parole autoritaire : les italiques et l'incise attributive sont en quelque sorte redoublés par le rire de l'affreux Rassi, qui met à distance les propos « officiels » qu'il profère.

Si les paroles d'autorité pénètrent fugacement dans le corps du récit stendhalien, leur présence est en général explicitement signalée par un narrateur qui souligne leur hétérogénéité. Notons que le marquage de l'hétérogénéité linguistique coïncide avec une mise à distance à laquelle le lecteur donne spontanément une dimension idéologique : l'autorité n'est pas une valeur en odeur de sainteté dans le roman stendhalien [8].

L'hétérogénéité énonciative des paroles d'autorité autorise à rechercher leurs éventuelles spécificités stylistiques. Elles se caractérisent d'abord par leur vocabulaire : à chaque type de parole d'autorité

---

7. A. Herschberg Pierrot (1993, p. 116) considère même que « tout l'intérêt littéraire de ce style tient dans son ambiguïté, dans l'indécision de ses frontières. Son effet peut jouer dans le sens d'une fusion, d'un lissé des voix, comme dans celui de la dissonance ironique ».
8. Voir Russo (1987-1988).

correspond un champ lexical stéréotypé. Ainsi, les membres du clergé évoquent à tout bout de champ l'enfer et la Providence, tandis que le langage politique est truffé de « libéraux », d'« ultras » et de « ministères ». La constitution d'un lexique stéréotypé est accentuée quand le narrateur commente lui-même le vocabulaire ; dans *Le Rouge et le Noir*, par exemple, il qualifie explicitement le terme « Providence » de « mot de directeur de séminaire » (*R* I : 444). Dès lors, le lecteur entend toutes les phrases qui font allusion à la « Providence » comme des émanations du langage religieux. Les champs lexicaux des différentes paroles d'autorité ne sont toutefois pas toujours strictement circonscrits, comme en témoigne la « magnifique description de l'enfer » que donne l'abbé Le Cloud dans une des premières versions de *Lamiel* :

> À une reprise d'éloquence sur le diable toujours présent partout pour séduire les fidèles et se transformant tantôt en jeune homme libéral arrivant de Paris, tantôt en vieux grognard de l'Empire parlant gloire et Napoléon, tout à coup M. Le Clou[d] s'interrompt et s'écrie d'une voix lugubre et traînante : – L'enfer, mes frères [9] !

Le diable, typique du discours religieux, s'incarne ici dans des personnages qui peuplent les cauchemars et les propos des ultras : un jeune libéral ou un vieux bonapartiste. L'intrication des champs lexicaux de la religion et de la politique dans le prêche de l'abbé illustre la collusion d'intérêt des autorités politiques et religieuses qui ulcère Stendhal.

Plus généralement, les paroles d'autorité se caractérisent par leur travail stylistique sur l'intensité, et précisément par les figures qui augmentent ou atténuent celle-ci : l'hyperbole ou l'euphémisme. Ainsi, l'homélie de l'abbé Le Cloud, comme le discours de l'évêque d'Agde, sont envahis d'hyperboles : les superlatifs (« l'un des plus grands rois de la terre »), les intensifs (« ce Dieu si grand, si terrible, mais si bon »), la répétition des adverbes *toujours* et *jamais* en font de véritables litanies incantatoires. Quant à l'euphémisme, qui règne en maître à la cour de Parme [10], il hante les arcanes de tous les pouvoirs. Dans *Lucien Leuwen*, l'affaire Kortis est l'occasion d'un bel euphémisme autoritaire. Le dénommé Kortis a été blessé à mort dans une manœuvre douteuse organisée par l'un des ministres, et le conseil des ministres cherche à le

---

9. *Lamiel*, Genève, Edito-Service (Cercle du Bibliophile) 1971, p. 14.
10. M. Crouzet (1996b, p. 153) a analysé « la nature euphémistique de la monarchie ».

dissuader de vendre la mèche avant de mourir : « Il avait été question, dans le conseil, d'opium pour calmer les douleurs du malheureux Kortis » (R I : 1126). En langage autoritaire, *calmer les douleurs d'un malheureux* signifie *empoisonner un gêneur*... Dans *L'Abbesse de Castro*, une réflexion de la mère d'Hélène élucide le fonctionnement de l'euphémisme : « nous sommes bien vieux tous les deux ; il est inutile de chercher à nous tromper, en donnant de beaux noms à des choses qui ne sont pas belles » (R II : 635).

C'est la raison pour laquelle la périphrase est une autre figure qu'affectionne la parole autoritaire [11]. Chez Stendhal, le propre de la parole d'autorité est de « donner de beaux noms à des choses qui ne sont pas belles », bref, d'utiliser des périphrases pour euphémiser la noirceur du propos, ou au contraire le magnifier par les hyperboles [12]. L'éloquence est donc indispensable dans le discours d'autorité stendhalien.

La conjonction de ces figures (euphémisme, hyperbole, périphrase), si elle constitue le trait stylistique principal des paroles d'autorité, n'est pourtant pas le *propre* de la parole autoritaire. En effet, on retrouve la conjonction des mêmes figures dans d'autres types de langage caractérisés par le récit stendhalien, comme par exemple le langage dit « littéraire », ou le langage des salons parisiens : ils se définissent eux aussi par leur éloquence et par de nombreux jeux rhétoriques sur l'intensité [13]. Tous ces langages, qu'ils soient littéraire, autoritaire, ou mondain, relèvent plus généralement de ce que M. Leuwen appelle « le style noble » (R I : 1286).

---

11. Le narrateur de *Lucien Leuwen* en fait un des critères qui distinguent le style oratoire de François Leuwen de celui des autres députés : « Les discours de M. Leuwen ne méritaient point ce nom, ils n'étaient pas élevés, n'affectaient point de gravité, c'était du bavardage de société piquant et rapide, et M. Leuwen n'admettait jamais la périphrase parlementaire. – Le style noble me tuerait, disait-il un jour à son fils. » (R I, p. 1286).
12. Les objectifs pragmatiques des deux figures sont toutefois très différents : l'euphémisme vise à dissimuler quelque chose à l'auditeur, alors que l'hyperbole cherche au contraire à l'impressionner, à faire effet sur lui.
13. L'éloquence, comme on sait, est presque toujours connotée négativement chez Stendhal. Sans même se référer à ses réflexions théoriques, il suffit pour s'en convaincre de citer les personnages peu reluisants qui sont doués d'éloquence : Mme de Bonnivet et le chevalier de Bonnivet dans *Armance* (R I, p. 74, 154) ; l'avocat général lors du procès de Julien dans *Le Rouge et le Noir* (R I, p. 673) ; Du Poirier et De Vaize dans *Lucien Leuwen* (R I, p. 846, 1099) ; Gonzo dans *La Chartreuse de Parme* (R II, p. 483) ; M. Boissaux dans *Féder* (R II, p. 1312) ; l'abbé Le Cloud et le comte d'Aubigné dans *Lamiel* (R II, p. 1004), etc.

Stendhal thématise d'ailleurs la ressemblance entre le style autoritaire et le style dit « littéraire » à propos d'un fragment de *La Chartreuse de Parme*. Le comte Zorafi a pour mission d'être le « journal officiel » de Parme, c'est-à-dire de prononcer dans les salons les articles que contiendrait le journal du prince, s'il existait [14] : « Dès qu'on eut remarqué cette nuance dans la conversation de Zorafi, on l'écouta dans le monde comme ailleurs on lit le *Journal officiel*. » Les propos du comte Zorafi, littéralement dictés par le prince, sont donc l'idée même de « parole d'autorité ». Or, sur l'exemplaire Chaper, Stendhal définit le style de Zorafi en même temps que son rôle : « Ajouter un personnage comique qui joue à la cour de Parme le rôle du *Journal des Débats* (Ranuce-Ernest IV fait blâmer ses ministres) et de plus le rôle de M. Fontanes. Il flatte en beau style et le prince aime surtout le style pompeux, le style à la Chateaubriand » (*R* II : 1370). La comparaison avec Chateaubriand montre clairement combien le style de l'autorité se confond avec le style dit « littéraire », « noble », contre lequel, comme on sait, Stendhal lutte depuis ses premières chroniques [15].

En cherchant à définir le statut des paroles d'autorité dans le récit stendhalien, on en arrive à deux constats presque contradictoires :
– Le narrateur stendhalien s'attache en général à signaler la présence de la parole d'autorité dans son récit [16] : il souligne son hétérogénéité par rapport à son propre style, et affiche ainsi la polyphonie énonciative. Cette démarche tend à montrer au lecteur qu'il existe un sociolecte de la parole d'autorité, aisément reconnaissable et distinct d'autres styles ;

---

14. Voici la consigne du prince : « Il ne me convient pas encore d'imprimer un journal […]. Un journal fait par un homme comme vous aurait une foule d'abonnés, eh bien, ayez une foule d'amis, et dites-leur avec l'esprit qui vous distingue les articles que vous imprimeriez si vous aviez le privilège du journal » (*R* II, p. 525).

15. Voir Bordas (2001). Y. Ansel (2001b, p. 17) souligne les assimilations simplistes auxquelles se livre notre auteur : « dans l'esprit du chroniqueur, qui jamais ne se corrigera, […] tout ce qui n'est pas simple est peu ou prou monarchique, ou jésuite. »

16. Il n'est pas le seul à le faire : les personnages se livrent eux aussi à des commentaires stylistiques qui vont souvent dans le même sens que le narrateur. C'est le cas par exemple des commentaires respectifs de Lucien et de Coffe : « à quoi sommes-nous bons ? à faire du zèle en *style de député vendu* ». « Vous avez été infiniment plus homme d'État, c'est-à-dire insignifiant et *donnant dans le lieu commun élégant et vide* » (*R* I, p. 814, 1223, nous soulignons).

– Stendhal n'élabore pas vraiment un sociolecte de l'autorité, car les traits stylistiques de la parole autoritaire appartiennent en fait à une catégorie plus vaste, celle du « style noble ».

Pour résumer la tension entre ces deux constats, nous avancerons prudemment la notion d'*effet-sociolecte* : le narrateur stendhalien adopte, par intermittences et allusivement, une démarche métalinguistique, qui le conduit à mettre en évidence l'existence d'un type de langage, en l'occurrence la parole d'autorité. Cette démarche conduit le lecteur à prendre conscience de l'existence de ce langage, alors même qu'il ne correspond pas à un véritable *style*. Ainsi, le récit stendhalien, sans mettre en place un authentique sociolecte, met en revanche tout en œuvre pour donner au lecteur le sentiment que ce sociolecte existe – ce qui justifie le terme d'effet-sociolecte. Cette notion présente l'avantage de lier l'existence de la polyphonie à sa perception par le lecteur. Peu importe, au fond, qu'il n'y ait pas de véritable sociolecte de l'autorité dans le récit stendhalien ; ce qui compte, c'est que le lecteur soit convaincu par le narrateur que ce sociolecte existe : dès lors, l'effet-sociolecte influence la façon dont le lecteur lit et comprend le récit.

Paroles d'autorité et idéologie

L'effet-sociolecte « forme » en quelque sorte le lecteur à reconnaître les discours autoritaires et l'encourage à percevoir la présence des paroles d'autorité dans le récit. Cette formation conduit insensiblement le lecteur à tirer quelques conclusions d'ordre idéologique sur la nature de la parole d'autorité.

Il arrive ainsi au lecteur, dont la conscience linguistique a été aiguisée par le narrateur, de repérer des occurrences de parole autoritaire qui ne sont pas explicitement *montrées* par le narrateur : il doit remarquer que de nombreux personnages stendhaliens utilisent le style de l'autorité, même lorsqu'ils ne détiennent aucune espèce de pouvoir. Julien, par exemple, use et abuse des clichés du langage religieux, comme le montre sa tirade à Valenod, retranscrite au discours indirect libre :

> [...] un pauvre garçon comme lui se devait tout entier à la vocation que le ciel avait placée dans son cœur, mais la vocation n'était pas tout dans ce bas monde. Pour travailler dignement à la vigne du Seigneur, et n'être pas tout à fait indigne de tant de savants collaborateurs, il fallait l'instruction ; [...] D'un autre côté, le ciel, en le plaçant auprès des jeunes de Rênal, et surtout

en lui inspirant pour eux un attachement spécial, ne semblait-il pas lui indiquer qu'il n'était pas à propos d'abandonner cette éducation pour une autre ? (*R* I : 346).

Un peu plus haut le narrateur du *Rouge* avait signalé quelques échantillons de langage religieux à l'attention du lecteur. Celui-ci n'a donc aucune difficulté à sentir que Julien s'exprime, avec virtuosité, dans une langue qui n'est pas la sienne, mais qui est celle des autorités religieuses. L'investissement de la parole d'autorité par le héros, très fréquent dans le roman stendhalien, révèle un trait fondamental du roman d'éducation : l'appropriation et la maîtrise des langages de l'autorité constituent l'une des étapes essentielles de l'initiation du héros.

Les jeunes héros en formation ne sont toutefois pas les seuls à utiliser un langage imprégné par l'autorité. Le style autoritaire prolifère dans le récit stendhalien, y compris là où on l'attend le moins. Par exemple, les dialogues de Gina et Mosca, même dans l'intimité, se coulent dans le moule de la parole autoritaire, dite « officielle » [17]. Celle-ci imprègne également le secret des âmes, comme en témoigne l'étonnant monologue intérieur de Gonzo dans *La Chartreuse de Parme* : « Comment peut-on être assez insolent pour se sauver d'une prison, surtout quand on a l'honneur d'être gardé par un héros tel que le général Fabio Conti ! » (*R.* II : 486). Le lecteur perçoit l'empreinte du style de l'autorité d'autant plus facilement que l'expression fait écho à la formule de Rassi citée plus haut, où « se dérober à la clémence d'un prince magnanime » était synonyme de « se sauver ».

L'effet-sociolecte permet donc au lecteur de percevoir la généralisation du style autoritaire dans l'univers romanesque. Les paroles d'autorité, sans se contenter de la sphère publique, pénètrent clandestinement dans l'intimité. Le lecteur prend progressivement conscience de la pernicieuse capacité d'infiltration de la parole d'autorité dans les esprits. Cette prise de conscience, d'ordre idéologique, est d'autant plus

---

17. Voir sur ce point l'analyse de M. Crouzet (1996a, p. 111) : « le formulaire officiel (le roman en donne des extraits pour la grâce, la disgrâce, le deuil, la galanterie ou l'amitié princière) est à ce point amusant que les personnages d'esprit n'en ont plus d'autre ; ils se parlent entre eux, à eux-mêmes dans la langue de la cour et créent ainsi une impression de sérieux/non sérieux permanente et qui fait penser au projet flaubertien d'écrire sans que le lecteur sache jamais si « on se fout de lui » ou non ; dans le plus tragique de ses monologues, la Duchesse se parle comme elle était la justice de Parme : "le prince dans sa clémence infinie, considérant qu'autrefois j'ai eu l'honneur d'être admise à sa cour"… »

efficace qu'elle n'est pas explicite : c'est au lecteur de la percevoir, de la comprendre sans que le texte la commente [18].

La capacité d'infiltration des paroles d'autorité n'est pas la seule leçon idéologique proposée par le récit stendhalien : le lecteur « formé » par l'effet-sociolecte apprend également peu à peu que l'un des principaux usages de la parole d'autorité consiste à réécrire le réel. Il arrive assez souvent qu'une instance de pouvoir raconte en son langage un événement qui a déjà été raconté par le narrateur. La différence entre les deux récits est alors rarement seulement stylistique, car la parole d'autorité transforme aussi la nature des événements racontés, échafaudant ce qui n'est rien d'autre qu'une « version officielle ».

Dans *Lucien Leuwen*, la « première campagne » de Lucien, qui consiste à mater une rébellion d'ouvriers à N…, est racontée avec une ironie cinglante par le narrateur. Il se plaît à souligner le ridicule de l'entreprise et l'incurie des chefs militaires qui font attendre pendant sept heures les soldats en plein soleil, sans la moindre stratégie, et surtout sans avoir prévu de ravitaillement. C'est Lucien qui prend l'initiative d'envoyer ses domestiques dans les villages alentour, ce qui « révèle cette idée ingénieuse qu'il y avait des villages dans les environs de la ville » (*R* I : 993). Ce récit décapant précède un bref résumé par la parole autoritaire : « pour les détails militaires, stratégiques, politiques, etc., etc., de cette grande affaire, voir les journaux du temps. Le régiment s'était couvert de gloire et les ouvriers avaient fait preuve d'une insigne lâcheté » (*ibid.*). On reconnaît dans ce vocabulaire (« couvert de gloire », « insigne lâcheté ») le goût du discours autoritaire pour l'hyperbole. Le lecteur comprend alors que les « journaux du temps », qui donnent à lire la version officielle de la « campagne », sont un simple organe du pouvoir politico-militaire. Cette réécriture saute aux yeux du lecteur, quoiqu'elle ne soit pas commentée dans le texte, à cause de la juxtaposition des deux versions.

---

18. Ce phénomène est toutefois explicitement thématisé, en dehors de *La Chartreuse de Parme*, par le narrateur de *L'Abbesse de Castro* : « Je sens qu'il faut expliquer pour les lecteurs nés au nord des Alpes le ton presque officiel de plusieurs parties de ce dialogue ; je rappellerai que dans les pays strictement catholiques, la plupart des dialogues sur les sujets scabreux finissent par arriver au confessionnal, et alors il n'est rien moins qu'indifférent de s'être servi d'un mot respectueux ou d'un terme ironique » (*R* II, p. 636).

C'est évidemment la principauté tyrannique de *La Chartreuse de Parme* qui bat tous les records de réécritures du réel en style autoritaire. À Parme, en permanence, le pouvoir transforme ou efface les événements passés. On pourrait multiplier les exemples ; l'un des plus saisissants est toutefois la révolte qui suit la mort de Ranuce-Ernest, aussitôt réinterprétée par l'historiographie officielle : « on a supprimé tout ce qui s'est passé ici », comme le dit le clairvoyant Mosca à Gina, « quant aux soixante et tant de coquins que j'ai fait tuer à coup de balles, lorsqu'ils attaquaient la statue du prince dans les jardins, ils se portent fort bien, seulement ils sont en voyage » (*R* II : 410).

La « version officielle » est à son comble, lorsque le pouvoir réécrit des événements contemporains. Il s'agit alors tout simplement, comme l'a remarqué Béatrice Didier (2002 : 225) « d'abolir la réalité ». L'exemple le plus saisissant est celui de la tour Farnèse :

> [...] le prince [...] qui fit bâtir cette prison aperçue de toutes parts, eut la singulière prétention de persuader à ses sujets qu'elle existait depuis de longues années [...]. Il était défendu de parler de cette construction, et de toutes les parties de la ville de Parme et des plaines voisines on voyait des maçons placer chacune des pierres qui composent cet édifice pentagone (*R* II : 308).

Le narrateur se contente de souligner la « singularité » de l'idée du prince, sans développer son commentaire : c'est au lecteur de prendre la mesure de l'hallucinante aptitude de la parole d'autorité à réécrire le réel.

Ainsi, la mise en évidence des paroles d'autorité par le narrateur est l'occasion pour le récit stendhalien de tenir un propos idéologique sur le pouvoir ; il signale l'aptitude des paroles d'autorité à s'insinuer partout, d'une part, et à réécrire le réel, d'autre part. Il ne s'agit pas d'une dénonciation, mais d'une simple mise en lumière, d'autant plus efficace qu'elle est implicite et qu'elle doit être interprétée par le lecteur.

La fécondité romanesque des paroles d'autorité

Nous nous sommes demandé pour commencer s'il est possible de considérer avec Bakhtine que, chez Stendhal, la « parole autoritaire », « citation morte », échappe au contexte littéraire et donc à la polyphonie. Les réflexions précédentes ont montré, au contraire, combien les paroles d'autorité sont fécondes au sein du roman stendhalien.

Les paroles d'autorité sont fécondes d'un point de vue narratif, d'abord : la perpétuelle réécriture du réel par l'autorité met en évidence une incontestable *créativité*. Il serait impossible d'utiliser ce terme dans le monde réel, où la réécriture de l'histoire par la parole autoritaire est littéralement insupportable. On peut d'ailleurs imaginer que c'est le contexte stalinien qui « empêche » Bakhtine de percevoir la fécondité romanesque de la parole autoritaire [19]. Pourtant, au sein du roman stendhalien, la créativité de la parole autoritaire fait d'elle un véritable langage fictionnel, extraordinairement fécond, générateur de récits, de textes possibles. Non seulement les discours d'autorité construisent des versions concurrentes avec celle du narrateur, mais aussi, parfois, ils inventent de toutes pièces des histoires. Ainsi, dans *Lucien Leuwen*, le général N…, chef de la police, craint un rapprochement entre les soldats et les citoyens ; De Vaize raconte à Lucien comment il espère l'éviter :

> Le général N… me tourmente sans cesse pour que je fasse insérer dans *mes journaux* des récits exacts de toutes les querelles de cabaret, de toutes les grossièretés de corps de garde, de toutes les rixes d'ivrognes qu'il reçoit de ses sergents déguisés. […] Il faut avouer […] que quelque adresse qu'y mettent ces messieurs de la littérature, le public ne lit plus ces querelles dans lesquelles deux ouvriers maçons auraient assassiné trois grenadiers, armés de leurs sabres, sans l'intervention miraculeuse du poste voisin (*R* I : 1123).

Ces récits prétendus « exacts » sont en fait de pures inventions *ad hoc*. La parole autoritaire crée *ex nihilo* des événements pour arriver à ses fins.

Cette fécondité narrative s'accompagne de ce qu'on appellera la fécondité interprétative de la parole d'autorité. L'effet-sociolecte, en encourageant le lecteur à reconnaître les infiltrations de la parole autoritaire dans les autres types de discours, rend ce dernier plus sensible à une éventuelle polyphonie. Dans certains cas, cette polyphonie déclenche, si elle est perçue par le lecteur, une véritable polysémie. C'est le cas en particulier lorsque le narrateur lui-même se met à parler en langage autoritaire, comme s'il y avait « contagion stylistique » [20] entre

---

19. Il écrit le texte intitulé « Du discours romanesque » (« Slovo v romane ») en 1934-1935, alors qu'il est exilé depuis 1930 à la frontière de la Sibérie et du Kazakhstan. Difficile dans ces conditions de goûter le jeu littéraire avec l'autorité…
20. Cette métaphore de L. Spitzer a été reprise par D. Cohn (1981, p. 50) : la « contagion linguistique » désigne des « cas où le style du narrateur se révèle par instants être contaminé par des vulgarismes ou des expressions dialectales qui appartiennent aux personnages ».

les propos qu'il cite et son récit. Ainsi, les longs discours de Julien à Valenod cités plus haut sont introduits par la phrase suivante : « Le ciel qui voulait lui ménager des jouissances jeta sous ses pas M. Valenod » (*R* I : 346). Le décalage ironique du langage de cette phrase avec le langage du narrateur s'entend très facilement, et de façon indiscutable.

On rencontre ailleurs des décalages similaires, moins visibles mais tout aussi réels, et en particulier dans *La Chartreuse de Parme*. Dans l'édition originale, le narrateur affirme au chapitre VII que « Carlo ne savait pas écrire, sans quoi depuis longtemps il eût obtenu de l'avancement ». Pourtant, à la page suivante, le prince dicte à cet analphabète présumé la lettre anonyme destinée à Mosca. La critique considère en général qu'il s'agit d'une inadvertance de Stendhal : tantôt les éditeurs indiquent en note que la phrase, elliptique, signifie « Carlo avait la réputation de ne pas savoir écrire » [21] ; tantôt, reprenant une correction de Romain Colomb, ils corrigent la phrase en « Carlo manquait d'éducation » (*R*. II : 151) [22]. Le cousin de Stendhal se serait appuyé sur une correction de Beyle lui-même sur une édition de *La Chartreuse* que nous ne possédons plus. Cet argument ne nous paraît pas décisif : on sait que ce cousin a corrigé bien des textes d'Henri dans le but de les rendre « acceptables », ce qui l'a conduit à « lisser » bon nombre de ses aspérités morales (bien sûr), mais aussi narratives… À la lumière des analyses qui précèdent, on peut soutenir que les deux interprétations proposées par les éditeurs sont le fruit d'une erreur de lecture : elles négligent la polyphonie de cette phrase, où il faut entendre une double énonciation. C'est le narrateur qui parle, mais en se faisant l'écho de la « version officielle » connue des courtisans et des collègues de Carlo. Il faut comprendre, littéralement, que le prince fait croire à la cour qu'un soldat est analphabète *pour* dissimuler qu'il lui a réservé la fonction de rédacteur de lettres anonymes [23]. Cette lecture permet de conserver la leçon de l'édition originale en restituant sa cohérence.

---

21. C'est le cas de M. Crouzet dans son édition du Livre de Poche (Paris, 2000, p. 199) et d'A. Adam dans l'édition Garnier (Paris, 1973, p. 149).

22. L'édition Pléiade donne : « Carlo manquait d'éducation, sans quoi il… (p. 152). » H. Martineau affirme qu'il corrige ainsi la version « bouffonne » de l'édition originale. M. Di Maio et F. Bercegol font le même choix dans les éditions les plus récentes du roman (respectivement Gallimard « Folio », 2003 et Flammarion-GF, 2000, Paris).

23. Dans la terminologie d'O. Ducrot, il faudrait dire que le narrateur est ici le *locuteur*, qui laisse entendre *l'énonciateur* collectif de la version officielle (Ducrot, 1989, p. 203).

Une telle hypothèse est aussi beaucoup plus riche d'un point de vue sémantique, puisque la phrase illustre alors de façon frappante la duplicité machiavélique du prince de Parme. Cette phrase, loin d'être une inadvertance de Stendhal, témoigne au contraire de la virtuosité avec laquelle le roman stendhalien intègre la parole autoritaire.

Nous proposons une lecture similaire de la dernière phrase de *La Chartreuse de Parme* : « Les prisons de Parme étaient vides, le comte immensément riche, Ernest V adoré de ses sujets qui comparaient son gouvernement à celui des grands-ducs de Toscane » (*R* II : 493). Ce passage énigmatique a donné lieu à de très nombreuses interprétations, mais on s'entend généralement sur son caractère à la fois utopique et ironique : « si elle existait, l'utopie de *La Chartreuse de Parme*, on la trouverait réfugiée dans la dernière phrase, qui évoque effectivement la fin d'un conte de fée : *Happy end* politique, visiblement ironique, pour y croire, il faudrait n'avoir pas lu *toute* la fable [24] » (Ansel, 1997 : 112). Cette utopie ironique peut s'expliquer plus précisément en termes énonciatifs, si l'on veut bien entendre dans ce passage un dédoublement de l'énonciation : il paraît pertinent de considérer que le narrateur se fait ici l'écho du langage menteur et hyperbolique du *Journal officiel*, c'est-à-dire qu'il *cite* la « version officielle » promulguée par le pouvoir. Notons que, sans revendiquer cette lecture polyphonique, quelques analyses critiques vont dans cette direction : ainsi Pierre-Louis Rey évoque le « ton conventionnel sur lequel les bonnes nouvelles de la fin sont annoncées » (1997 : 142), et Béatrice Didier considère que « "On" parle à la fin. C'est à la parole collective qu'est laissé le dernier mot » (2002 : 123). Philippe Dufour est encore plus proche de cette hypothèse lorsqu'il estime que « ces sujets qui à la dernière phrase adorent "Ernest V et comparent son gouvernement à celui des grands-ducs de Toscane" pourraient bien être ceux qui naguère trouvaient blonds des cheveux filasse » (1997 : 36).

Si cette ultime phrase est polyphonique, il faut comprendre qu'à la fin de *La Chartreuse de Parme*, les prisons sont pleines ou bien

---

24. Il faut toutefois mentionner une exception notable, celle de la séduisante interprétation de Ph. Berthier (1990, p. 29-30) qui donne un sens littéral à cette phrase : « Parme semble vivre et ne vit pas, il n'y a plus rien à en dire, tout est pour le mieux dans la meilleure des Parme possibles, et pourtant, la défection du quatuor […] plonge le roman dans le mutisme. […] Le règne d'un principicule éclairé qui assure une prospérité, une tranquillité toute bourgeoise à ses sujets […] en un sens, c'est encore pire. »

remplies [25], Ernest V n'est pas plus adoré de ses sujets que ne l'était son père, et Mosca n'est peut-être pas si riche que cela [26]… La dernière phrase du roman gagnerait, semble-t-il, à être interprétée comme une version officielle élaborée par la parole autoritaire : ce sont les *happy few* interpellés par la dédicace finale qui sont discrètement appelés à la décoder [27].

Cette hypothèse est confortée par le fait que d'autres *explicit* de Stendhal, moins connus, citent pour finir, plus ou moins explicitement, le « journal ». Que l'on songe à la fin de *Vanina Vanini* : « Vanina resta anéantie. Elle revint à Rome ; et le journal annonce qu'elle vient d'épouser le prince don Livio Savelli [28] » (*R* II : 772). Le narrateur de *Vanina Vanini* signale explicitement le dédoublement énonciatif en utilisant le discours indirect (« le journal annonce que »). C'est peut-être la fin du *Coffre et le Revenant*, où la double énonciation est implicite, qui se rapproche le plus du dénouement de *La Chartreuse de Parme* : « Peu de jours après, doña Inès, qui plaidait avec son mari, fut trouvée dans son lit percée de plusieurs coups de poignard ; et, à la suite d'une conspiration découverte par Don Blas, le frère d'Inès et Don Fernando viennent d'avoir la tête coupée sur la place de Grenade »

---

25. Elles ont d'ailleurs recommencé à se remplir lors du faux départ de Mosca : « Les prisons, que le comte avait presque vidées, se remplissaient de nouveau » (*R* II, p. 470).

26. La fortune exacte de Mosca est sujette à caution ; s'il s'enrichit probablement vers la fin du roman, il ne faut pas oublier que l'« on » a l'habitude de croire *à tort*, à Parme, qu'il est « immensément riche » : « le comte fit l'état de sa fortune : il était entré au ministère avec quatre-vingt mille francs de bien ; à son grand étonnement, il se trouva que, tout compté, son avoir actuel ne s'élevait pas à cinq cent mille francs ; c'est vingt mille livres de rente tout au plus, se dit-il. Il faut convenir que je suis un grand étourdi ! *Il n'y a pas un bourgeois à Parme qui ne me croie cent cinquante mille livres de rentes* ; et le prince, sur ce sujet, est plus bourgeois qu'un autre. Quand ils me verront dans la crotte, ils diront que je sais si bien cacher ma fortune. » (*R* II, p. 294, nous soulignons). On peut aussi proposer une autre hypothèse : pour être aussi persuasif que possible, le propre du discours autoritaire ne rechigne pas à mélanger le vrai et le faux. Si Mosca est « vraiment » immensément riche à la fin du roman, la mention de sa fortune est peut-être, tout simplement, un *effet de réel* ménagé par l'organe officiel du pouvoir, pour « faire passer » les deux autres contre-vérités.

27. Cette hypothèse permettrait d'expliquer pourquoi la dédicace se trouve à la fin du roman et non dans le paratexte initial, comme le veut l'usage.

28. Sur cette fin, et plus généralement sur les derniers mots des *Chroniques italiennes*, voir Ceysson (1998). *San Francesco a Ripa* évoque pour finir, plus discrètement, la version officielle qui court à Rome : « Deux ans après, la princesse Campobasso était vénérée à Rome comme le modèle de la plus haute pitié, et depuis longtemps monsignor Ferraterra était cardinal » (*R* II, p. 747).

(*R* II : 1238). Le lecteur n'a pas grand-mal à décrypter la « version officielle » qui narre pudiquement l'abus de pouvoir auquel se livre « ce terrible directeur de la police de Grenade » (*R* II : 1218) : il fait assassiner sa femme, doña Inès, dans son lit, et invente de toutes pièces une conspiration pour se débarrasser de sa belle-famille. Si ces *explicit* ne constituent en rien des preuves de notre hypothèse, ils sont toutefois des indices qui révèlent sans doute une sorte de tendance structurale du roman stendhalien : le dénouement en forme de version officielle [29].

Le roman stendhalien encourage son lecteur à reconnaître les paroles d'autorité, grâce à l'effet-sociolecte. En signalant la parole autoritaire à l'attention de son lecteur, Stendhal fait d'elle un ingrédient particulièrement fécond de son roman. D'une part, elle lui permet de tenir allusivement un discours idéologique sur le pouvoir : Stendhal, et par contagion son lecteur, perçoit très nettement ce qu'il faut bien appeler, malgré l'anachronisme, le totalitarisme de la parole autoritaire. D'autre part, contrairement à l'hypothèse de Bakhtine, la parole autoritaire, chez Stendhal, participe à la polyphonie romanesque. Cette contribution à la polyphonie dépouille la parole autoritaire de ce que Bakhtine appelle son « inertie », sa « sclérose », et du coup, dédramatise le propos idéologique. Ainsi, les paroles d'autorité qui bruissent dans le monde réel sont soumises, chez Stendhal, à une sorte de nécessité supérieure : la création d'un univers romanesque où la seule véritable autorité est peut-être, finalement, celle du narrateur.

Marie Parmentier
Université Paris 3 – Sorbonne nouvelle

---

29. Je remercie M.-R. Corredor et Y. Ansel qui m'ont permis d'approfondir ces réflexions sur la fin de *La Chartreuse de Parme* lors des discussions.

IV. STATUTS : PRAGMATIQUE, ESTHÉTIQUE, FICTION

*L*a réalisation langagière, narrative et romanesque, du style stendha-lien, à travers les pratiques d'écriture de Stendhal/Beyle, découvre un certain nombre de statuts identitaires aux références textuelles. Des statuts qui sont aussi des portées. De la langue et du discours, du texte, le style stendhalien réalise une pragmatique propre de la représentation qu'il supporte, tout comme il invente une esthétique précise, codée selon des valeurs originales, voire un certain rapport à la fiction en général. Gilles Philippe s'interroge sur ce qui serait une « pragmatique du style », dépas-sant, précisément, une stylistique grammairienne, pour re-interroger toute idée de communication, en un nouveau rapport à l'existant. Style et morale, voire éthique, n'ont, en effet, jamais semblé aussi liés que dans le cas de Stendhal, qui nous contraint à repenser tous les repères poétiques et génériques connus. Bernard Vouilloux relit les textes sur la peinture pour reconnaître en eux « une esthétique du style » : l'acuité du regard beyliste, l'histoire de sa culture, aussi, entre lieux communs et originalités, s'inscri-vent dans un devenir, particulier et général, qui fait des repères de la sensi-bilité un autre étage du style, dans la langue et hors de la langue, mais dans le devenir d'un vécu. Enfin, François Vanoosthuyse revient aux romans pour montrer comment les opérateurs d'images sont aussi des opérateurs de temps, et interroger ainsi le rythme du narratif stendhalien, narratif du montage et de la diffraction. La fiction du romanesque est d'abord inven-tion d'une présence au monde, qui rend le monde intelligible, et possible. Par le style.

STYLISTIQUE ET PRAGMATIQUE
DU STYLE
(quelques propositions à partir de Stendhal)

Parce que Stendhal est un des rares auteurs dont les pratiques discursives et l'appareil langagier aient été décrits avec soin, il semble possible de prendre acte de toute une tradition critique et, sans trop de scrupules, de faire comme si l'objet « style de Stendhal » était pleinement stabilisé et n'avait plus à être interrogé. Il ne s'agira donc pas ici d'investiguer plus avant les formes de l'écriture de Stendhal, mais de voir ce qu'il advient de faits décrits dans le cadre d'une *linguistique* du style, dès lors qu'on les envisage sous l'angle d'une *pragmatique* du style, c'est-à-dire en se demandant ce que des données positives – la grammaire, le lexique, la prosodie de Stendhal – révèlent du type d'acte discursif que l'écrivain a l'intention ou le sentiment d'accomplir.

La question n'est pas neuve, puisqu'elle fondait, dans une bonne mesure, le premier formalisme anglais, celui de I. A. Richards par exemple, qui faisait reposer la critique des textes sur l'évaluation du type de communication que ceux-ci mettent en place. En 1925, dans ses *Principles of Literary Criticism*, Richards note que, de toute évidence, une œuvre vise un maximum d'efficacité communicationnelle et est jugée sur sa capacité à transmettre de l'émotion ou de l'information, mais que les artistes tendent spontanément à nier toute dimension interactive à leur travail : « Si on lui pose la question, [l'artiste] répondra fort probablement que communiquer n'est pas son problème ou alors un problème secondaire pour lui, qu'il fait quelque chose qui est beau en soi, qui le satisfait personnellement, ou qui exprime – en donnant à ce mot un sens plus ou moins vague – ses émotions, ou qui l'exprime lui-même, bref quelque chose de personnel ou d'individuel » (Richards, 1985 : 26 ; je traduis).

La remarque est particulièrement pertinente pour Stendhal, dont nombre de déclarations se donnent comme autant de reformulations des propos que Richards plaçait dans la bouche de tout artiste. Ainsi lit-on en tête d'un des rares volumes du *Journal* de Stendhal encore en mains privées la phrase suivante : « Je n'ai pas besoin d'avertir que ce cahier par les puérilités qu'il contient n'est absolument fait que pour moi [1]. » Or, la prétérition étonne ici par la contradiction sur laquelle elle repose : un tel liminaire n'a de pertinence que comme préalable à une lecture dont il est précisément dit qu'elle est sans légitimité, et nous place dans le scénario contradictoire où un texte déclaré sans destinataire prévoit et gère malgré tout l'hypothèse de son lecteur.

On dira que cette note de Stendhal est placée en marge d'un volume de son journal, et qu'il serait imprudent de l'appliquer à l'œuvre dans son entier ; j'y reviendrai. On dira aussi que le constat que je viens de faire ne saurait se présenter comme une découverte ; ne fut-il pas avancé dès la fondation de la critique stendhalienne, c'est-à-dire dans l'article d'Hippolyte Taine de 1865 : « Tel est le récit de Beyle. Il écrit sans se figurer qu'un public l'écoute, sans vouloir être applaudi, face à face avec ses idées qui l'assiègent, et "qu'il a besoin de noter". De là plusieurs qualités singulières, que certaines écoles littéraires lui reprocheront, par exemple la nudité du style, la haine de la métaphore et des phrases imagées » (Taine, 1901 : 253).

Cette remarque de Taine nous ramène à Richards et à la pertinence même d'une pragmatique du style, puisqu'elle fait découler les caractéristiques langagières de l'écriture de Stendhal du type même d'acte discursif que celui-ci pense opérer. À en croire Taine, en effet, Stendhal n'avait pas un rapport *communicationnel* au texte ; son intuition première aurait été de le considérer comme une archive, c'est-à-dire comme une production textuelle qui stocke une information destinée à la consultation et n'est pas adressée à un tiers, comme le registre d'état civil, si l'on veut, ou – pour prendre une image plus stendhalienne – comme le Code civil.

Cela m'autorisera peut-être à revenir ici sur un rapprochement qui a déjà, de toute évidence, été trop systématiquement repris et glosé. On se souvient ainsi que Josiane Attuel dans son ouvrage sur le style de Stendhal faisait beaucoup découler de ces quelques mots du brouillon de la lettre à Balzac de 1840 : « En composant *La Chartreuse*, pour prendre le ton, je lisais de temps en temps quelques pages du *Code civil* » ; ainsi déclarait-elle que « l'admiration pour le style net et précis

---

1. Haut du feuillet de garde supérieur du cahier intitulé « Journal de sa vie du 9 thermidor an XIII [28 juillet 1805] jusqu'au 15 avril 1806 » ; voir *Livres du cabinet de Pierre Berès*, catalogue de l'exposition du Musée Condé, Château de Chantilly, 2004, p. 76-79. La citation n'est pas inédite : voir *Journal II*, Genève, Cercle du bibliophile, 1969, p. 72.

du *Code civil* nous permet de comprendre qu'il ne soit jamais tenté par l'accumulation rabelaisienne des détails, etc. » (1980 : 344), tout en affirmant que Stendhal, bien sûr, ne produisait pas ce type de texte (*ibid.* : 64). Je me demande si l'on ne pourrait soutenir avec pertinence la position inverse : que Stendhal ne prétendit pas restituer le *style* du Code civil, mais bien produire un texte du même *type*, c'est-à-dire relevant d'une visée discursive comparable. Cette hypothèse ne mérite assurément pas d'être radicalisée, mais on notera, par exemple, que c'est « pour prendre le ton » (et non le style), que Stendhal disait avoir lu régulièrement le Code civil tandis qu'il rédigeait *La Chartreuse de Parme*, et que le ton est précisément une catégorie pragmatique et non pas linguistique [2]. Le ton est en effet la variable par laquelle le locuteur gère son rapport à l'interlocuteur et indique le statut (illocutoire) de l'énoncé qu'il produit. Ce que Stendhal emprunte au Code civil, c'est donc moins une certaine raideur dans le style, un certain dépouillement dans la syntaxe, une certaine retenue dans l'imagerie, qu'une certaine façon de gérer ou plutôt de neutraliser l'hypothèse d'un rapport interlocutif. Ce qui a fasciné Stendhal dans le Code civil, c'est peut-être d'abord la possibilité même d'un discours libéré de la contrainte communicationnelle. Le propre du texte juridique, c'est en effet qu'il relève du discours archivistique : il consigne des données qui seront disponibles à la consultation, sans passer par l'instauration d'un rapport de communication (le texte juridique ne doit pas contenir de marque subjective ou interlocutive, etc.).

On dira alors que le ton de Stendhal ne ressemble pas plus que son style à celui du Code civil. Mais la nuance tombe si l'on se souvient qu'à l'époque où Stendhal écrit, le Code n'a pas encore atteint le ton ou le style qui sont désormais les siens ; ses articles, par exemple, ne sont pas nécessairement rédigés au présent intemporel, comme ils le sont aujourd'hui ; bref, l'écriture législative ne fait encore que tendre vers une pratique qui efface du texte toute trace du processus énonciatif qui l'a produit, lui donnant ainsi le statut d'une archive. Pendant au moins toute la première moitié du XIXᵉ siècle, le discours juridique va avoir du mal à stabiliser sa position énonciative, et il est intéressant que Stendhal se soit revendiqué d'une forme qui n'est encore qu'à un état instable,

---

2. Sur le « ton » de Stendhal, voir Valéry, « Stendhal » (1927), repris dans *Variété*, in *Œuvres*, Paris, Gallimard, « Pléiade », t. I, p. 569.

intermédiaire, mal assuré entre une vocation communicationnelle à l'injonction et une vocation archivistique à définir un prototype juridique *in abstracto* à l'aune duquel on comparera la réalité concrète pour fonder la jurisprudence [3].

On pourrait être tenté, bien sûr, de dissoudre toutes ces remarques – qu'il s'agisse de Stendhal ou du Code civil – dans l'hypothèse d'un basculement général du statut de la communication écrite à l'époque romantique. Et l'argumentation récemment développée par Alain Vaillant sur le passage, aux alentours de 1830, d'une littérature-discours à une littérature-texte ne saurait rester sans répercussions sur mon propos : « Le Romantisme de 1820 [...] avait magnifié l'idéal de la littérature conçue comme discours et comme parole miraculeusement performative [...]. À partir de 1830, il doit au contraire se plier à la logique propre de l'imprimé [...] et découvre la nécessité de produire du texte, en conformité avec des règles communicationnelles qu'il doit peu à peu découvrir puis maîtriser » (2003 : 555).

De ce changement de paradigme pragmatique découlent nécessairement un changement de paradigme générique (mise en cause de la poésie syllabique à vocation déclamatoire, progression du roman sans narrateur, etc.) et un changement de paradigme stylistique. Tous ces éléments éclairent parfaitement l'époque et rendent très bien compte des évolutions de fond ; mais les choses sont nécessairement plus complexes dès lors qu'il s'agit d'un auteur particulier et, singulièrement, de Stendhal. En effet, tout en incarnant au plus haut point le malaise pragmatique de la littérature de son temps, celui-ci semble avoir suivi le chemin inverse ; il s'agissait pour la génération romantique de passer d'une littérature de la communication à une littérature de la consignation, il s'est agi pour Stendhal de faire le contraire.

L'intuition fondamentale de ce dernier – on l'a souvent dit [4], et nous venons encore de le souligner –, c'est en effet que le langage ne sert pas d'abord à communiquer ; or, tout se passe comme s'il avait en même

---

3. Je dois une partie de ces remarques à R.-M. Gerbe, que je remercie chaleureusement.
4.   M. Crouzet bien montré que le nominalisme stendhalien mettait en valeur la vocation du langage à stabiliser le réel, et se méfiait de la langue en tant qu'institution sociale : « Le danger des mots, c'est donc de me prévoir ou de me retarder, de me dissocier de moi, ou de m'aligner sur autrui ; les mots usés et fixés qui trahissent mon être et ma pensée, ne peuvent rapporter que des "idées générales", c'est-à-dire communes à tous, c'est-à-dire à personne, et abstraites, ou vagues, car détachées de l'expérience vécue et sentie de chacun » (1981, p. 23).

temps une intuition inverse, et que se fût imposée à lui, comme une autre évidence, l'idée que toute production langagière est susceptible d'être interprétée dans le cadre d'un rapport communicationnel, voire que tout énoncé (par sa nature discursive même) supposait, de fait, un rapport interlocutif. Le problème de Stendhal, son génie (aux deux sens du terme), c'est qu'il lui faut gérer ces deux intuitions à la fois, produire un texte qui se donne à lire sur le mode de l'archive, du non-adressé, et en même temps, par le fait même qu'on le donne à lire, gérer son statut non-archivistique. Pour produire un discours qui garde sa pertinence dans deux configurations pragmatiques *a priori* incompatibles, Stendhal adopte la solution suivante : il s'agira, pour le lecteur, de consulter un texte qui n'a pas été écrit pour lui et qui a d'autant plus de vérité et donc d'intérêt qu'il n'a pas été écrit pour lui.

Nous voici donc revenus à Richards qui énonçait comme préalables à toute lecture les questions suivantes : qu'est-ce que l'écrivain croit être en train de faire ? quel type d'acte discursif pense-t-il être en train d'opérer ? quelle posture a-t-il prévue pour son lecteur ? Or, on le comprend maintenant, quand il s'agit de Stendhal, la réponse à chacune de ces questions est double et contradictoire : le texte prévoit le lecteur tout en lui rappelant qu'il n'a pas été écrit pour lui ; l'auteur écrit un texte qui relève à la fois de la note d'archive et du discours adressé à un tiers, etc.

Cette contradiction, quand on y prête attention, on la trouve partout chez Stendhal, mais je n'en prendrai qu'un exemple, que j'emprunte à l'avertissement des *Promenades dans Rome* :

> M. Tambroni, M. Isambardi, M. Degli Antoni, M. le comte Paradisi, et plusieurs autres Italiens illustres que je nommerais s'ils étaient morts, auraient pu faire avec toutes sortes d'avantages ce livre que moi, pauvre étranger, j'entreprends. Sans doute, il y aura des erreurs, mais jamais l'intention de tromper, de flatter, de dénigrer. Je dirai la vérité. Par le temps qui court, ce n'est pas un petit engagement, même à propos de colonnes et de statues.
> Ce qui m'a déterminé à publier ce livre, c'est que souvent, étant à Rome, j'ai désiré qu'il existât. Chaque article est le résultat d'une promenade, il fut écrit sur les lieux ou le soir en rentrant [5].

---

5. Stendhal, *Voyages en Italie*, Paris, Gallimard, « Pléiade », 1973, p. 598.

On le voit, le changement de paragraphe correspond à un changement de posture énonciative et même à un changement complet dans la scénographie du texte. Au premier alinéa de ce bref extrait, on a tout d'abord un locuteur qui entreprend un texte, dit ce qu'il sera, et valide sa position légitime d'auteur, en contractualisant l'échange avec le lecteur potentiel. Tout autre est la posture énonciative au second alinéa : nous n'avons plus affaire à un auteur qui établit le cadre inter-locutif dans le lequel il va proposer son œuvre, mais bien à un éditeur qui met à disposition un texte déjà rédigé ; ce texte est constitué de notes, d'articles écrits sur le moment et qui tirent leur légitimité de ce statut même de notes prises sur le vif (c'est parce qu'elles ont été écrites en dehors de tout projet éditorial, c'est-à-dire hors de toute visée communicationnelle, que ces notes recueilleront la confiance du lecteur ; c'est précisément parce qu'elles n'ont pas été écrites pour lui que le lecteur trouvera de l'intérêt aux pages qui suivent, etc.). Bref, les *Promenades* sont d'emblée placées dans deux cadres pragmatiques non conciliables : elles sont à la fois un discours adressé et instaurent de ce fait une classe d'allocutaires anonymes dans laquelle tout lecteur viendra, de droit, prendre place ; elles sont, d'autre part, un texte non adressé, un document qui tire de son statut non adressé sa validité. Bref, l'Avertissement met en place deux protocoles : un protocole interlo-cutif, communicationnel (je vais écrire ce livre pour vous, lecteur, et voici selon quelles règles) et un protocole archivistique, non-communi-cationnel (j'édite ici des notes prises sur le vif par le voyageur que je fus à Rome).

On dira que ces remarques – qui ne font guère que développer le liminaire du journal de 1805 – n'ont de pleine pertinence que pour les écrits de Stendhal relevant de la forme diariste (les textes sur l'Italie, par exemple, qui revendiquent leur statut de texte de consignation, de recueils, de réservoirs, d'aide-mémoire et en adoptent localement les conventions d'écriture). Dans la partie romanesque de l'œuvre, les choses ne sont cependant pas très différentes : il s'agit encore une fois – pour gérer la double postulation pragmatique de l'auteur – d'instaurer un double protocole, ou plus exactement de neutraliser le protocole communicationnel qui fonde encore le roman, c'est-à-dire d'obtenir là aussi que le lecteur ne lise pas le récit comme s'il lui était adressé, mais selon un rituel où – pour reprendre la terminologie d'Erwin Goffman – sa position n'est pas *ratifiée*. Neutraliser le protocole communicationnel, et non pas l'instaurer comme on le dit généralement, tel est fort probablement – consciemment ou inconsciemment – le but visé par Stendhal dans la mise en scène énonciative de ses grands romans. Les « Avertissements » de ceux-ci reviennent tous à dire au lecteur qu'il a entre les mains un objet qui ne lui était pas vraiment destiné et lui proposent le texte, en quelque sorte, pour qu'il le consulte comme on le fait d'un document. C'était vrai dès *Armance*, en 1827 ; ça l'est plus que jamais avec *Le Rouge et le Noir*, en 1830 ; ça le demeurera avec *La Chartreuse*, en 1839 [6], même quand l'époque aura fait du récit sans narrateur, c'est-à-dire sans rite communicationnel, la forme non marquée du roman. C'est que le récit sans narrateur n'est pas l'exact équivalent de la configuration stendhalienne : pour Stendhal, il ne s'agit pas de faire disparaître le protocole communicationnel, mais de l'exprimer et de le neutraliser dans un même mouvement, d'avoir une instance susceptible de dire « notre héros » dans un texte dont le statut communicationnel a pourtant été d'emblée évacué, de telle sorte que le lecteur ne sache pas s'il a permission ou non de s'inclure dans le *nous* qui justifie ce *notre*.

On comprend mieux, dès lors, pourquoi la catégorie même de *style* a pu encombrer Stendhal. C'est qu'elle entérine trop aisément le protocole communicationnel, et cela à deux niveaux : en tant que travail de correction et d'embellissement de la langue (le style est bien pour Stendhal quelque chose qui se corrige, comme il le souligne dans l'avertissement d'*Armance*, et il parle bien, à propos du style, de « perfection du français » en 1840 dans son projet de réponse à Balzac), le style avalise la rupture de l'œuvre avec la vocation archivistique qui est spontanément, consciemment ou non, celle que Stendhal lui assigne ; en tant que marque idiolectale, le style assure de plus une continuité énonciative : dans le paradigme romantique, le style de Chateaubriand rappelle constamment que l'énonciateur est Chateaubriand et voilà que le fait de style se trouve désormais doté d'une valeur pragmatique, il signale le maintien d'un pacte communicationnel entre un scripteur et un lecteur. On ne peut en vouloir à Stendhal de ne pas avoir bien su articuler ces deux conceptions, *a priori* non congruentes, de la notion de style ; mais, de fait, l'unique revendication stendhalienne (« je ne vois qu'une règle : le style ne saurait être trop *clair*, trop *simple* »)

---

6. Voir Bordas (1996).

répond au contrecoup pragmatique de ces deux conceptions : le style doit être clair, parce que son rendement s'évalue en termes de véridicité et non d'effets ; il doit être simple, parce qu'il n'a pas pour but d'assurer la continuité énonciative du texte dans une perspective communicationnelle.

Assurément, l'équilibre pragmatique instable dans lequel Stendhal essaie toujours de se tenir ne peut être sans conséquence aucune sur les aspects plus strictement langagiers de son travail, et ce n'est sans doute pas simple hasard si les exemples empruntés à Stendhal abondent dans les études consacrées aux incohérences énonciatives, au point qu'on pourrait se demander si l'on ne tient pas ici quelque chose comme son « étymon spirituel » (le trait linguistique qui donnerait la clé de sa posture littéraire). On se souvient que la stylistique de Spitzer reposait sur le repérage des énoncés non standard et sur l'hypothèse que ces énoncés permettaient de remonter à la racine du projet scripturaire d'un écrivain. Si l'on voulait s'amuser à pasticher Spitzer, on dirait ainsi que l'énoncé stendhalien par excellence, c'est celui où se donne à lire sa double postulation pragmatique, comme – par exemple – dans la phrase si souvent commentée du *Rouge et le Noir* : « Aujourd'hui, personne ne lui adressa la parole. » On peut en effet se demander si c'est avec droit que les commentateurs d'une phrase telle que celle-ci (Vuillaume, 1990 ; Maingueneau, 1990, etc.) ont raison lorsqu'ils veulent en réduire le caractère déviant, en disant par exemple que la délicate coprésence du passé simple et de l'adverbe *aujourd'hui* cesse de gêner dès lors que l'on considère que ce dernier ne porte pas sur les procès décrits par l'énoncé, mais sur le processus de narration et de lecture. Non que cette hypothèse ne soit pas tenable, mais elle n'explique pas pourquoi ce type de formule de compromis se trouve si souvent chez Stendhal et si rarement ailleurs, au point que cette incohérence énonciative même nous apparaisse comme un trait de l'idiolecte stendhalien, une marque de fabrique. Et sans doute ne doit-on pas lever l'incohérence d'un énoncé qui donne des instructions de déchiffrement contradictoires (en tant que filtre énonciatif *aujourd'hui* n'est que difficilement compatible avec le passé simple qui tend à signaler que le procès est envisagé sans filtre). On retrouverait donc, au niveau de l'énoncé lui-même, ce qu'on a vu apparaître au niveau général de la scénographie des grands textes de Stendhal, à savoir la coprésence de deux postures pragmatiques *a priori* exclusives l'une de l'autre. Et l'on pourrait encore se souvenir – pour prendre un cas intermédiaire entre l'énoncé et l'œuvre – que dans sa thèse de 1942, Jean Prévost s'étonnait de l'omniprésence du discours intérieur dans les grands romans de Stendhal, et notait que ce discours de soi à soi permettait de multiplier dans le récit les énoncés non adressés à un tiers selon un schéma communicationnel standard (j'accède aux propos intimes d'Armance bien que ceux-ci ne me soient pas adressés, bref on me propose en quelque sorte de les « consulter »), et ramenait dans le roman le propre de l'écriture diariste [7].

La boucle commence à se boucler, puisque nous voici revenus au point de départ, lorsque nous entendions Stendhal dire qu'il n'écrivait son journal « absolument que pour [lui-même] », et que Taine nous proposait d'élargir ce constat à l'ensemble de la production d'un auteur qui écrivait « sans se figurer qu'un public l'écoute ». Il semble dès lors pertinent de suivre Taine et de penser que la question du style de Stendhal ne doit pas d'abord se poser en termes d'esthétique de la langue, mais bien en termes de pragmatique. Cela aurait au moins un bénéfice immédiat, celui de ne pas constituer en idiolecte (avec les conséquences pragmatiques qu'on a dites) les traits récurrents de ce qu'il est convenu d'appeler le « style » de Stendhal, qui se résumerait en une méfiance envers la phrase [8] comme structure organisant des contenus (d'où la concision, la parataxe, l'apposition…), et en une sorte d'extraterritorialité de ses constituants notamment lexicaux (mots ou tournures archaïques, étrangers, d'un niveau ou d'un registre de langue autre que standard). On se souvient de la formule de Michel Crouzet (1981 : 41) : pour Stendhal, « parler la même langue que tous est un problème », mais – voudrait-on ajouter – ce n'est pas seulement un problème linguistique, c'est aussi un problème pragmatique : parler la même langue que tous, c'est bien, *de facto*, se placer dans l'hypothèse d'une communication.

On ne peut certes dire que Stendhal inaugure le déni de communication que les sociocritiques et les pragmaticiens ont si souvent reproché aux Romantiques en général, en définissant par cette catégorie non pas les représentants d'un mouvement littéraire, mais précisément

---

7. Voir Prévost (1974, p. 116).
8. Voir Dürrenmatt (1996).

ceux qui ont incarné cette posture pragmatique contradictoire, tout au long du XIXe siècle et jusqu'au *Contre Sainte-Beuve*, où l'on croirait lire à nouveau Stendhal : « Ce qu'on donne au public, c'est bien ce qu'on a écrit seul, pour soi-même. » Comme Proust, avant Proust, Stendhal apparaîtrait comme l'une de ces victimes de l'illusion théorisée par Richards dans les années 1920 et dénoncée par la sociocritique française dans les années 1990. Mais la position de Stendhal mérite plus de nuances : son intuition première – que le langage n'a pas d'abord vocation à être un *medium* social – est immédiatement contrée par une intuition à peine moins forte, à savoir qu'une mise en signes n'est pleinement pertinente qu'à l'intérieur d'un dispositif interlocutif. Donner libre cours à ces deux intuitions pragmatiques contradictoires, sans chercher de solution de compromis (celle du récit sans narrateur, par exemple ; il y a bien un narrateur dans les romans de Stendhal, mais sa présence est d'autant plus forte qu'il n'est pas dans une relation de communication directe avec le lecteur), voici ce qui distingue Stendhal, et voilà pourquoi s'imposerait pour lui, plus encore que pour tout autre, une pragmatique du style en complément de cette linguistique du style, dont on a pu dire, en ouverture, qu'elle avait déjà atteint une bonne partie des objectifs qu'elle pouvait se fixer.

Gilles Philippe
Université Stendhal – Grenoble 3
Institut universitaire de France

UNE ESTHÉTIQUE DU STYLE

Le style comme catégorie esthétique

Des emplois que Stendhal fait du terme ou de la notion de style dans ses écrits sur les arts (musique et arts visuels, pour l'essentiel), nul doute que se dégage ce qu'il est convenu d'appeler une « esthétique », soit une théorie des arts ou même une théorie du beau artistique. Toutefois, même si ces deux questions ont beaucoup occupé Stendhal [1], elles ne sauraient faire oublier à son lecteur que l'esthétique est d'abord impliquée par un certain type de relation, de conduite, d'attitude ou d'expérience face aux choses et aux phénomènes, qu'ils soient naturels ou artificiels, et qu'elle ne se ramène donc nullement à une philosophie de l'art ou du beau, bien qu'elle puisse en croiser les voies. Nul autre écrivain, précisément, ne l'aura mieux montré que Stendhal, lui qui fut si pleinement un amateur et qui n'aspirait en retour qu'aux suffrages des *happy few* [2]. S'il est une esthétique stendhalienne du style, c'est donc aussi et principalement en ce sens que le style occupe une place centrale à la fois dans la relation que Stendhal entretient avec les œuvres des autres – quel qu'en soit le médium, verbal, musical ou visuel – et dans la relation que chaque lecteur entretient avec ses œuvres propres.

Le passage du domaine des « arts » au domaine littéraire, et donc d'une esthétique *stricto sensu* (comme science de l'art) à une esthétique littéraire, peut heurter certaines habitudes de pensée, à commencer par celle qui voudrait réserver la notion d'art aux seuls « beaux-arts ». Pour ce qui regarde plus particulièrement Stendhal, cet élargissement est doublement fondé : d'une part, parce qu'il a lui-même souvent mobilisé des catégories très proches pour rendre compte de son rapport aux différents arts, l'art verbal inclus, autrement nommé « littérature » ; d'autre part, parce qu'il aura précisément eu recours pour ce faire à un

---

1. Contrairement à la théorie du beau artistique, celle du beau naturel, qui est également très présente dans la pensée de Stendhal, n'est jamais articulée à la catégorie du style. Pour Stendhal, comme pour toute la tradition dont il s'inspire (et qui est encore largement dominante aujourd'hui), cette catégorie ne peut s'appliquer qu'à des artefacts à visée esthétique intentionnelle, tels que tableaux, sculptures, édifices, œuvres musicales ou littéraires, modes d'exécution (instrumental, vocal, dramatique)…
2. Voir Genette (1999, p. 129-150).

seul et même vocable, celui de *style*. Le trait est notable, qui constitue une relative nouveauté au début du XIXe siècle [3]. Jusqu'au siècle précédent, le mot était réservé aux seules productions écrites, la littérature d'art disposant pour sa part d'un terme spécifique, *manière*, emprunté à l'italien avec ses deux principaux sens, l'un, négatif, qui désigne l'entraînement tout mécanique par lequel un peintre imite son maître ou s'imite lui-même, l'autre, positif ou à tout le moins neutre, qui fait droit à la manière de peindre propre au peintre imitant la nature. À cette dénomination traditionnelle, qui péchait par son ambivalence et que la vigueur de la réaction anti-rococo, où s'illustra Diderot, faisait prendre de plus en plus souvent en mauvaise part, les auteurs finiront par substituer la catégorie rhétorique de style, qui avait pour elle la légitimité que confère l'ancienneté. Une conséquence de ce remaniement conceptuel sur laquelle on ne saurait trop insister est qu'ainsi devenait enfin possible une saisie unifiée du champ des activités humaines à finalité esthétique : Stendhal, qui est à peu près le contemporain de cette mutation, multiplie avec virtuosité les équivalences entre les styles d'arts différents [4]. Et si son époque accuse encore quelques hésitations terminologiques, celles-ci sont principalement imputables au traditionnel retard des usages profanes sur les usages savants. Lui-même, quand il n'emploie pas le mot en alternance avec celui de *manière* [5], le met volontiers en évidence en le soulignant, ce qui est bien la preuve qu'il n'est pas encore tout à fait usuel.

Que le style d'une œuvre d'art ou d'une œuvre littéraire soit pris en compte dans la relation que nous entretenons avec elles et influe sur le jugement que nous portons sur elles, c'est l'évidence même. Cela étant, l'une des difficultés posées par cette notion est qu'elle constitue la rationalisation savante d'une catégorie que l'attention la moins avertie est à même de produire. Cette difficulté, à vrai dire, ne se découvre que si

---

3. Pour des développements et des orientations bibliographiques, voir Vouilloux (2002).
4. Ainsi, à propos des dessins de Michel-Ange, dans lesquels « il y a quelque chose de David, et rien de Mozart » (*VI*, p. 638) ; ou à propos du « rococo » berninien qui boursoufle la nef de Saint-Pierre : « C'est Dorat chargé de faire l'oraison funèbre de Napoléon » (*ibid.*, p. 684).
5. Voir, par exemple, *HPI*, p. 176 (à propos des « trois styles de Léonard ») et p. 264-265, n. 3. *Maniéré*, en revanche, a toujours chez lui le sens dépréciatif d'« affecté » qu'il avait déjà à l'époque classique. Stendhal recourt également au substantif *faire*, comme dans ce passage, où le terme est glosé : « À peine deux minutes s'étaient écoulées, que je me suis senti ému ; j'étais venu pour observer le *faire* de Prud'hon, sa manière de rendre la couleur, le clair-obscur, le dessin » (*S*, p. 85, à propos d'*Une famille dans la désolation*).

l'on souscrit à une définition extensive : participent du style tous les aspects perceptibles d'un « objet » que nous tenons pour caractéristiques d'un auteur ou d'une classe plus ou moins large d'œuvres produites par des auteurs différents, mais possédant en commun un certain nombre de traits, l'assignation d'une œuvre à l'instance qui l'a produite procédant par comparaison, c'est-à-dire par voie de rapprochements et de différenciations. À cette première difficulté s'en ajoute une seconde : c'est que la notion de style ne se résorbe pas tout entière dans le champ esthétique. L'identification et la caractérisation d'un style, dès lors qu'ils procèdent par comparaisons, mobilisent des savoirs d'arrière-plan, des connaissances latérales : le style n'est pas seulement l'index de la relation que nous entretenons avec une œuvre ; il est lui-même relatif aux mises en relation que nous sommes à même d'établir à partir de cette œuvre. Il y a plus : même si l'on est prêt à reconnaître une portée cognitive à la relation esthétique, force est d'admettre qu'il existe des usages purement cognitifs et non esthétiques de la notion de style, ou plutôt que l'attention que nous portons au style d'une œuvre – attention qui est nécessairement d'ordre esthétique – peut avoir une visée autre qu'esthétique. C'est ce qui se produit dans le champ de l'histoire de l'art et de la philologie, lorsque le style est pris en compte aux fins exclusives d'une expertise, qu'il s'agisse d'établir une attribution ou une datation.

Style et valeurs

A priori, les usages que Stendhal fait du terme *style*, en particulier dans ses écrits sur l'art, semblent témoigner d'une oscillation entre ces deux pôles, cognitif (non marqué) et esthétique (marqué). Les emplois purement descriptifs sont néanmoins très rares et concernent surtout les styles architecturaux – cette « grammaire des styles » par le biais de laquelle sont spécifiés les principaux « ordres » d'architecture. Si l'entrée d'un style dans une telle nomenclature va de pair avec la neutralisation axiologique de sa désignation, les usages qui sont ceux de Stendhal et de son époque renvoient à une typologie qui ne s'est pas encore stabilisée : certains prédicats, comme *roman*, ont accédé à une reconnaissance récente de la part du monde savant, d'autres, comme *gothique*, viennent de perdre les connotations péjoratives qui leur étaient associées depuis la Renaissance (le gothique ayant été progressivement réhabilité au cours du XVIIIe siècle, en Italie, en Angleterre puis en Allemagne), tandis que d'autres devront attendre la fin du XIXe siècle pour s'implanter définitivement, comme *baroque*, qui a alors le sens péjoratif de « bizarre » et qui ne s'applique pas encore spécifiquement à ce que l'on désigne souvent sous le nom de « style jésuite ». Ainsi, lorsque Stendhal fait mérite au peintre Boyenval d'avoir su rendre des murailles « d'un style à demi gothique » (*S* : 111), il a en vue un genre précis d'architecture, sur lequel il reviendra fréquemment dans les *Mémoires d'un touriste*.

C'est donc dans un type bien déterminé de contexte que *style* peut fonctionner comme un prédicat neutre et classificatoire, dépourvu de toute portée autre que descriptive. Partout ailleurs, que le style considéré soit celui d'un peintre (Raphaël, Léonard ou le Corrège dans l'*Histoire de la peinture en Italie*), d'une époque (le style d'Herculanum ou celui des modernes, et en particulier des élèves de David), d'un genre (le portrait), d'un ton (le « style noble »), voire d'un art (la sculpture), le mot est toujours pris dans des contextes qui lui assignent une portée axiologique, positive ou négative. Lorsqu'elle est explicite, cette axiologisation est opérée au moyen de substantifs ou d'adjectifs co-occurrents. La caractérisation nominale peut exploiter aussi bien une construction en apposition (« son troisième style, [...] d'une harmonie plus tendre » [*HPI* : 176], à propos de Léonard) que régir un groupe déterminatif à valeur de génitif subjectif (« la grâce du style », toujours à propos de Léonard) ou des structures prépositionnelles de sens locatif (« élévation dans le style » [*ibid.* : 305], à propos de la sculpture ; « chefs-d'œuvre de *petitesse dans le style* » [*S* : 143], à propos des gravures modernes de *L'École d'Athènes*). La caractérisation adjectivale, de son côté, s'affecte à tous les postes fonctionnels qui lui sont ouverts, épithète (« bon style » [*ibid.* : 133], à propos des ouvrages de l'école allemande disponibles en estampes), apposition (« son troisième style, plus tranquille » [*HPI* : 176], à propos de Léonard) ou attribut (« Léonard, dont le style était mélancolique et solennel [...] » [*ibid.* : 216]). Un groupe lexicalisé comme « style noble », en principe descriptif puisqu'il indexe la typologie rhétorique des trois styles, peut se charger d'une valeur tantôt négative, lorsqu'il s'applique aux productions ampoulées du classicisme académique [6], tantôt positive, lorsqu'il est associé à des peintres tels que

---

6. Sur le versant littéraire, voir la remarque qui, dans l'« Avertissement » aux *Promenades dans Rome*, fait suite à l'évocation anecdotique du premier séjour à Rome : « M'accusera-t-on d'*égotisme* pour avoir rapporté cette petite circonstance ? Tournée en style académique ou en style grave, elle aurait occupé toute une page » (*VI*, p. 597).

Raphaël et les Carrache[7]. En revanche, l'insertion d'un intensif en construction comparative ou superlative a pour effet de faire verser les catégories rhétoriques de « style sublime » et de « style élevé » du côté des prédicats évaluatifs[8]. Quant au groupe « *pureté du grand style* », qui combine le classème rhétorique (« grand style », équivalent de « style noble » et de « style sublime ») avec un prédicat esthétique de valeur positive, c'est son emploi ironique qui lui confère dans tel passage du *Salon* de 1824 sa portée dépréciative (*S* : 116).

Les stratégies d'axiologisation les plus remarquables sont celles qui procèdent de manière implicite, le mot *style* étant alors construit en emploi absolu. Il prend une valeur indéniablement positive lorsqu'il vise un idéal d'expression artistique (qui peut être d'ordre générique, comme, par exemple, à propos « Du style dans le portrait », qui intitule le chapitre CVIII de l'*Histoire de la peinture en Italie*) ou toutes les fois qu'il fait droit à ce que Stendhal appelle, dans les *Promenades dans Rome*, la « manière particulière » d'un peintre :

> Le *style* en peinture est la manière particulière à chacun de dire les mêmes choses. Chacun des grands peintres chercha les procédés qui pouvaient porter à l'âme cette *impression particulière* qui lui semblait le grand but de la peinture. Un choix de couleurs, une manière de les appliquer avec le pinceau, la distribution des ombres, certains accessoires, etc., *augmentent le style* d'un dessin. Tout le monde sent qu'une femme qui attend son amant ou son confesseur ne prend pas le même chapeau (*VI* : 648-649).

Arrêtons-nous un moment sur ce passage. Les deux dernières phrases sont reprises directement de l'*Histoire de la peinture en Italie*, à un détail près : au lieu de « *augmentent le style* d'un dessin », on lisait d'abord « augmentent les effets moraux d'un dessin » – variante qui montre combien les « styles » ne sauraient se réduire, comme le veulent les connaisseurs, aux seules « particularités » que présente leur « partie physique » (*HPI* : 134)[9]. La comparaison finale, bien dans la manière de Stendhal, s'était alors attiré ce commentaire courroucé d'Alexandre

---

7. Voir *S*, p 165.
8. Voir *HPI*, p 251 et *VI*, p. 541.
9. Stendhal ne fait que reprendre un lieu commun de la littérature d'art : « Il y a des personnes qui pour avoir vû beaucoup de tableaux, connaissent les différentes manieres, & savent le nom de leurs auteurs, même beaucoup mieux que les Peintres, sans que pour cela ils soient en état de juger de la beauté de l'ouvrage » (Diderot & d'Alembert, 1751-1780, t. X, p. 37, s. *v.* « Maniere ») – passage qui plagie Félibien.

Lenoir : « Ceci est pitoyable. Je ne pense pas qu'une solution aussi burlesque soit admissible à la fin d'un article sérieux et relatif aux arts [10]. » Quant à la formule « manière particulière », elle apparaissait déjà en tête de ce même chapitre de l'*Histoire*, ambitieusement intitulé « Définitions », dans un passage qui sera repris, avec quelques autres, dans la même section des *Promenades* :

> Tout le monde connaît la *Madonna alla Seggiola** [* De Raphaël, ancien Musée Napoléon ; la *Vision*, n° 1125.] Il y a deux gravures, l'une de Morghen, l'autre de M. Desnoyers, et, entre ces deux gravures, une certaine dissemblance. C'est pour cela que les styles de ces deux artistes sont différents. Chacun a cherché d'une manière particulière l'imitation de l'original (*HPI* : 133) [11].

Alexandre Lenoir trouva également à redire à cet emploi : « *Style* n'est pas le mot propre dans cette circonstance. Un graveur a une *manière de faire* et non un *style* puisqu'il n'est qu'imitateur dans son travail [12]. » L'ombrageux fondateur du Musée des monuments français instruit une distinction très nette entre un art de reproduction, comme la gravure dite « d'interprétation », qui transpose les œuvres d'un art dans un autre et qui n'en appelle selon lui qu'à l'habileté technique et donc à une « manière de faire », et les arts dans lesquels l'invention compte autant que l'exécution et auxquels il veut réserver la notion de style. Ce découplage n'est pas sans rappeler la différence que de Piles établissait entre « style de penser » et « style d'exécuter », elle-même déduite de la distinction fondamentale entre les parties théoriques et les parties pratiques de la peinture. Il n'est pas sûr, cependant, que l'emploi critiqué par Lenoir soit dû à une négligence de Stendhal : pour l'amateur d'estampes qu'il fut, la gravure, même subordonnée à la reproduction, peut laisser libre cours à la « manière particulière » d'un artiste. L'affirmation ne saurait étonner de la part d'un écrivain qui sut faire un art (le sien, justement) du plagiat et de la réécriture des auteurs qu'il pillait.

De la définition des *Promenades*, importante à plus d'un titre, et sur laquelle il faudra revenir, on retiendra pour l'instant que cette « manière

---

10. A. Lenoir, « Mes observations sur un ouvrage intitulé *Histoire de la peinture en Italie* par M.B.A.A. », in *HPI*, p. 571.
11. Voir *VI*, p. 648.
12. A. Lenoir, « Mes observations… », *ibid.*, p. 521.

particulière » semble être l'apanage des seuls peintres qui peuvent être tenus pour « grands ». C'est bien ce qui ressort également du chapitre XLI de l'*Histoire*, intitulé « Des trois styles de Léonard », de telle remarque élogieuse du *Salon* de 1824 (*S* : 135) et surtout de la façon dont le terme est associé à des peintres comme le Corrège, Andrea del Sarto ou Raphaël [13]. Il n'y avait donc pour Stendhal aucun paradoxe à soutenir qu'il est des peintres sans style – par exemple et sans doute, ceux qu'il distribuait de la troisième à la sixième catégories de la « Liste des grands peintres » fournie en appendice à l'*Histoire*. Une telle possibilité est d'ailleurs très clairement indiquée par une clausule en apparence innocente, tirée toujours du chapitre « Définitions » de l'*Histoire* : « Le dessin, ou les contours des muscles, des ombres et des draperies, l'imitation de la lumière, l'imitation des couleurs locales, ont une couleur particulière dans le *style* de chaque peintre, s'il a un *style* » (*HPI* : 135). Il n'y a là, encore une fois, nul paradoxe : dès lors que le style est l'un des aspects de l'œuvre sur lesquels s'instaure la relation esthétique à celle-ci et qu'une telle relation est, par définition, axiologiquement orientée, il s'ensuit que la *perception* du style est l'enjeu d'un intense mouvement de (dé)valorisation. En revanche, il ne s'ensuit aucunement que la *description* du processus attentionnel à la faveur duquel opère cette (dé)valorisation doive reporter son mouvement sur l'œuvre elle-même, abstraction faite de la relation dans laquelle celle-ci est prise. En d'autres termes, la description du style, en tant que catégorie esthétique, n'implique pas qu'elle doive assumer ou endosser les phénomènes de (dé)valorisation qui sont inhérents à la relation esthétique comme telle. Une théorie du style doit en effet être à même de rendre compte du fait que tout énoncé (et plus largement tout artefact) est sémiotiquement caractérisable par son style, quand bien même les lecteurs ne lui trouveraient « aucun style ».

Nous approchons là du foyer auquel s'alimentent les conceptions esthétiques de Stendhal sur le style : celui-ci est une valeur en soi aussi longtemps que sa « particularité » est l'indice de ce qui singularise la grande individualité créatrice. En somme, le style, absolument, c'est le grand homme – définition qui ne fait que repousser d'un cran l'objet

---

13. Voir respectivement *HPI*, p 216, *S*, p. 141, et *VI*, p 649. La phrase des *Promenades* a trouvé sa première formulation dans l'*Histoire de la peinture en Italie* (p. 135), où toutefois elle n'était pas rapportée à Raphaël.

de l'appréciation (qu'est-ce qu'un « grand artiste » ?) et refermer celle-ci sur une tautologie (le « grand artiste » est celui qui « a » un style). Pour peu que ce lien soit distendu ou rompu faute de pouvoir renvoyer à une singularité vraie, le style n'est plus qu'une particularité indéfiniment réplicable, une marque postiche à la disposition de tous, un signal à exhiber :

> [...] les classiques de la peinture, ces gens qui ne jurent que par David, et ne prononcent pas trois mots sans parler de *style* (*S* : 66).

> Malgré les défauts choquants de la *Mort de Gaston de Foix*, j'aimerais mieux avoir fait cet ouvrage que vingt tableaux comme *Agamemnon négligeant les prédictions de Cassandre* (n° 353). C'est la *vérité trop vraie* opposée à l'abus du style (*ibid.* : 87).

> Le vulgaire des artistes donne le nom de *style* par excellence au style qui est à la mode. En 1810, quand on disait à Paris : « Cette figure a du *style* », on voulait dire : « Cette figure ressemble à celles de David » (*VI* : 649).

Ce style-là est celui des gens qui « font du style », pour reprendre une autre formule (*S* : 155). Si « faire du style », c'est montrer ce que l'on n'a pas à un public assez crédule pour en être dupe, on comprend que cet activisme puisse se ramener à une posture purement déclarative, à l'affichage d'une intention. Fin observateur des manières de parler qui sont celles de son temps, Stendhal note ainsi les usages idiomatiques en vogue dans la France et l'Italie du premier quart de siècle. Les termes dans lesquels il rend compte en 1826 de sa visite du *casin* de San Paolo à Naples sont sans ambiguïté :

> Comme la plupart des bâtiments doivent faire naître le respect et même la terreur – par exemple une église *catholique*, le palais d'un roi despote, etc., – souvent quand on dit en Italie : « Ce bâtiment est plein de *style* », entendez : « Il inspire le respect. » Les pédants, quand ils parlent de style, veulent dire : « Cette architecture est classique, elle imite le grec, ou du moins une certaine nuance de grec francisé, comme l'*Iphigénie* de Racine imite celle d'Euripide » (*VI* : 309-310).

Si un bâtiment « plein de style » est un bâtiment qui « inspire le respect », alors il est clair que les préférences de Stendhal ne sauraient aller à une architecture respectable. Bref, le style, en ce sens, signe une posture d'autorité (religieuse ou politique), voire une posture d'« auteur »

– on sait les réticences de Stendhal à l'égard de cette notion –, posture qui n'est que l'imposture s'attachant à toute pose. Pour sa part, Stendhal veut bien faire l'aveu de ses « fautes de style et de convenances » (*S* : 58), si c'est pour voir reconnaître en contrepartie à son écriture les qualités de « clarté », de « simplicité », de « sincérité » qu'il prise tant chez les autres. C'est ce qu'il déclare expressément au seuil de son *Salon* de 1824, lorsqu'il se présente en « paysan du Danube » : « Je n'ai point de style, mais *je pense tout ce que j'écris.* »

La « révolution » davidienne

Ce style à la fois absolu et inane auquel font référence aussi bien les *Promenades dans Rome* que les *Salons* est régulièrement associé en ces années-là à l'école française contemporaine, et en particulier au courant davidien. Qu'il s'agisse là d'un trait d'époque et non d'une extrapolation polémique due aux seuls engagements esthétiques de Stendhal, une remarque de Delacroix en apporte la preuve. Dans un article publié une vingtaine d'années plus tard (1846), il glosait en ces termes « la toute puissance du préjugé » dont jouissait David sous l'Empire :

> Ce qu'on appelait *le style*, c'était le sien par excellence, et quand on disait d'un peintre qu'il avait du style, cela ne voulait pas dire qu'il eût une forme originale à lui, une manifestation de sa pensée empreinte de son génie particulier ; cela signifiait qu'il avait le style antique fixé désormais par David et revivant dans sa peinture (Delacroix, 1988 : 149).

Il y aurait beaucoup à dire sur les jugements, fort variables, que Stendhal réserve à David et à ses élèves. On observera que les plus notables d'entre ceux-ci peuvent faire l'objet, ici et là, d'appréciations favorables ; elles sont toujours ponctuelles, personnalisées et circonstanciées. L'*Histoire de la peinture en Italie* réserve ces hommages aux notes de bas de page : *L'Amour embrassant Psyché* du baron Gérard est qualifié de « joli tableau » (*HPI* : 153, n. 2) ; la composition historique de Girodet, *SM l'Empereur recevant les clefs de Vienne*, de « beau tableau » (*HPI* : 275, n. 2). Les progrès accomplis par Guérin « dans la science de l'expression », et dont témoignent ses têtes de Phèdre, de Didon, d'Élise et de Clytemnestre, font même dire à l'auteur que « la place est faite en France pour un autre Raphaël » (*HPI* : 353).

Quelques années plus tard, la seconde édition de *Rome, Naples et Florence* et les *Promenades dans Rome* ne parlent plus des « artistes français, élèves de David » que comme de « dignes compatriotes de Laharpe » (*VI* : 333), ce qui sous la plume de Stendhal n'est certainement pas un compliment. Quand « les tableaux de Girodet et des autres élèves de l'immortel David font plaisir à voir », ce n'est que par comparaison avec la médiocrité dans laquelle a sombré la peinture italienne après 1740 (*VI* : 491, n.) [14]. Mais qu'arrive un artiste de la qualité de Canova, et ils sont renvoyés à leurs propres insuffisances de peintres dogmatiques entichés de mesures et de proportions (*VI* : 694) [15]. De fait, mentionnés en bloc, comme s'ils formaient une phalange armée de certitudes, les « artistes français, élèves de David » se distinguent toujours par les mépris qu'ils font tomber sur des ouvrages admirables et admirés, comme le *Saint-André* du Dominiquin (*VI* : 391), le tableau des *Limbes* de Bronzino (*VI* : 504) ou les « fresques immortelles » du palais Farnèse (*VI* : 924).

Entre l'*Histoire* de 1818 et les « guides » italiens de la seconde moitié des années 1820, sa carrière de « salonnier » aura permis à Stendhal de prendre toute la mesure des maux dont souffre, selon lui, l'école française de peinture, et que résume cette formule définitive : « L'École de David *ne peut peindre que les corps ; elle est décidément inhabile à peindre les âmes* » [16] (*S* : 80).

Quant au maître lui-même, Stendhal souffle sur lui le chaud et le froid. D'une part, il voit en lui un « recueil de petitesses », incapable de « cacher cette petite vanité de tous les moments et de ne pas prouver sans cesse toute l'importance dont il est à ses propres yeux » (*OI* I : 552) [17]. Si la comparaison entre Raphaël et David ne peut que tourner à l'avantage du premier (*VI* : 629), le fait que les dessins de Michel-Ange aient « quelque chose de David » ne saurait être pris en bonne

---

14. Il ajoute : « Je n'ai rien vu en Italie, parmi les tableaux modernes, qui rappelle, même de loin, je ne dirai pas la grâce céleste de Prud'hon, mais *La Peste de Jaffa*, ou la tête de la *Didon* de M. le baron Guérin ». Voir encore, à propos de Vincenzo Camuccini (1771-1844) : « Ses ouvrages sont-ils comparables à ceux de MM. Gérard, Gros, Delaroche et autres illustres Français ? » (*VI*, p. 704-705).

15. À propos du tombeau de Clément XIII, à Saint-Pierre de Rome. Ailleurs, David, Girodet et les autres sont traités ironiquement de « grands géomètres » (*VI*, p. 888).

16. Il est question, quelques lignes plus bas, du Guerchin comme de « l'un de ceux que j'ai vus le plus méprisés par la suffisance orgueilleuse et le dédaigneux sourire des élèves de David ».

17. Voir aussi *HPI*, p. 260.

part : « ils montrent les corps et non les âmes ; chaque personnage a un peu l'air de ne s'occuper que de lui seul » (*VI* : 638). Mais, d'autre part, David fut celui qui veilla sur la beauté alors que l'opinion était « occupée d'autre chose » : « Notre papier marqué, nos pièces de dix centimes étaient des modèles de beauté, et sans doute les plus souvent regardés » (*HPI* : 343, n. 3) [18]. Surtout, Stendhal n'omet pas de « rendre grâce à la révolution opérée dans les arts par l'illustre David. Ce grand peintre *a tué la queue du Bernin* » (*VI* : 703) [19], par quoi il faut entendre, bien sûr, cet avatar ultime de l'ancien régime des arts que fut le rococo ou « style Pompadour ». Et c'est ce même terme de « révolution » qui est employé dans l'édition de 1826 de *Rome, Naples et Florence* à propos du tournant que les Carrache firent prendre à la peinture : « De nos jours, en France, David a fait une révolution semblable » (*VI* : 325). Le terme, assurément, est fort, qui, à l'époque, conserve encore sa pleine signification politique, d'autant plus prégnante qu'elle est associée, dans des textes publiés en pleine Restauration, à la sulfureuse mémoire du peintre régicide : c'est une métaphore, certes, mais une métaphore vive, que son implantation dans le champ esthétique des arts et des lettres n'a pas encore édulcorée. David, donc, est un peintre que Stendhal aura pu « respecter », mais qui le laissera presque toujours « froid » [20], son respect allant d'abord au peintre qui sut, et ses élèves à la suite, se trouver du « bon » côté politique.

La présentation que notre écrivain donne de la « révolution » picturale accomplie par David pèche sans doute par son simplisme, mais la séquence historique qu'elle met en place est hautement significative. Elle noue en effet deux schémas explicatifs auxquels Stendhal recourt ailleurs quand il diagnostique l'état de la chose littéraire à son époque, notamment dans les articles écrits pour la presse anglaise et dans les deux versions de *Racine et Shakespeare*. D'une part, la « révolution » davidienne, par sa radicalité, a entraîné dans le champ artistique un reclassement des valeurs comparable à celui qu'ont opéré les événe-

---

18. On trouve une remarque similaire dans un passage de *Rome, Naples et Florence en 1826* cité plus haut (n. 10).

19. À propos du tombeau de Pie VII réalisé par Thorwaldsen à Saint-Pierre de Rome.

20. À propos des « chefs-d'œuvre du grand homme, grands comme une chambre, languiss[ant] au Luxembourg », Stendhal précise en note : « Je respecte beaucoup le caractère de M. David, il fut le contraire d'un homme de lettres. Ses tableaux ne font pas plaisir à l'œil ; ils seraient peut-être bons sous la latitude de Stockholm » (*VI*, p 333).

ments fondateurs de la Révolution tout court : après, rien ne sera plus comme avant, ainsi que le disait le noble vicomte – et Stendhal fait partie de ceux qui s'en réjouissent. En second lieu, les élèves de David se comportent vis-à-vis du maître comme les suiveurs de toutes les époques, y compris ces partisans du classicisme qui, autour de 1820, s'obstinent encore à « copier » Racine. Les deux motifs sont très clairement associés au début du *Salon* de 1824 : David introduit dans l'imitation de la nature une « nouvelle manière » et devient lui-même objet d'imitation pour ceux qui « copient » ses tableaux (*S* : 58).

Sans doute les deux séquences, artistiques et littéraires, ne sont-elles pas en tous points comparables. Il n'en reste pas moins que Stendhal fait preuve à propos du style des écrivains contemporains d'une vigilance et d'une acuité, souvent féroces, dont on ne trouve pas d'exemples avant lui. La raison de cette sensibilisation exceptionnelle est à chercher, sans doute, dans la position « cavalière » que Stendhal, héritier attardé des Lumières, occupe face à une histoire qui s'est accélérée, et en particulier face à la prolifération des types sociodiscursifs que la Révolution a libérés, recyclés ou déclenchés, au prix d'une confusion certaine : prose sensible mâtinée d'humanitarisme, écriture noblement néoclassique à consonance républicaine, néologie révolutionnaire, lyrisme néogothique conservateur et catholique, etc., tous ces « styles » se combinant en doses variables dans l'écriture de quelques-uns de ces grands contemporains que Stendhal n'aura eu de cesse de brocarder. On connaît les noms.

Le syndrome de Talma

La collation des deux séquences paraît d'autant plus s'imposer que Stendhal articule à l'encontre des peintres contemporains un grief dont il est aisé de trouver l'équivalent dans sa critique littéraire. Ce grief vise ce que l'on pourrait appeler le « syndrome de Talma ». Une note de l'*Histoire de la peinture en Italie* – une de ces notes intempestives qui avaient le don d'agacer prodigieusement Alexandre Lenoir – en résume parfaitement la teneur : « Talma n'a fait qu'une mauvaise chose en sa vie, c'est nos tableaux : voir *Léonidas*, les *Sabines*, *Saint Étienne*, etc. » (*HPI* : 404, n. 3). Formulé en 1818, le diagnostic sera souvent repris dans les textes de la décennie suivante, en particulier dans les *Salons*[21]. Les effets qui découlent de cette théâtralisation de la peinture déclinent un voca-

---

21. Voir *S*, p. 50, 52, 82-83, 84, 85, 87, 122, 147, 150.

bulaire que le lecteur de Stendhal connaît bien : « outrance », « exagération », « affectation » – à quoi s'opposent le « naturel », la « simplicité »,
voire la « naïveté », toutes valeurs antagonistes qui auront également été
investies dans les parallèles géo-culturels pour être distribuées, comme
on sait, entre la France et l'Italie, le Nord et le Sud, ou dans leur variante
diachronique, anciens contre modernes. Oui, dans ces « copies outrées »
que multiplie à l'envi le Salon de 1822, « chaque trait, membre, attitude,
expression est affecté et exagéré » (*S* : 50). Ce n'est partout qu'« expression exagérée », « outrance théâtrale » (*S* : 51), les « gesticulations »
histrioniques des figures peintes ne pouvant qu'être « sans naturel et
simplicité » (*S* : 52) : dans ces « copies de Talma », il n'y a « nulle simplicité, nulle naïveté » (*S* : 82), rien qu'« emphase » (*S* : 152).

Le remède ? Stendhal ne s'y étend guère, mais c'est que toute son
œuvre est un plaidoyer en acte pour retrouver le chemin d'une vraie
grandeur, qui n'aurait que faire des poses : en somme, comme il le dit
dans l'*Histoire de la peinture en Italie*, « il faut absolument des Michel-
Ange pour empêcher les artistes de copier Talma » (*HPI* : 429, n.). Il
est, en revanche, bien plus disert sur les causes. Le début de la note d'où
est tirée la phrase qu'on vient de lire en énonce une : il y est question
de la France comme d'« une nation où il est de bon ton de ne pas avoir
de gestes ». Cette ligne argumentative sera développée une dizaine
d'années plus tard : « Chez M. Tambroni, nous parlions quelquefois,
devant Canova, de la nécessité pour les sculpteurs des nations civilisées
d'imiter les gestes des acteurs célèbres, d'*imiter une imitation* » (*VI* : 887).
Pour platonicienne que soit cette dernière formule – déjà employée
dans le *Salon* de 1827 (*S* : 150) –, la cause isolée par Stendhal est
incontestablement d'ordre historico-social : cette « nécessité » à laquelle
obéissent les « sculpteurs des nations civilisées », c'est en effet celle
qu'impose partout le « bon ton moderne » qui « défend les gestes » (*VI* :
885-886) [22]. Avec cette conséquence, on le notera, que ce sont les
sculpteurs originaires de nations relativement moins civilisées que la
France, comme l'Angleterre et l'Allemagne, qui s'en tirent au meilleur
compte, leur société leur proposant un matériau expressif que n'ont pas
encore émondé ou amendé les conventions du goût. Dès lors que le
geste, qui est le vecteur traditionnel de l'expression aussi bien dans la

---

22. Stendhal place ces propositions dans le contexte de ses conversations avec Canova. Sur la
difficulté à trouver dans les beaux-arts « un geste convenable à un personnage passionné », voir
S, p 152-153.

sphère de la communication sociale que dans les arts figuratifs, est proscrit par les règles de la vie policée, quelle autre ressource reste-t-il aux peintres les plus dépourvus de « sensibilité » (S : 50, 84) que de se tourner vers le théâtre pour y prendre ce que la société contemporaine ne leur offre plus – un répertoire de gestes ? Mais ceux-ci, parce qu'ils sont préconstruits dans le matériau sémiotique du langage dramatique et que ce langage est aussi éloigné de la nature que la peinture, au contraire, doit en être proche [23], ces gestes empruntés au théâtre – ces gestes *empruntés*, tout simplement – n'interposent-ils pas entre le peintre et son modèle un « degré » supplémentaire (pour reprendre le mot de Platon) et, en substituant l'art à la nature, ne préparent-ils pas le terrain d'un maniérisme, cette maladie des arts trop conscients d'eux-mêmes ?

> Au lieu de s'attacher directement à la nature et de la copier, on imite une imitation. Ce n'est assurément pas que nos artistes manquent d'esprit ; peut-être est-ce de l'audace qu'il leur faudrait. Une chose les frappe ; tel geste de Talma qu'ils fixent sur la toile *est en possession* de l'admiration du public, tandis qu'en imitant directement un geste qu'on aura remarqué au milieu d'une fête populaire ou dans la société, il est possible de se tromper, et l'on s'expose au ridicule (S : 150-151).

Les réflexions de Stendhal sur le « syndrome de Talma » dont souffre la peinture de son temps présupposent de sa part une conscience très vive des « limites que les beaux-arts ne doivent jamais franchir » (S : 151). Les arguments avancés révèlent un Stendhal « formaliste » pour le moins inattendu et tout à fait affranchi, sur cette question du moins, de ces autres limites dans lesquelles on a voulu enfermer une critique toute dévolue aux opérations ineffables du *sentir* [24]. L'attention portée aux conditions de fonctionnement sémiotiques qui spécifient chaque

---

23. « Tout ce qui est simple, tout ce qui est naïf, est soigneusement évité par le grand acteur cherchant à imiter la nature, et il a raison. Le simple et le naïf sont, au contraire, les trésors de la peinture » (S, p. 82-83).

24. Voir, par exemple, Wakefield (1974). Il faut y insister : Stendhal ne s'émancipe des cadres d'une critique inféodée au primat du « sentir » (sans doute pour en mieux retrouver les fondements) que sur la question des rapports entre arts visuels et théâtre. Que la peinture ne consiste pas en une circonscription des corps, c'est là une conviction, très souvent réaffirmée, qui l'oppose absolument à Lessing ; voir, par exemple, à propos de la critique du geste de Locuste dans le tableau de Sigalon, *Locuste remettant à Narcisse le poison destiné à Britannicus, en fait l'essai sur un jeune esclave* : « On est allé jusqu'à blâmer le geste convulsif de Locuste. On s'appuie sur une de ces vérités philosophiques que le peintre, qui n'a que les mouvements du corps pour rendre ceux de l'âme, doit avoir le génie de mépriser » (S, p. 90).

médium artistique (théâtre, peinture, sculpture) inscrit ces remarques dans la postérité du *Laocoon* de Lessing, qui avait été traduit en français en 1802, ou de l'essai publié par François Guizot en 1816 « sur les limites qui séparent et les liens qui unissent les beaux-arts » (1816-1818) [25], non moins qu'elle les met en contradiction avec les propositions défendues en 1813 par un élève de David, Paillot de Montabert, dans sa *Théorie du geste* (1813).

Les développements de ce nouveau *paragone* sont contenus *in nuce* dans la note de l'*Histoire* où Stendhal affirmait ne voir qu'en l'apparition d'un nouveau Michel-Ange le moyen d'« empêcher les artistes de copier Talma » (*HPI* : 429, n.) ; la note s'ouvrait alors sur une nouvelle note, selon un système gigogne bien stendhalien : « Faut-il dire que ce qui est sublime dans un Raphaël serait froid à la scène ? » Au vrai, les illustrations apportées à cette formule dans la décennie suivante inverseront les données du problème. Ainsi, de la figure d'Alexandre, « dont la pose est théâtrale », dans le bas-relief de Thorwaldsen, Stendhal tirera une loi générale : « Rien ne met dans un jour plus ridicule la sorte d'exagération indispensable au théâtre, que l'*immobilité éternelle* de la sculpture » (*S* : 134). De fait, si « ce cruel défaut est encore plus choquant dans l'art statuaire que dans la peinture » (*S* : 147), c'est que la tenue comme la teneur du geste sont tributaires de la façon dont chaque médium artistique établit son rapport au temps :

> Lorsque Talma, dans *Manlius*, dit à l'ami qui vient de le trahir : *Connais-tu la main de Rutile ?*, il exprime l'intime douleur qui l'accable, par un geste qui, à la scène, ne dure que deux secondes, et nous le couvrions d'applaudissements. Ce même geste, beau au Théâtre-Français, transporté dans un tableau, devient éternel (*S* : 151) [26].

---

25. Guizot, qui renoncera peu après à la critique d'art, tente de théoriser dans ce texte les positions qu'il avait adoptées dans son *Salon de 1810*. Les attaques qu'il y portait contre l'école davidienne exploitaient un argumentaire que l'on retrouvera chez Stendhal : c'est la subordination de la peinture à la sculpture, et donc son inféodation au primat de l'antique qui peuvent rendre compte, selon lui, de ces trois traits caractéristiques du courant davidien que sont le choix du nu (en contradiction avec la représentation des sujets modernes attendus de la peinture), l'importance excessive accordée à l'anatomie (et donc au dessin) et la secondarisation du coloris (où réside pourtant la spécificité de la peinture). Sur les enjeux théoriques de cette critique, voir Lichtenstein (2003, p. 121-140).
26. À rapprocher de ce passage du précédent *Salon* : « Talma faisant ces gestes, qui à *la scène ne durent qu'une seconde*, serait superbe ; ces gens-ci, faisant à demeure les gestes fugitifs de Talma, n'ont l'air que d'histrions » (*S*, p 82).

Encore le peintre a-t-il la possibilité de relativiser ce suspens en dilatant l'instant représenté, c'est-à-dire en lui adjoignant des épisodes ou en figurant des expressions qui, les uns comme les autres, rappellent des moments antécédents ou annoncent des moments subséquents : on reconnaît là respectivement la théorie des « péripéties » exposée par Le Brun au XVIIe siècle à partir de *La Manne* de Poussin [27] et la théorie de l'« instant prégnant » soutenue au siècle suivant par Shaftesbury, Du Bos, Caylus, Lessing et Diderot [28]. Bien que Stendhal ne fasse allusion ni à l'une ni à l'autre, elles sont néanmoins impliquées par la loi de « dégradation » qu'il met au jour :

> Si la peinture ne peut copier sans se dégrader l'art de Talma, il est aussi telle expression qui est fort bien dans un tableau, et qui devient affectée et peut-être même ridicule si le sculpteur veut s'en emparer. N'est-ce pas à cause de ce défaut que la plupart des statues de Bernin ressemblent à un ancien vaudeville fort joli de son temps (*S* : 151) ?

« Transporté » du théâtre dans un art comme la sculpture qui, à la diffé-rence de la peinture, trouve sa spécificité dans la représentation de figures isolées, émancipées de tout contexte narratif [29], le geste y devient effectivement « éternel ». Cela ne va pas à dire que la relation inverse – la transposition à la scène d'un geste emprunté à la peinture – produise toujours ce type d'effet. La « loi » formulée en 1818 – « Faut-il dire que ce qui est sublime dans un Raphaël serait froid à la scène ? » – semble même trouver un démenti dans l'art de Talma.

Du grand tragédien qu'il voit dans *Andromaque*, Stendhal note le 25 mai 1805 : « il ressemble parfaitement dans toutes ses positions aux belles figures de Raphaël » (*OI* I : 105). Puis, quelques mois plus tard, à propos de sa composition dans *Iphigénie en Tauride* : « il est tout au long superbe, les plus grands peintres n'ont point de plus belles attitudes

---

27. Voir Thuillier (1967).
28. Voir Lee (1991, p. 165-173).
29. Cette propriété par défaut, connue de longue date, est rappelée en ces années-là par Quatremère de Quincy, pour qui elle explique la prédisposition de la sculpture pour l'allégorie (1823, p. 359-361). De même, Stendhal rejoint Winckelmann quand il affirme que la sculpture « ne peut exprimer que les *habitudes de l'âme* » et qu'il loue des sculpteurs allemands d'avoir « su ne pas sortir de cette *modestie raphaélesque*, de cette *tranquillité* des statuaires grecs sans laquelle il n'y a rien de sublime en sculpture » (*S*, p. 123) : « En sculpture, il n'y a point de beau suprême pour moi sans la tranquillité des statues grecques » (*ibid.*, p. 144). Ces formules seront reprises trois ans plus tard (*ibid.*, p. 158-159).

et de plus belles têtes. Je reconnais une attitude et une figure de Raphaël. Je doute qu'il soit jamais égalé dans cette partie de l'art » (*OI* I : 151 ; 20 novembre 1804). Le travail d'idéalisation de la mémoire fera plus tard de Talma un personnage on ne peut plus stend-halien : « Il n'y avait de parfait dans Talma que sa tête et son *regard vague*. Je reviendrai sur ce grand mot à propos des madones de Raphaël » (*OI* II : 497). Enfin, suprême compliment, ce n'est plus le tragédien qui, à la façon d'un tableau vivant, rappelle Raphaël, mais les figures de l'art du passé qui ne se peuvent plus percevoir que par référence à Talma : de la statue de Lorenzo de Médicis, où il voit « la plus sublime expression que je connaisse de la pensée profonde et du génie » (*HPI* : 419-420), Stendhal va jusqu'à affirmer : « Cette statue rappelle d'une manière frappante le silence du célèbre Talma » (*HPI* : 420, n. 1).

Il ne fait pas de doute que l'emphase gestuelle induite par la théâtra-lisation de la peinture touche à cette partie des arts du dessin, l'expression, à laquelle Stendhal attache tant de prix (avec le clair-obscur, pour la peinture). Mais l'expression n'est pas seule en cause, comme le fait bien apparaître le texte suivant, écrit à l'occasion du Salon de 1827 :

> En voyant ces sortes de tableaux inspirés par Talma, il semble au spectateur que le peintre n'a pas mis devant ses yeux des hommes réellement occupés de l'action qui fait le sujet de son tableau, mais qu'il a peint des comédiens s'acquittant assez bien de la représentation de ce même fait (*S* : 150).

En chaque figure peinte, cette excessive conscience de soi se confond avec la conscience du regard de l'autre sur soi : au lieu de se concentrer sur l'action et d'être *en soi*, le personnage n'est plus que *pour autrui*. Dès lors le geste est-il moins l'expression *sua sponte* d'un affect qu'un arte-fact destiné à faire impression sur le bien nommé « spectateur » du tableau : les personnages ne sont pas mus (affectés) par leurs affects, ils se meuvent en vue d'un effet – ils sont *affectés*. D'où la dénonciation constante du jeu dramatique (en peinture) en tant qu'il introduit du jeu, précisément, entre l'être et l'apparence [30].

Des personnages peints par ces artistes français si soucieux de la forme et du style, « ce qu'on peut dire de mieux [...], c'est qu'ils jouent la comédie avec talent, mais rarement ont-ils l'air de sentir pour leur propre compte » (*VI* : 886) : les personnages de l'*Atala portée au*

---

30. Voir *S*, p 85, 98, 100 et p. 167-168.

tombeau de Girodet – frappés d'emblée de suspicion, on peut l'imaginer, par la source qui les inspire – « sont des acteurs qui jouent bien, voilà tout ». À l'inverse, si « le paysan napolitain est si précieux pour les artistes », c'est parce qu'« il ne joue jamais la comédie, jamais il ne songe à *être bien*, à imiter un certain modèle » (*S* : 105) [31]. Car, on l'a compris, le motif esthétique se noue à un motif éthique, la condamnation de la pose dans les personnages peints à celle de la pose chez les contemporains de Stendhal, ces modernes trop civilisés, si attentifs, par vanité, à l'effet qu'ils produisent sur les autres. Le salonnier laisse percer le moraliste quand, à la faveur d'un jugement sur ces portraits qui « ont l'air de jouer la comédie » (*S* : 98), il brosse rapidement deux caractères de personnes que le « *désir de faire effet* » pousse à se composer, à se mettre en scène pour répondre encore mieux à l'image que les autres projettent sur eux. Cette structure spectaculaire qui détermine le geste à partir de son effet fait ainsi de chaque personnage peint un acteur dont les attitudes appellent immanquablement un spectateur [32].

C'est parce qu'ils se savent (ou, plus rigoureusement, donnent l'impression de se savoir) sous le regard du spectateur que les personnages peints ont l'air de poser – et, bien sûr, s'ils sont aussi conscients d'eux-mêmes et de l'impression qu'ils font, c'est parce que le peintre les a peints tels, le peintre qui ne néglige de les immerger dans la fiction que pour mieux donner ses soins à la scène sur laquelle il les fait comparaître et se parer de tout l'éclat dont il les fait briller. L'argument est celui-là même que Diderot avait fait valoir dans ses propres *Salons*, et il n'est pas jusqu'à sa dénonciation des figures maniérées et fausses, « mannequinées », que Stendhal ne réassume [33]. Or, le paradoxe est que le jeune David était d'abord apparu comme le peintre qui devait porter à son suprême degré d'achèvement le processus de déthéâtralisation et d'autonomisation du tableau de peinture que Diderot appelait de ses vœux – ce même peintre, ou ses successeurs, que Stendhal accuse maintenant d'avoir tout au contraire théâtralisé emphatiquement la représentation. Le paradoxe, toutefois, s'atténue si, après Michael Fried, qui a magistralement analysé ces problèmes [34], on suit la carrière de David : si les contemporains des grands tableaux réalisés au cours des années 1780 –

---

31. À propos du *Marin napolitain improvisateur* de Léopold Robert.
32. Voir *S*, p. 82 et 85.
33. Voir Vouilloux (1994).
34. Voir M. Fried (1990, en particulier p. 162), (1993, en particulier p. 21-34).

le *Serment des Horaces* (1785), la *Mort de Socrate* (1787), *Les Licteurs rapportant à Brutus les corps de ses fils* (1789) – jugeaient que leur structure dramatique, indispensable à la production d'une peinture ambitieuse, était exempte de toute théâtralité, il n'en ira plus de même une dizaine d'années plus tard, lorsqu'on s'avisa, et David tout le premier, alors qu'il travaillait aux *Sabines* et substituait le paradigme grec au paradigme romain, que la composition des *Horaces* était décidément trop « théâtrale », pour reprendre le mot même de Delécluze [35], élève de David. C'est ce jugement que maintient Stendhal – qui, durant les années 1820, fréquente beaucoup Delécluze, devenu critique aux *Débats* –, apparemment sans tenir compte des efforts poursuivis par David après les *Sabines* pour déthéâtraliser et même pour dédramatiser complètement ses tableaux en euphémisant toute expression [36]. En fait, pour Stendhal, l'impassibilité, qu'elle soit d'ordre énonciatif ou thématique, n'est pas moins une affectation que les « grimaces » expressives : le détachement dandy ne lui en impose nullement.

L'« ossature inconsciente » du style

Peut-être voit-on mieux maintenant comment se recoupent les deux séquences historiques dégagées par Stendhal : les effets consécutifs à la coupure révolutionnaire ont ouvert la carrière à une théâtralisation de l'écriture et de la peinture, le peintre et l'écrivain y allant chacun de sa petite scène. Certes, le parallélisme n'est pas complet : du côté de la littérature, ce qui est surtout en cause, c'est l'*énonciation* emphatique ou enflée, décelable aussi bien sur le plan syntaxique que sur le plan lexical (Chateaubriand, Mme de Staël) ; du côté des arts visuels, c'est la *représentation* de l'emphase (David). Mais qui ne voit qu'il y a de l'une à l'autre une continuité généalogique – la pose, telle qu'elle est *représentée*, étant un effet de la pose ou de la posture par laquelle le sujet *se présente*. « Morale du style », comme dit Jacques-Philippe Saint-Gérand (1993) ? Certes, et c'est la première leçon que l'on peut tirer de ces textes. Elle

---

35. Voir Delécluze (1983, p. 120).

36. Stendhal semble néanmoins entrevoir cet effort, mais c'est pour en faire grief au peintre. Ainsi, à la date du 10 juin 1804, il note laconiquement : « Deux tableaux de David, manque d'expression » (*OI* I, p 84). Ailleurs, alors qu'il vient d'évoquer Léonidas, il se réfère à *Léonidas aux Thermopyles* en ces termes : « Voir le beau tableau de M. David. Chose singulière dans l'école française, la tête de Léonidas a une expression sublime » (*HPI*, p 340, n. 1). Sur les convictions antithéâtrales de David à l'époque de *Léonidas*, voir Delécluze (1983, p. 225-227).

redonne tout son poids à cette formule de Proust : « Beyle était un grand écrivain *sans le savoir* » [37], dans laquelle s'entend comme un écho des mots que Stendhal employait à propos de « nos artistes gens du monde » : « [...] s'ils daignaient s'abaisser quelquefois à copier strictement la nature, sans y rien ajouter de *roide*, fût-il emprunté du grec, ils seraient *sublimes sans le savoir* » (*VI* : 303).

La seconde leçon nous ramènera sur les sentiers épineux de la théorie. Dans quelle mesure est-il légitime de rattacher à la problématique du style les remarques de Stendhal sur le dispositif théâtral du tableau post-davidien ? Il faut dire tout d'abord qu'en matière de théorie du style, nous n'avons rien à gagner à suivre aveuglément les définitions de Stendhal. Pour notre écrivain, comme pour ses contemporains, mais aussi comme pour beaucoup de *nos* contemporains, le style consiste en la « manière particulière à chacun de dire les mêmes choses » (*VI* : 648) [38], cette variabilité expressive s'adossant à la recherche intentionnelle d'un type d'effet défini : « Chacun des grands peintres chercha les procédés qui pouvaient porter à l'âme cette *impression particulière* qui lui semblait le grand but de la peinture. » Une telle conception du style, fort répandue, présuppose que la « forme » et le « fond » puissent être dissociés l'une de l'autre du fait même de la relation de variabilité synonymique qui articulerait celle-là à celui-ci [39]. Et c'est bien cette dichotomie qu'a accréditée une certaine stylistique – ne serait-ce qu'en son projet même, par quoi elle se donne place à côté des autres disciplines littéraires, celles qui traitent d'idées, de thèmes ou de structures narratives. Or, il ne suffit pas d'affirmer que le style d'un texte (ou d'une œuvre d'art) est fonction de son sujet ou des thèmes qu'il met en œuvre, comme le soutenait (ou plutôt comme le prescri-

---

37. M. Proust, Préface à *Tendres Stocks* de Paul Morand [1921], *in* Proust, *Contre Sainte-Beuve*, Paris, Gallimard « Pléiade », 1971, p. 611.

38. La définition (ainsi que la citation suivante) est avancée dans les *Promenades dans Rome*, à propos de la peinture, et elle intervient à l'intérieur d'un développement qui reprend et varie un chapitre de l'*Histoire de la peinture en Italie*.

39. Stendhal semble avoir néanmoins perçu que l'objet du discours variait avec celui-ci : « En fait de style, bien réellement, et sans phrase de journal, la forme fait partie de la chose. Une transposition de mots montre l'objet d'un autre côté » (*Journal littéraire*, t. II, *Œuvres complètes*, Genève, Edito-service et Cercle du bibliophile, 1970, t. XXXIV, p. 80). Il en appela même à une bien curieuse « poétique » : « Quand je serai vieux, si j'en ai la patience, dicter une poétique française qui sera bien nouvelle ; jusque ici toujours la forme et jamais le fond » (*OI* II, p. 414 ; 17 février 1841).

vait) la vieille théorie rhétorique de la « convenance ». Bien plutôt faudrait-il soutenir que sujets et thèmes font partie intégrante du style ; mais ce serait, on le voit aussitôt, reconduire la dichotomie critiquée et invalider, de surcroît, la proposition définitoire selon laquelle le style est coextensif au discours. Une telle difficulté ne subsiste cependant qu'aussi longtemps que l'on souscrit à la fiction (« réaliste », au sens philosophique du terme) qu'il existerait des classes d'entités nouménales rassemblant en quelque empyrée des idées, des thèmes, des sujets, des schèmes, etc., en attente d'une articulation linguistique et d'une actualisation discursive. Contre cette fiction scolastique toujours renaissante, on trouvera une ressource heuristique dans une position nominaliste au regard de laquelle il n'est d'autres réalités que les textes. Thèmes et schèmes ne sont que des artefacts théoriques que nous construisons par induction à partir de la configuration irréductiblement singulière qu'est un texte. C'est pourquoi il n'est pas moins impossible d'imaginer Stendhal écrivant une *Imitation de la vie de Jésus*, ce qu'autorise la thèse du style comme fait d'« expression », que de l'imaginer écrivant à la façon de Chateaubriand, même si un lecteur aussi attentif que Lenoir put s'y tromper [40].

Dans sa préface à *Tendres stocks* de Paul Morand, que j'ai déjà citée, Proust notait la prédilection des héros stendhaliens pour les lieux élevés. La remarque est souvent rappelée, qui conforte les affinités de la critique thématique avec cette œuvre. Mais on oublie généralement de préciser qu'elle venait à l'appoint d'une observation sur le style *stricto sensu* de Stendhal, dont Proust souligne, fort classiquement, qu'il n'évite pas toujours le vague et la banalité. Beaucoup moins convenue, en revanche, est son insistance à « considérer comme faisant partie du style cette grande ossature inconsciente que recouvre l'assemblage voulu des idées [41] ». C'est sur cette « ossature inconsciente » qu'il nous faut accommoder notre vision, si nous voulons comprendre *comment* Stendhal a écrit *ce qu'*il a écrit : en condamnant la pose, aussi bien en peinture que dans la littérature, et en s'efforçant de ne jamais la prendre.

Bernard Vouilloux
Université Bordeaux 3 – Michel-de-Montaigne

---

40. « C'est un style ampoulé et recherché à la manière de M. de Chateaubriand qui ne s'entend que de l'auteur. » (A. Lenoir, « Mes observations… », *in HPI*, p. 571).
41. Proust, *loc. cit.*, p. 607.

Références des textes cités :

Histoire de la peinture en Italie, Paris, Gallimard « Folio », 1996. [*HPI*]
Œuvres intimes, Paris, Gallimard « Pléiade », 1981-1982 (deux volumes). [*OI*]
Salons, Paris, Gallimard « Promeneur », 2002. [*S*]
Voyages en Italie, Paris, Gallimard « Pléiade », 1973. [*VI*]

OPÉRATEURS DE TEMPS, OPÉRATEURS D'IMAGES DANS L'ŒUVRE ROMANESQUE DE STENDHAL

Pour Daniel Périer

En dehors d'une enquête sur leurs référents, les images qui naissent à la lecture d'un texte peuvent être caractérisées au moyen de catégories formelles et matérielles. Par catégories *formelles*, on désigne, par exemple, la détermination, la densité, la stabilité, l'intensité de ces images [1]. Les catégories *matérielles* sont la ligne, la couleur, la matière, dont le texte est capable de susciter les schèmes. Des représentations affleurent du texte, dont, pour l'essentiel, il est le stimulant, le variateur, et l'interprète. Le réalisme se présente comme un aboutissement dans la maîtrise de ces processus, mais en retour, il passe pour promettre une catégorisation aisée, voire trop aisée, de ses images, notamment auprès des défenseurs de l'exception poétique. Pourtant, certaines opérations textuelles tirées du corpus réaliste font que l'imagination s'interroge et, s'interrogeant, hésitant, fluctuant, se disperse. Il ne s'agit pas seulement d'imprécisions, de contradictions ou d'invraisemblances, mais de la manière dont les phrases déploient les images, les soumettent à leur pulsation ; il s'agit aussi des sautes et des reprises, des hiatus et des assemblages auxquelles les circonvolutions du discours, son découpage, sa variabilité énonciative, astreignent l'imagination. Le seul fait que le texte ne soit pas en lui-même un objet visuel, et que cependant il soit un objet pour l'imagination, constitue un mystère qu'il sait mettre à profit, un mystère qui entre dans la composition de sa performance. Et de cela nous nous permettons de faire un principe général.

Le rapport entre les significations et l'imagicité du texte est donc à double sens. Le texte, et singulièrement le texte réaliste, est figuratif et s'accomplit en images, mais ces images ne sont pas le simple rendement de la référence. Davantage, en vertu des rapports ludiques et

---

1. Voir Vanoosthuyse (2004).

problématiques que le texte noue avec l'imagination, et l'imagination avec lui, il est clair que les images ne sont pas simplement le résidu sensible du sens. À leur tour elles participent de la signification du texte, parce qu'elles constituent une réponse active de l'imagination au texte qui l'intéresse, une interprétation de ses difficultés, une évaluation de ses possibles. En particulier, dans le roman, elles participent substantiellement au jeu sémantique que la phrase narrative conduit en serpentant et dans lequel le lecteur est amené à réfléchir sur le monde. La notion de « phrase-image », proposée par Jacques Rancière dans un récent ouvrage (Rancière, 2003 : 54), s'impose alors, qui vaut pour l'intensité des rapports qu'elle tisse entre image et discours.

Les opérateurs d'images dans le texte réaliste ne sont peut-être pas si éloignés dès lors de ceux que mobilise la « parole singulière », pour reprendre le mot de Laurent Jenny (1990), de la poésie. Là aussi il doit être question de rythme, de jeu sémantique et sonore, de parole-événement.

Le cas Stendhal montre bien que les concepts classiquement adoptés pour penser la performance du roman réaliste-référentiel (et notamment la notion de *descriptif*) ne permettent pas de traiter la question de l'imagicité du roman moderne dans son intégralité. En effet, la tâche de repérer les opérateurs d'images dans le texte reste particulièrement difficile quand on s'intéresse à Stendhal, pourtant si fécond en images, si grand metteur en scène, si attentif à l'espace des peintres, et si disponible à l'illustration et à la mise en film. Il est fort difficile d'appréhender la façon dont le texte stendhalien produit du visible, c'est-à-dire se rend disponible à l'investissement imaginaire. Pour des raisons qui tiennent sans doute tout autant à la facture du texte stendhalien qu'à l'histoire de la théorie du roman et de la stylistique, il est plus difficile d'appréhender l'imagicité du texte stendhalien que celle d'auteurs qui pratiquent volontiers la description et la métaphore.

Encore s'agit-il d'autre chose que de surmonter la détresse que nous cause cette absence ou quasi-absence des descriptions et des métaphores. Le style de Stendhal, même s'il en a ici ou là la réputation, ne se laisse pas caractériser par des adjectifs aussi définitifs que « sec », « intellectuel », « abstrait », « narratif », par opposition à « poétique », « iconique », « descriptif », « concret ». Ce n'est pas tellement l'absence de description qui est importante, que ce qui opère effectivement dans le texte stendhalien pour stimuler l'imagination. Et comme on manque avec Stendhal de l'appareil figural auquel on confie généralement le soin de rendre compte de l'imagicité d'un texte, l'enquête stylistique ne doit d'abord privilégier aucune piste, mais se tourner vers le tout de ce style, de ces phrases : c'est une manière de raconter, de conduire son récit, et tout un régime symbolique qu'il s'agit de saisir dans sa dimension « iconique ».

Le champ de l'enquête esthétique n'est pas rétréci par le manque de description, au contraire il est rendu à l'infini. On n'abordera donc ici qu'un aspect du problème, mais un aspect central : on voudrait démontrer que le mélange de satisfaction et de perplexité que le style stendhalien procure à l'imagination tient notamment à sa manière complexe, contradictoire même, d'occuper le temps et de l'exposer. Toute imagicité (on part de ce principe) est caractérisée par la manière particulière dont l'espace lu occupe le temps de la lecture ; toute opération sur le temps est aussi une opération sur l'espace. On montrera l'intérêt de cette hypothèse en abordant quatre notions, illustrées d'exemples tirés de différents textes fictionnels : la vitesse du récit stendhalien, son synthétisme, sa pulsation, et l'art de la coupe ou du découpage.

La vitesse du récit

Force est de constater la difficulté qu'un style vif, qu'un phrasé rapide et paratactique, et de plus non planifié et peu didactique, oppose au commentaire stylistique, qui est en quête de cohérence. Mais la difficulté ne tient pas seulement au caractère fragmentaire, parfois brutal, du style stendhalien, elle tient plus subtilement au fait que ce style est tout de même subtilement agencé et cohérent : en fait c'est un type de cohérence spatio-temporelle qui se laisse mal saisir par la poétique du réalisme, et c'est peut-être surtout cela qui est difficile pour nous.

Quand on la compare aux grandes proses matérialistes du XIXe siècle, on est tenté depuis Zola de caractériser la prose stendhalienne par l'économie qu'elle fait des moyens de la *mimesis*. Mais inversement, pour Julien Gracq par exemple, le grand mérite du style stendhalien, c'est la vitesse (Gracq, 1980 : 18). Une sorte d'équation se dessine donc : ce que le roman stendhalien perd en peinture du milieu et en matérialité, il le récupère en vitesse. Il lui manque la densité et la cohésion, il lui manque cette force de gravitation qui plonge le lecteur de Balzac, de Flaubert, de Zola au cœur des choses muettes, dans les images, pour reprendre une topique rancièrienne (Rancière, 1998) ; mais du coup il est musical, aérien, léger, vif.

Cette équation est partiellement fausse. Effectivement la narration stendhalienne doit sa vitesse, pour une bonne part, à une grande économie de moyens, singulièrement dans le secteur de la description ; mais le roman stendhalien n'en est pas moins profondément orienté par une ambition iconique. Les traits stylistiques du roman stendhalien qui, dans la perspective du réalisme, font l'objet d'une évaluation négative, doivent être reconsidérés.

Par exemple le goût de Stendhal pour l'*indétermination*, pour le *vague*, a pour corollaire un usage de la ponctuation, une rythmique, et un art du *montage* très suggestifs, comme l'illustre bien cet exemple tiré de *L'Abbesse de Castro* :

> L'abbesse écrivit à César del Bene, confident et premier valet de chambre de l'évêque, qui courut à la grotte qu'on lui avait indiquée ; il était à cheval : il prit l'enfant dans ses bras, et partit au galop pour Montefiascone. L'enfant fut baptisé dans l'église de Sainte-Marguerite, et reçut le nom d'Alexandre [2].

Plutôt que de dire que le récit est rapide faute de détails, mieux vaut dire que la vitesse du récit a pour condition la capacité du narrateur à faire tenir une représentation d'une détermination pourtant minimale. Il est vrai, les déterminations sont extrêmement rares (on ignore par exemple la couleur du cheval, l'aspect physique de César del Bene, la situation de la grotte), et même, celles dont on dispose sont imprécises : le verbe « courir » ne signifie pas proprement courir, pas plus que le verbe « prendre » ne reçoit ici sa signification exacte : l'homme à cheval parti chercher l'enfant sur ordre le *reçoit* des mains de la nourrice, laquelle a pourtant déjà été effacée du texte en ce moment crucial, et ne figure dans l'image que de manière latente.

La performance iconique mobilise un petit nombre de schèmes : (1) la vitesse (il *courut*) ; (2) le cheval et le cavalier (*il était à cheval*) ; (3) l'arrêt (c'est la pause minimale du récit au moyen des deux points) ; (4) la vitesse encore (*au galop*). Et pourtant c'est une jolie vignette qui est ici esquissée, que la souplesse extraordinaire de la parataxe permet de rendre en peu de mots. La proposition : « il était à cheval », vu sa place dans l'ordre des indépendantes, a moins pour fonction de préciser la manière dont César del Bene se déplace (de rectifier le verbe

---

2. *Chroniques Italiennes*, Paris, Flammarion « GF », 1977, p. 139.

« courir » dans la proposition précédente), que de faire comprendre que l'homme ne descend pas de cheval pour recevoir l'enfant dans ses bras. Notons que d'autres signes que les mots participent de la figuration dans ce processus dynamique : les deux points figurent, à l'articulation de la phrase, le passage de l'enfant des bras de la femme dans ceux de l'homme, du sol de la grotte au cheval galopant. Un équilibre est trouvé entre ce que le texte pose et ce qu'il suppose, équilibre dynamique qui, d'une certaine manière, rend supportable la violente compression du temps et de l'espace que le récit provoque : au même rythme, un récit fourni en détails ferait perdre le sentiment de la ligne impérieuse et nue que suivent le valet, le cheval et le nourrisson.

Et de même que la structuration minimale de la phrase-image en rend la vitesse acceptable et lisible, au point que de l'espace libre, des images libres inventées par le lecteur puissent venir s'insérer en ses articulations successives (comme en ces deux points), à l'inverse, la vitesse extraordinaire du récit rend son indétermination supportable. En effet, elle est par elle-même mimétique de la vitesse des événements que le récit nous donne à imaginer, ce qui est d'autant plus profitable que la vitesse de ces événements est par elle-même un objet saisissant et spectaculaire pour l'imagination.

Le synthétisme stendhalien

Donc, les différents instruments stylistiques de la vitesse narrative interviennent d'un même mouvement dans la gestion du temps et dans la gestion de l'espace. Cela est particulièrement clair en ce qui concerne le participe et le gérondif, dont Stendhal fait un usage quasi systématique, comme dans ce passage du *Chevalier de Saint-Ismier* :

> Le chevalier mit son épée sur une de leurs charrettes et entra dans Bordeaux, comme minuit sonnait, un fouet à la main, et s'entretenant avec un des marchands. Un instant après, ayant glissé un écu dans la poche de cet homme et repris lestement son épée, il disparut, sans dire mot, à un tournant de la rue [3].

Les tournures participiales permettent par définition de faire l'économie des structures syntaxiques temporelles et causales, et donc de préserver le rythme allègre et la fluidité du récit ; mais aussi, sur le plan de la mise

---

3. *Romans et Nouvelles*, Paris, Gallimard « Pléiade », tome II, p. 1256.

en scène, de condenser le temps et de proposer à l'imagination du lecteur une synthèse, à un moment donné, des différents acteurs en présence, des différentes forces, des différents schèmes de l'image. À un moment donné : et plus précisément à un moment où, les rapports des forces évoluant, la scène se reconfigure, comme dans la seconde phrase de cet extrait, celle qui en quelques mots savamment noués représente le personnage payant son dû au marchand, reprenant son épée, sautant de la charrette et disparaissant à un tournant de rue. Notons que l'action centrale de sauter de la charrette est omise par le récit : « *ayant glissé un écu dans la poche de cet homme et repris lestement son épée, il disparut...* » C'est que dans cette structure à la fois ramassée et ouverte à tout vent, à la fois concise et travaillée de l'intérieur par ce qu'elle suppose, l'adverbe « *lestement* » suffit, par *contagion*, à signifier le saut agile du chevalier. Le récit progresse ainsi d'instant en instant, en équilibre instable, cependant qu'un souffle emporte le tout et fait passer rapidement d'une phrase à l'autre, soumettant le lecteur à un *continuum* discontinu d'images toujours en partie libres [4].

Dans un épisode remarquable de *La Chartreuse de Parme*, le travail nuancé d'exposition du temps aboutit à la mise en concurrence, au sein d'une même séquence, de plusieurs temps, le temps intime du souvenir, d'une part, qui est aussi celui du détachement et de la rêverie sentimentale, et d'autre part le temps du monde réel dans lequel le sujet se réinscrit par la sensation (par l'ouïe en l'occurrence). Sur la base de cette opposition des temps vécus par le corps, des espaces différents s'agrègent souplement :

> Puis il se rappela qu'il n'avait pas écrit à sa tante depuis qu'il avait quitté Paris. Pauvre Gina ! se dit-il, et il avait les larmes aux yeux, lorsque tout à coup, il entendit un petit bruit tout près de lui ; c'était un soldat qui faisait manger le blé par trois chevaux auxquels il avait ôté la bride, et qui semblaient morts de faim ; il les tenait par le bridon. Fabrice se leva comme un perdreau, le soldat eut peur [5].

Non moins remarquable que l'opposition des zones de l'espace (l'intime du corps propre/l'objet de la sensation dans la distance), le retournement

---

4. Pour une étude rythmique approfondie, voir Bordas (1997).
5. *Romans et Nouvelles, op. cit.*, tome II, p. 83.

soudain du point de vue, qui assimile Fabrice à un perdreau, dynamise la représentation et la déstabilise, en soumettant l'imagination du lecteur à une sorte de retournement au cours duquel il mesure l'espace qui sépare les deux hommes, détermine les positions, anticipe les mouvements, réfléchit les enjeux de la scène à venir.

Toutes ces images possèdent en outre une qualité tout à fait essentielle au style stendhalien, qui est de n'être pas seulement visuelles, mais aussi sonores. La puissance synthétique du style stendhalien agit également à cet égard dans un sens tout matériel. L'acoustique est une orientation fondamentale du récit stendhalien, et cela doit être mis en rapport, comme l'a montré Béatrice Didier (2002), avec la pratique stendhalienne de la dictée, et avec ce que Louis Marin (1988) appelait la *dictio,* autrement dit avec la pulsation musicale intime qui préside à l'écriture. Comme on sait, au rebours de l'attitude contemplative défendue et illustrée par la poésie romantique, Stendhal fait la promotion de la pensée délibérative et de la parole ; au rebours d'une esthétique du silence (et du bruit naturel, de l'orage, de la vague heurtant le rocher, de la houle des foules, etc.), la voix, et non seulement la voix, mais la parole prononcée et entendue, entre dans la composition des mondes stendhaliens au titre de matière première.

Ce jeu incessant du son et du visuel dans l'image détermine profondément la pulsation de la prose stendhalienne. Celle-ci peut être caractérisée par son extraordinaire capacité à réaliser des agencements d'éléments hétérogènes, et s'apparente ainsi à ce qui, selon Jacques Rancière, est le propre de la révolution dix-neuviémiste en matière de prose et d'image. Si l'esthétique stendhalienne s'apparente si souvent à une esthétique du paroxysme, cela ne tient pas seulement aux options morales et idéologiques de Stendhal (le sublime des passions, l'héroïsme chevaleresque, l'individualisme), mais également à un certain choix technique qui est de s'efforcer de présenter en même temps les différents aspects et les différentes faces d'une même situation.

La pulsation du récit

La forme la plus aboutie du synthétisme stendhalien est une phrase chargée d'affects, de paroles et de pensées qui installent l'imagination du lecteur dans un monde à plusieurs dimensions, où s'agencent sujets et objets, matières et pensées : « Il n'est pas à trois pas, se dit-il, mais à cette distance je suis sûr de mon coup, il suivit bien le cavalier du bout de son fusil et enfin pressa la détente ; le cavalier tomba avec son cheval [6]. »

Cette même faculté d'agréger sans lourdeur un matériel varié (des gestes, des mouvements, des paroles) crée deux types d'effets que la prose stendhalienne articule régulièrement et qui lui impriment sa pulsation. D'une part des effets saisissants, des visions-éclairs, des *blitz*, comme dans cet extrait de *L'Abbesse de Castro* : « En sautant de la fenêtre dans le corps de garde, il rencontra les yeux d'Ugone ; tout le corps de garde était ivre, grâce à ses soins [7]. » Observons, en dehors de cette trouvaille de mise en scène digne d'un scénario de film d'action (le regard que Jules échange en plein saut avec son lieutenant), la part importante que l'écriture stendhalienne accorde ici encore à ce qu'elle suppose : le signe qu'Ugone adresse à son patron est simplement supposé, et immédiatement converti en glose. De l'autre côté du point-virgule, la seconde indépendante explicite le sens du regard échangé, en faisant l'économie d'un verbe introducteur, d'une tournure du type : « il lut dans son regard que... », ou : « Ugone lui fit comprendre que... ». Mais ce moins de détails est justement ce qui rend possible l'effet-blitz ; l'impératif était de figurer le mouvement aérien du héros et de faire sentir la vitesse de l'action.

Mais d'autre part la condensation scénarique peut prendre la forme différente et paradoxale d'une allongeaille. Dans *L'Abbesse de Castro*, le temps n'est jamais à proprement parler dilaté, mais il arrive que sur un assez court espace la phrase soit allongée par agrégations successives de détails, sous la forme d'expansions participiales et relatives qui font intervenir les différents acteurs de la scène : « Il prit sa clef, et, passant le bras à travers les barreaux de fer, ouvrit la porte, au grand désespoir de la jeune sœur, qui tomba à genoux et se mit à réciter des *Ave Maria* en criant au sacrilège [8]. »

---

6. *Romans et Nouvelles, op. cit.*, tome II, p. 72.

7. *Chroniques italiennes, op. cit.*, p. 117.

8. *Ibid.*, p. 118. On ne compte pas moins de quatre expansions dans cet exemple. Sur ce type de structures chez Stendhal, voir les commentaires précieux d'E. Bordas (1997, p. 69). Autre exemple : « À minuit et demi, Jules, qui avait pris pour lui le rôle de courrier, arriva au galop à la porte du couvent, *faisant grand bruit/et criant qu'on ouvrît sans délai à un courrier envoyé par le cardinal* ». (*ibid.*, p. 116-117, je souligne). Et encore p. 118 : « alors Jules, qui voyait qu'un temps considérable se passait, eut l'imprudence de lui offrir une poignée de sequins,/*en la priant de lui ouvrir,/ajoutant qu'il était trop fatigué pour attendre* ». (Le verbe « ajouter » tombe ici on ne peut mieux). Les compléments circonstanciels et les différentes expansions de la

Il y a donc une double postulation de ce phrasé paratactique au délié et au condensé, à l'allongeaille et au blitz, et cette considération nous amène à envisager la pulsation de la phrase-image stendhalienne sur un mode plus musical. Les images que le texte nous propose sont aussi des lieux rythmiques, et c'est pourquoi, plutôt que de « détails », il faudrait parler des « points de fixation » que le texte propose à l'imagination du lecteur. Ces points de fixation chez Stendhal ne sont pas pris dans le réseau solide, cristallin, d'une description, mais dans une pulsation, qui est la pulsation d'un temps aussi proche que possible de la respiration régulière-irrégulière du corps et de la vie émotionnelle.

Chaque point de fixation se caractérise, d'une part, par sa position dans le texte, et d'autre part par l'*intensité* de son pouvoir de fixation. L'intérêt de la notion de point de fixation est alors qu'elle permet de saisir la pulsation du récit comme une alternance de temps forts et de temps faibles, de relâches et de relances. C'est ce que ce texte fait bien voir :

> Fabrice se sauva à toutes jambes vers le bois ; pour mieux courir il jeta son fusil. Les cavaliers prussiens n'étaient plus qu'à trois pas de lui lorsqu'il atteignit une nouvelle plantation de petits chênes gros comme le bras et bien droits qui bordaient le bois. Ces petits chênes arrêtèrent un instant les cavaliers, mais ils passèrent et se remirent à poursuivre Fabrice dans une clairière. De nouveau ils étaient près de l'atteindre, lorsqu'il se glissa entre sept à huit gros arbres [9].

La respiration de ce texte peut être schématisée comme une ondulation entre temps forts et temps faibles. Les temps forts correspondent à la fois à des images plus dramatiques et plus intenses (Fabrice va être rattrapé par les soldats) et au retour d'un nœud syntaxique simple (« ils étaient tout près de lui, lorsque… »). Les temps faibles correspondent à l'apparition des obstacles, aux arbres, et donc aux passages les plus

---

phrase prennent quelquefois une ampleur telle, non pas aux extrémités mais au cœur de la phrase, que les verbes principaux voient leur pouvoir de fixation diminuer, comme dans cet autre passage : « Jules entra dans le corps de garde, / au moyen d'une échelle de cinq ou six pieds de longueur, / qu'on lui tendit de la petite fenêtre, / les *bravi* ne voulant pas se donner la peine d'ouvrir la grande porte, / il monta, suivi des deux soldats déguisés en domestiques » (*ibid.*, p. 117).

9. *Romans et Nouvelles, op. cit.*, tome II, p. 73.

239

descriptifs de ce texte. Ce ne sont pas les images les plus déterminées qui sont les plus intenses ici, ce n'est pas le descriptif qui a le plus grand pouvoir de fixation [10].

L'art de la coupe

Cette schématisation de la performance iconique du texte à travers une séquence rythmique fait resurgir le problème des frontières de la représentation en régime narratif. Singulièrement chez Stendhal, il est difficile de dire où commencent, où finissent les images, d'une part parce que l'image est la performance d'opérations conjuguées à différents niveaux et dans différentes parties du discours, et d'autre part parce que les opérateurs d'images portent souvent au-delà de leur aire spécifique, notamment en raison des relais de différents ordres qu'ils trouvent dans le reste du texte. C'est pourquoi on voudrait à présent envisager un autre aspect de la gestion stendhalienne du temps, qui a encore à voir avec un art du montage, et qui distingue l'esthétique stendhalienne d'une esthétique de la nappe, de la surface et de la durée. C'est sa propension au discontinu. Cette tendance n'est pas si poussée qu'on puisse parler de style kaléidoscopique, mais elle permet d'apparenter l'imagicité stendhalienne à un *continuum* discontinu d'images, supposant un art de la coupe narrative et de l'inflexion discursive.

Le lecteur y est d'autant plus sensible que le récit stendhalien s'interrompt souvent au beau milieu des séquences les plus dramatiques. Gérard Genette (1969 : 181) a mis en valeur le cas limite de l'ellipse des événements essentiels, et le privilège accordé par le narrateur stendhalien aux détails marginaux, et plus fondamentalement encore au silence. Dans la plupart des cas cependant, il serait exagéré de parler d'ellipse : simplement, on observe que la narration stendhalienne procède par sauts, et passe sous silence des événements que nous appelons alors « intermédiaires », et que nous n'appelons ainsi que parce qu'ils ne nous sont pas racontés.

C'est par exemple, dans *Lucien Leuwen*, au cours de la scène du bal, le passage sous silence de cette invitation à danser qui est aussi le premier mot décisif que Lucien adresse à madame de Chasteller. Aux

---

10. Toutefois, comme me le fait remarquer B. Vouilloux, le passage descriptif est valorisé, soutenu par l'euphonie, et dans une certaine mesure accompli en elle : « de petits chênes gros comme le bras et bien droits qui bordaient le bois. »

mots de Lucien se substitue l'impact du regard de la dame, qui redouble celui de sa simple robe blanche, puis, au prix d'une seconde inflexion du récit, et plus fondamentale puisqu'il s'agit alors d'un véritable changement de registre, le narrateur rapporte les pensées de madame de Chasteller. De corps-sujet Lucien passe au statut de corps-objet, de corps-objet madame de Chasteller, et pour la première fois [11], passe au statut de corps-sujet :

> Il était alors debout et immobile, près de la contredanse où figurait madame de Chasteller. Aussitôt le parti de l'amour, pour réfuter la raison, le porta à prier madame de Chasteller à danser. Elle le regarda ; mais, pour cette fois, Lucien fut incapable de juger ce regard ; il en fut comme brûlé, enflammé. Ce regard, pourtant, ne voulait rien dire autre chose que le plaisir de curiosité de voir de près un jeune homme qui avait des passions extrêmes, qui, tous les jours, avait un duel, dont on parlait beaucoup, et qui passait fort souvent sous ses fenêtres. Et le beau cheval de ce jeune officier devenait ombrageux précisément quand elle pouvait l'apercevoir ! Il était clair que le maître du cheval voulait faire croire qu'il était occupé d'elle au moins lorsqu'il passait dans la rue de la Pompe, et elle n'en était pas scandalisée ; elle ne le trouvait point impertinent. Il est vrai que, placé auprès d'elle au dîner chez madame de Serpierre, il avait paru absolument dénué d'esprit et même gauche dans ses manières. Il avait été brave en conduisant la barque sur l'étang de la Commanderie, mais c'était de cette bravoure froide que peut avoir un homme de cinquante ans.
> De tout cet ensemble d'idées, il résultait qu'en dansant avec Lucien, sans le regarder et sans s'écarter du sérieux le plus convenable, madame de Chasteller était fort occupée de lui. Bientôt elle s'aperçut qu'il était timide jusqu'à la gaucherie [12].

Le passage en revue des précédentes rencontres de Lucien et de madame de Chasteller, le retour en plein bal du cheval ombrageux (et donc de la chute inaugurale du héros), de son duel, ici inconsidérément multiplié par l'intérêt que la femme lui a porté, du dîner sinistre chez les Serpierre, de l'épisode tristement comique de l'étang de la Commanderie, toutes ces images s'agrègent dans l'esprit du lecteur à la scène présente au prix

---

11. Pas tout à fait ; le narrateur avait fait une première incursion dans l'intimité de madame de Chasteller un peu plus haut : « Ces messieurs n'avaient pas tout à fait tort ; le trait de caractère de madame de Chasteller était une nonchalance profonde. Sous l'aspect d'un sérieux complet et que sa beauté rendait imposant, elle avait un caractère heureux et gai. Rêver était son plaisir suprême… » *Romans et Nouvelles, op. cit.*, tome I, p. 916.
12. *Ibid*, p. 919-920.

d'une légère instabilité de la représentation. Le décrochage discursif provoqué par l'apparition du discours intérieur renvoie, comme dans l'exemple tiré de *La Chartreuse* et commenté plus haut, à l'imaginaire du corps propre. Et surtout, pour la première fois dans le roman, c'est la femme qui rêve : enrichissement extraordinaire du propos en cet instant, comme une fleur qui s'ouvre des sensations et des pensées nouvelles se diffusent soudain. Et tout cela – on l'apprend à l'attaque du second paragraphe, donc à retardement – tout cela *en dansant.*

On voit que les effets conjugués du changement de point de vue, du changement de registre, du changement de rythme aussi (les phrases prennent de l'ampleur, dans un paragraphe plus long) expliquent la diffusion et l'instabilité de l'image en ce moment, mais aussi sa densité et son intensité. Comme Philippe Berthier (1997 : 229-245) l'a bien montré à propos d'un autre bal, le récit stendhalien ne s'accomplit pas dans un espace-temps immédiatement identifiable par ses frontières, dans une unité close, dans une continuité. On observe à la fois chez Stendhal une tendance forte à la scène et à la théâtralité, et le refus de s'astreindre entièrement aux conditions spatio-temporelles de la théâtralité.

Ces inflexions inopinées de la narration stendhalienne ont une incidence plus ou moins forte, selon les cas, sur la cohérence du texte et sur la représentation que s'en fait le lecteur. La portée des notions que les différents énoncés proposent à son imagination tient à la manière dont ils se conjuguent, se complètent, se nuancent, ou s'annulent, dans le *continuum* du discours. Stendhal élabore un art de la coupe, mais de la coupe mobile, avec des phénomènes de retour du discours sur lui-même et d'interaction à distance. Soit le début du chapitre X de *Lucien Leuwen* :

> On sortit bientôt après, et Lucien, voyant son pantalon terni sans ressource, rentra chez lui. « Mais ce petit malheur est peut-être un mérite », se dit-il. Et il affecta de marcher lentement et de façon à ne pas dépasser les groupes de saintes femmes qui s'avançaient au petit pas dans la rue solitaire et couverte d'herbe.
>
> « Je suis curieux de savoir ce que le colonel pourra trouver à reprendre à ceci ? » se disait Lucien lorsque le docteur le rejoignit ; et, comme dissimuler n'était pas son fort, il laissa entrevoir quelque chose de cette idée à son nouvel ami.
>
> – Votre colonel n'est qu'un plat *juste-milieu*, nous le connaissons bien, s'écria Du Poirier d'un air d'autorité. C'est un pauvre hère, toujours tremblant de trouver sa destitution dans le *Moniteur* ; mais je ne vois pas ici l'officier manchot, ce *libéral* décoré à Brienne, qui lui sert d'espion.

On était arrivé à la fin de la rue, et Lucien, qui l'avait parcourue lentement et en prêtant l'oreille aux propos qu'on tenait sur son compte, craignit que sa joie ne se trahît par quelque mouvement imprudent. Il se permit de faire un demi-salut fort grave à trois dames qui marchaient presque sur la même ligne que lui et qui parlaient fort haut. Il serra la main avec affectation au docteur et disparut. Il monta à cheval, en donnant un libre cours au rire fou qui l'obsédait depuis une heure. Comme il passait devant le cabinet littéraire de Schmidt : « Voilà le plaisir d'être savant », pensa-t-il. Il remarqua l'officier libéral, manchot, qui, placé derrière la vitre verdâtre du cabinet littéraire, tenait un numéro de la *Tribune* et le regarda du coin de l'œil comme il passait [13].

Ce texte est exemplaire du découpage stendhalien. Il n'est pas didactique, mais il n'en est pas moins *exposant*, pour reprendre le mot de Flaubert ; seulement il expose à la manière d'un montage godardien, c'est un agencement de visions et de paroles, assez dense pour qu'une progression soit ménagée, assez lâche pour que de l'incertitude soit conservée. Lorsque le narrateur nous dit que Lucien « disparut », ce verbe n'a de sens que du point de vue des dames et du docteur qu'il vient de saluer. Mais curieusement l'incidence de ce nouveau point de vue sur le cours du récit est infinitésimale. L'accident de parcours est immédiatement absorbé par la coulée du récit, de même, par la suite, que le rire fou du héros en cavale, ou que l'œil du manchot derrière la vitre verdâtre du cabinet Schmidt. Le caractère de « blitz » de ces différentes images est compensé par le fait qu'elles sont logées au cœur du paragraphe et parfaitement insérées dans le cours du temps. On va enchaîner sur « le lendemain » des faits sans changer de paragraphe : le temps est diffus ou plutôt diffusé, même à très courte échelle.

À temps diffus, espace diffus, image peu dense et peu déterminée : on ne sait combien il y a de groupes de dames, ni combien de dames par groupe devant Lucien ; ce qui compte c'est le contraste entre ce nombre de femmes *parlant haut* et *la rue solitaire*, et peut-être le point commun à ces deux opposés : un air de province et de campagne (le détail de l'herbe, sur laquelle elles marchent *au petit pas*). La position des personnages est indécise ; d'abord derrière les dames, Lucien est ensuite représenté sur la même ligne qu'elles. Inversement, *la part*

---

13. *Romans et Nouvelles, op. cit.,* tome I, p. 864-865.

latente [14] de l'image est riche et insistante. La proposition : « *mais je ne vois pas ici l'officier manchot, ce* libéral *décoré à Brienne, qui lui sert d'espion* » le fait précisément apparaître. Non seulement la vision du second plan est confiée à un personnage, le docteur nouvellement arrivé, mais curieusement ce personnage donne à imaginer ce qu'il ne voit pas. Et comme si, au sein du paragraphe, tout était réglé par le principe des vases communicants, l'espion manchot paraît un peu plus loin, derrière sa vitre verdâtre dont on ne sait si, par contamination, elle signifie qu'il a l'œil vitreux. De même que, par hasard, l'espion manchot est chargé de surveiller un homme qui a le bras en écharpe. Chaque détail, dans ce *continuum* discontinu de propositions faites à l'imagination, est à la fois la condensation d'un sens et le support minimal, économique, d'une imagicité diffuse. Ou si l'on veut chaque détail a deux postulations : au « blitz » d'une part, à la métonymie d'autre part, et donc au halo. La « *petite thing* » fixe et fait rêver, moins par elle-même que parce qu'elle est prise dans ce rythme somptueux.

Enfin l'image-temps [15] stendhalienne doit sa qualité particulière au fait que le récit appelle l'imagination du lecteur à travailler à plusieurs échelles à la fois. Il en va dans la même unité textuelle de microdétails (comme de l'herbe de cette rue solitaire), du microcosme dont le héros est le noyau (qui implique ses relations avec les personnages secondaires, et avec la ville, la caserne, la campagne lorraine, etc.), et du XIXᵉ siècle comme système de rapports de forces, de partis, de *credo*, et comme système de mœurs (l'espion manchot et libéral figure l'espionnite d'un siècle et d'un régime policiers).

Stendhal invente une phrase-image dont on peut, pour conclure, souligner trois caractéristiques essentielles.
1. C'est l'événement et la surprise de l'œil, c'est la vitesse et l'agilité qui intéressent Stendhal au premier chef : la phrase-image est faite d'apparitions et de disparitions. « Tout à coup » est le mot romanesque par excellence ;
2. Mais cette vitesse est composée de lenteur : on observe la lente croissance des idées, par exemple l'idée de madame de Chasteller, de

---

14. Pour une définition de cette notion, je me permets de renvoyer encore à Vanoosthuyse (2004).
15. Nous nous inspirons ici librement de la terminologie deleuzienne.

rencontre en rencontre. Encore ne s'agit-il pas que d'elle : les portraits (ceux de M. et Mme de Serpierre par exemple) sont faits en plusieurs fois, à mesure que Lucien s'imbibe des personnages. Le roman pense à plusieurs échelles et travaille sa performance à court comme à long terme ;

3. La phrase-image stendhalienne est foncièrement hétérogène, mêlant son et vision, et mariant des points de vue contraires. Et la pratique systématique du blanc, du saut de puce, du changement de perspective, de l'inflexion thématique, permet de dessiner une ligne mélodique allègre mais serpentine, rapide mais à recoins, qui donne infiniment à voir et à penser.

François Vanoosthuyse
Université Paris 3 – Sorbonne nouvelle

CODA

QUE FAIRE DU PRIMITIF ?

À la mémoire de Daniel Arasse et Serge Sérodes

Le 25 nivôse de l'an XIII, le jeune Beyle, emporté par un mouvement d'introspection dont l'intensité se fait menace (« Je m'arrête, parce que je sens venir un éblouissement : l'attention et le sentiment sont trop forts », t. I : 181) [1], finit par poser une série numérotée de situations qui conduisent, selon lui, à l'extinction de l'amour et qu'il commente en ces termes :

> Je n'ai point fait attention aux mots ; dans un tel sujet, il fallait leur donner la *physionomie* que je disais qu'on pouvait prêter aux figures de Raphaël, à celle de s[ain]te Cécile, par exemple, en la vêtissant d'une autre manière, lui donnant une autre action et un autre paysage, mais toute mon attention était absorbée par les choses mêmes (182-183).

La « physionomie » particulière à laquelle le texte fait référence est identifiée un peu plus haut à un « ton de mélancolie sublime » (182). Or les propositions en question, qui voient les « choses » primer sur les « mots », comportent un certain nombre de caractéristiques stylistiques qui méritent qu'on s'y arrête dans la mesure même où elles ne correspondent pas au modèle rêvé.

Prenons la troisième : « [il faut] 3° qu'on mette le bonheur dans d'autres choses comme, chez moi, l'amour de la gloire (d'Homère) » (182). On notera : 1) la simplicité extrême du vocabulaire (notamment : *mettre* et *chose*) ; 2) le retour brutal du *moi* là ou on attendait « par exemple » ; 3) l'ajout sous forme de parenthèse qui vise à spécifier le sens à donner à un mot aussi *vague* que *gloire* mais brise du même coup le caractère facilement emphatique du groupe nominal final [2]. Au total

---

1.   Les références entre parenthèses renvoient au premier tome de l'édition des *Œuvres intimes*, Paris, Gallimard « Pléiade », 1981.
2.   Pour une liste précise des faits de style les plus courants chez Stendhal, voir Bordas (2003c).

donc une forme de brutalité à travers une série de notations plus ou moins habilement liées, qui exhibent le mouvement d'une pensée au travail. Un langage qui ne se situe pas pour autant « absolument *au niveau des choses* (*sachlich*) » comme le « langage primaire » qu'imaginera plus tard Wittgenstein et dans lequel « aucune préférence ne saurait être exprimée pour certains phénomènes plutôt que pour d'autres » (1975 : 82, rem. 53). S'y manifeste en effet un fort engagement d'un sujet « en tâtonnement ».

Une écriture aux antipodes donc de l'idéal, encore très classique, d'un style obtenu par recomposition, harmonieusement accordé à l'importance de la pensée et qui serait empreint de la « mélancolie sublime » de la *Cécile* de Raphaël, tableau exposé alors à Paris et qui illustre la conception néoplatonicienne de la triple nature de la musique, telle que l'a résumée André Chastel (1959 : 189-190) :

> La musique dont on parle ici est à la fois le pouvoir de provoquer par le jeu des instruments un certain état délicieux de contemplation intérieure, et le symbole d'une opération plus générale qui mobilise l'âme tout entière. La *musica instrumentalis* n'est que le premier degré, la musique intérieure *(humana)* de l'âme le second et la musique cosmique *(mundana)* le plus haut. Cette notion de musique [...] se trouve ainsi reliée à tous les étages de l'être, touche à la fois la basse conscience, liée à la nature physique, la conscience éclairée qui jouit de la beauté du nombre et la conscience supérieure qui saisit un univers transfiguré.

De là, comme l'a montré Daniel Arasse (2003 : 29-32), une organisation du tableau sous forme d'ascension depuis les instruments usés, qui jonchent le sol, rejetés parce qu'incapables de produire autre chose qu'une *basse* musique, vers la figure extatique de Cécile qui joue d'un orgue, qui symbolise la *musica humana,* et, au sommet, le chœur des anges qui produit la musique divine sans avoir besoin de recourir à un quelconque moyen matériel. Les instruments traditionnels constituent ainsi la première mise en forme d'une matière primitive placée par Ficin « au-dessous de toutes les formes et de toutes les natures » et symbolisent par là le règne de la nature. Transposée dans le domaine du style, cette organisation tripartite pourrait aisément rappeler, en cas de lecture rapide, la répartition rhétorique bien connue en simple, moyen et noble, mais le modèle néoplatonicien peut conduire vers d'autres pistes qui s'écartent de ces principes classiques. Le tableau suggère sans doute plutôt à Stendhal de se forger un instrument sur les vestiges d'une langue primitive – qui n'est pas cri mais déjà élaboration, comme le montre cette description du jeu de l'acteur Talma, « sublime », d'un « naturel parfait » sauf lorsqu'il crie, et qui « ressemble parfaitement dans toutes ses positions aux belles figures de Raphaël » (105). L'instrument ainsi obtenu permettra d'approcher une forme de perfection. Commentant le passage dans une note de note, Stendhal n'affirme-t-il pas vouloir, « en composant, que chaque mot soit parfait », et cela en « considér[ant] les conditions de sa perfection, leurs bases » (note A : 182) ? L'orgue de Cécile n'est pas la voix des anges, il peut se voir comme le comble des instruments, mais reste instrument. Il est, en réalité, l'image du comble « sublime » de ce que le style peut avoir de naturel [3].

On ne peut qu'opérer un rapprochement avec le grammairien Beauzée qui, une vingtaine d'années plus tôt, dans l'article « Figure » de l'*Encyclopédie méthodique*, pose une « forme primitive », « inaltérable au fond ». Si les « locutions » y sont « toutes assujetties », elles ont, par ailleurs, « chacune leur physionomie propre, qui résulte de la différence des figures modificatives de la forme commune » et « sont comme celles qui caractérisent les individus parmi les hommes, elles annoncent l'âme et la peignent ». Or, ces figures d'une part sont présentées comme toujours « suggérées à propos » par la « nature » à laquelle il suffit donc de « s'abandonner », et d'autre part méritent d'être étudiées dans la mesure où une telle analyse permet de « reconnaître tout ce qui est caché sous le matériel des paroles [...], mille choses importantes qui ne sont pas énoncées » (Beauzée, 1784, t. II : 108-109). Le primitif est ainsi appelé à transformation, à raffinement, mais sans être jamais perdu ; c'est toute l'ambiguïté du terme même : ce qui est premier à la fois prime et appelle à être dépassé. Stendhal est, de fait, fasciné par le « système sur les femmes » de Salmon qui « croit la femme italienne, la femme primitive ; en la modifiant de diverses manières on a la Française, l'Allemande, etc. » (60), tout autant qu'il s'étonne de la justesse du « sentiment ancien et primitif » qu'il avait cinq ans plus tôt et lui faisait « trouver des longueurs dans toutes les tragédies » (138). Dans les deux

---

3. On notera, par ailleurs, que l'orgue, dans son unicité et la simplicité de ses lignes verticales, s'oppose à la multiplicité des instruments abandonnés.

cas les modifications créent du neuf, mais sans mettre à mal l'excellence du primitif[4].

Question : comment dès lors empêcher le primitif d'être totalement recouvert par le travail du style indispensable à la reconnaissance comme écrivain ? Comment préserver lisiblement la dynamique de la pensée en action ? Le drame de l'invention stendhalienne du style se joue là, qui débouchera sur la métaphore un peu facile du style comme « vernis »[5]. Drame dont les années 1803-1806 du *Journal* montrent les principaux actes au fur et à mesure que se constitue un début de poétique originale à partir de la lecture assidue des classiques, mais aussi de traités de style, comme celui de Cesare Beccaria découvert en 1804 (*cf.* 67), et de longues stations au théâtre (on sait que c'est l'époque où le jeune Beyle se rêve futur grand dramaturge). Poétique dont les fondements s'expriment sous la forme soit de collages d'emprunts, soit de déclarations qui surgissent brutalement en guise de commentaires portés sur des œuvres plus ou moins célèbres, des discours entendus, ou encore dans un mouvement proprement réflexif.

Une fois entamé le travail du style, le chemin est de fait étroit, entre l'« enflé » qui, pour reprendre les termes de Beccaria, renferme « des idées petites et en petit nombre, sous des expressions pompeuses et sonores » en abusant de métaphores « grandes et fortes, mais étrangères à l'idée principale », et le « froid » qui « n'excitera aucun mouvement dans l'âme, aucune sensation forte et immédiate ; mais seulement des impressions faibles et éloignées, à peine suffisantes pour lier les idées, et donner naissance au jugement et à la comparaison » ! (Beccaria, 1771 : 172-173). Les deux peuvent se combiner comme, aux yeux de Stendhal, dans *Le Misanthrope* accusé, à la fois, de manquer de « chaleur » et d'être écrit dans un style « trop figuré ». C'est, dès lors, le *primitif* qui transparaît sous le style et fait « impression » qui permet à la pièce de Molière d'être au final considérée comme « la deuxième ou la troisième comédie du monde, si elle n'est pas la première » (120-121).

---

4. Y. Ansel (2003b) considère Fabrice comme un héros « primitif » pour qui « tout est simple », en attente de *sublimation*. Mais *La Chartreuse de Parme* dans son entier laisse aussi une place importante à la possibilité d'un texte *primitif* dont elle ne serait que la transposition (voir Dürrenmatt, 1998, chapitre IV).

5. « Le style doit être comme un vernis transparent : il ne doit pas altérer les couleurs, ou les faits et pensées sur lesquels il est placé », in *Mélanges de littérature*, Le Divan, 1933, t. III, p. 98.

Un élément de réponse au problème que se pose le jeune écrivain est fourni par une note de style qui vient commenter la phrase « Voici le plan du champ de bataille » utilisée pour introduire un croquis de l'appartement d'Héloïse : « Mante aurait peut-être dit *logement* ; mais en disant *champ de bataille*, je fais concevoir d'abord logement, et ensuite le rapport sous lequel je le vois. Peut-être, eût-il été peiné du travail de tête que cette expression exige. Ces nuances échappent aux métaphysiciens » (159). La métaphore n'est pas pensée en termes d'analogie, mais de supplément nécessaire. Au terme simplement « représentatif » [6] est substitué, de façon parfaitement naturelle, celui qui est seul susceptible de rendre compte, de façon économique, de la réalité complexe des sentiments éprouvés : conservation de la réalité première des sentiments et élégance figurée se conjoignent dans un même geste expressif.

Peut-être se trouve-t-on, en l'occurrence, devant l'exemple par excellence de ce que pourrait être le naturel tant rêvé par Stendhal et si difficile à définir tant il peut revêtir de formes. On connaît bien la fascination de l'écrivain pour ce terme, rencontré dans le discours commun comme dans certaines rhétoriques, qu'il n'a de cesse d'utiliser pour juger paroles, textes ou comportements en l'employant de façon souvent floue [7], et qui désigne une qualité qu'il attribue à un certain nombre d'écrivains qui lui servent de références, comme « le naturel et sublime Shakespeare » (150) [8] ou Goldoni, qui « est peut-être le poète le plus naturel qui existe » (84) du fait de « l'extrême clarté » de son style (82). Le tout pour se donner un modèle à suivre : « Quand je ferai des tragédies, j'aurai au moins pour moi la connaissance et le sentiment du vrai grand et du sublime, et le naturel des sentiments et du style » (151), et ce jusqu'au rappel à l'ordre : « Écouter et suivre davantage le naturel dans ma conduite et mon style. [...] La Rive m'exhorte au naturel : "Vous avez quelque chose qui prévient pour vous, et qui attire" » (149), à rapprocher de « Les hom[mes] les plus bornés n'aperçoivent pas toujours que ce qu'on leur montre n'est pas naturel, mais ils ne se laissent charmer, ce me semble, que par ce qui l'est » (157).

---

6. J'emprunte le mot à Condillac, qui l'utilise dans la grammaire de son *Cours d'étude pour l'instruction du prince de Parme* pour désigner les noms qui « représentent les choses telles qu'elles sont ».

7. Voir notamment Crouzet (1986).

8. *Cf.* aussi « le naturel Shakespeare » (p. 62).

Principal défi donc : approcher d'un *naturel* qui tiendrait totalement d'une sorte d'affirmation harmonieuse et nécessaire d'un primitif constitutif de l'être (une capacité particulière à séduire, une forme de « clarté » originelle) et s'approcherait d'une forme de sublime *simple,* qui laisserait transparaître sa profondeur sous un apparent minimalisme sans devenir pour autant trait sublime : « Je ne sais pas travailler, et cela fait mon malheur. J'étais enragé, hier soir ; je me guinde pour écrire deux lignes d'une scène ; je ne suis plus moi, je voudrais que tous mes mots fussent des *Qu'il mourût* ou des *Sans dot* » (380). Quasi-aporie qui explique les ambiguïtés d'une formule comme « phrase de sentiment », qui peut aussi bien désigner « une de ces phrases qui rendent [le] cœur attentif » (101) qu'être associée au « style académique » par lequel il ne faut surtout pas se laisser « entraîner » (352).

De fait le naturel apparaît le plus souvent en négatif, plutôt comme l'inverse de ce qui ne doit pas être et peut en revanche se décrire avec précision :
– Premier exemple (pour décrire une pièce de théâtre) : « Le style est, comme les sentiments, hors de la belle nature et même de la nature. Les nominatifs répétés pour faire le vers
Ma rage, oui, ma rage, etc. » (107) ;
– Second exemple : « Quand je relis ces Mémoires, je me siffle souvent moi-même ; ils ne rendent pas assez mes sensations, le *bon* de *bons principes* ici à côté est, par exemple, détestable. C'est un homme qui, en parlant du teint d'une femme, dirait : "il est couleur de chair" » (118).

On reconnaît là en filigrane les préceptes posés en tête d'une courte section intitulée « Thoughts » : « Clarté, propriété de termes, absence de toute éloquence, la fuir exprès » (409), et dont on constatera dans le passage suivant la stricte application :

> Nous voyons parfaitement B[onaparte]. Il passe à quinze pas de nous, à cheval. Il est sur un beau cheval blanc, en bel habit neuf, chapeau uni, uniforme de colonel de ses gardes, aiguillettes. Il salue beaucoup et sourit. Le sourire de théâtre, où l'on montre les dents, mais où les yeux ne sourient pas : le sourire de Picard (97).

Simplicité des constructions syntaxiques, du lexique « représentatif », des adjectifs, mais aussi et surtout liberté extrême dans l'organisation par juxtaposition et reprise continue, entre dérivation et polyptote « en liberté ». La répétition si insupportable dans le mauvais vers, l'épithète que l'on pourrait juger banale sont bien là, mais s'inscrivent cette fois non pas dans la redondance, mais dans une volonté évidente de précision qui s'appuie sur une double logique de détail et d'approfondissement sans s'encombrer de fioritures, et en laissant largement ouvertes les possibilités d'interprétation : l'emploi répété de l'adjectif « beau » relève-t-il ainsi de l'admiration ? de l'ironie ? Faut-il parler ici d'un véritable travail d'historien ou de recréation *pittoresque* et distanciée [9] ?

L'image donnée du nouvel empereur, simplement désigné par l'initiale B, n'est pas sans annoncer celle, cette fois violemment grotesque, que proposera Rimbaud de Napoléon III dans « L'éclatante victoire de Sarrebruck » (*Poésies*), avec, dans ce cas, le modèle, naïf par excellence, de l'image populaire clairement revendiqué en amont (« Gravure belge brillamment coloriée, se vend à Charleroi, 35 centimes »). Sans aller jusqu'à un tel *enfantillage* volontaire, il s'agit chez Stendhal d'écarter la rhétorique sans renoncer au rhétorique (en tant que travail admirable du style) pour laisser vivre le primitif, le naïf :

> Mes lettres étaient bien loin de montrer naïvement mes pensées, et je sens que ce que j'écris ici est encore phrase, n'est pas encore ma pensée nette et dégagée de toute enflure (177).

La « phrase » (le mot est pris dans son sens péjoratif, comme le plus souvent chez Stendhal) est pensée comme une force menaçante à laquelle il ne faut rien « donner » (91), par laquelle il ne faut pas se laisser « emporter » (327). Il s'agit de renverser les modèles en usage (période, grand style, etc.), mais sans aller pour autant du côté du style coupé, autre mode du siècle précédent, trop criard, ou de l'absence de style. De là les efforts constants pour « sublimer » le naïf (« La naïveté me semble le sublime de la vie ordinaire », 93) ou reconstruire, en toute bonne (ou mauvaise ?) foi, les hiérarchies en usage au bénéfice de ce qu'on pourrait juger insignifiant comme en témoignent : « Ces lettres d'Henri IV me semblent valoir infiniment mieux que celles de Mme de Sévigné [...]. Quel trésor de naïveté, et point altéré par l'attente de l'impression ! » (147), ou encore la fascination pour la formule « où le martinet vient faire son nid » trouvée dans *Macbeth* en contraste violent avec la situation « terrible », « un des traits les plus divins » de Shakespeare,

---

9. Pour une synthèse des sentiments complexes éprouvés par Stendhal à l'égard de Napoléon, voir Mariette-Clot (2003).

« et qui est plus profond [...] et plus émouvant que le "Qu'il mourût" de Corneille et le "Qui te l'a dit ?" de Racine » (201).

On sait que ce dernier exemple est sans doute un emprunt à Reynolds et à sa théorie du « repos » nécessaire [10] pour mettre en relief les moments forts d'un récit, mais Stendhal ici s'inscrit moins dans une pensée des effets ou du rythme que dans celle d'une possible transfiguration, sous certaines conditions, d'une banalité qu'on peut juger primitive, en ce qu'elle ne dit rien qui ne soit connu et relève d'une relation simple au monde, en *vrai* sublime « qui ne consiste [pas] qu'en broderies » (150). Et ceci mieux encore que les célèbres traits du théâtre classique français, qui sont avant tout les affirmations décisives d'un *ethos* terrible.

« Je n'écris plus les souvenirs charmants, je me suis aperçu que cela les gâtait. / Apprendre à me borner en écrivant, tondre mon style, autrement les accessoires me font oublier le principal » (308). L'effort d'élaboration et de précision peut conduire à recouvrir l'impression première au point d'empêcher d'en retrouver jamais la trace primitive et primordiale, enfouie autant qu'enfuie [11]. De là une volonté d'ascèse qui peut aller jusqu'au renoncement au style comme ne cesse de le manifester le *Journal*, et ce dès ses premières lignes :

> – Avril 1801 : « Voilà déjà une faute de français ; il y en aura beaucoup, parce que je prends pour principe de ne me pas gêner et de n'effacer jamais » (3).
> – Mai 1804 : « Je suis toujours de cet avis qu'il vaut mieux exprimer mal le véritable que supérieurement un autre quelque approchant qu'il soit » (77).
> – Mars 1805 : « Lorsqu'une fois on a écrit un trait de passion, il n'y a rien à corriger. Par exemple, l'autre jour, après avoir écrit : "Le cœur me démange" » (253).
> – Septembre 1805 : « je n'ose m'arrêter à rien, je tremble, veux toujours corriger, tandis que, le trait de passion ou de caractère une fois écrit, il n'y a plus rien à faire » (344).

---

10. Voir la note de V. Del Litto, éd. cit., p. 1225 (n. 4 de la p. 201).
11. « Je cesse de décrire parce que j'ai observé que je gâtais mes souvenirs, cette douce partie de la vie. Il me faudrait cinquante heures de travail, avec une sensibilité brûlante, coulante comme un fleuve remplissant tout, pour décrire ce que j'ai senti depuis 3 heures jusqu'à 9 (actuellement). Cela est impossible ; je décrirais donc mal, et dans quinze jours je ne me souviendrais plus de ce que j'aurais décrit » (p. 339-340).

Toutes ces remarques ne sont bien évidemment pas du même ordre ; la première ne concerne que l'écriture très spécifique du journal, alors que la troisième articule écritures intime et « littéraire » : le journal constitue bien très vite un laboratoire où s'essayer à devenir proprement écrivain, et plus particulièrement écrivain « de passion ». Toutes manifestent l'importance attribuée à la spontanéité malgré la difficulté qu'elle impose : « Il est très difficile de peindre ce qui a été *naturel* en vous, de mémoire ; on peint mieux le *factice*, le *joué*, parce que l'effort qu'il a fallu pour *jouer* l'a gravé dans la mémoire [...] mais pour se rappeler les *sentiments naturels*, il faut commencer par faire la *perception* » (267). Comment comprendre ce « mieux », sinon comme un « plus facile » dans le cadre de ce qu'on pourrait considérer comme un pis aller.

De là, trois possibilités :
– garder le primitif, quitte à ce qu'il fasse résistance, jusqu'à la « faute », jusqu'au silence (« J'ai trop à écrire, c'est pourquoi je n'écris rien », [77]) ;
– partir du primitif et viser à une sublimation « naturelle », à condition de l'avoir correctement « perçu » et ainsi dépasser un constat d'impuissance comme celui-ci : « Voici une des plus vives jouissances que les arts puissent donner. Elle m'a épuisé, et je la décrirai d'autant moins bien qu'elle m'a fait plus d'impression, pour parler à la Jean-Jacques » (204) ;
– se mettre dans les conditions du sentiment et le dépeindre avec « naïveté » (le primitif faisant alors retour comme modèle) : « Il me semble qu'il n'y a rien de si aisé que de faire du style de passion ou de caractère, il faut se supposer désirer pour le premier, croire pour le deuxième, certaines choses, et parler naïvement et simplement d'après cela » (344). Procédé qui nourrira plus tard la prose romanesque.

Dans tous les cas, il s'agit d'échapper tant à la phrase qu'au « squelette », ces notations en manque d'inspiration, « sans grâce ni gaieté » (210), qui n'ont rien à voir avec le primitif vrai parce que rien n'y est senti, qui ne relèvent pas de l'informel mais de l'informe : « Voilà le squelette sans vie de l'heure la plus charmante, le plan des îles Borromées et du rivage du lac Majeur, exactement cela. C'est cela, et rien n'est plus loin de ce que ces îles ont été pour notre âme charmée » (281). « Exactement cela » qui n'est rien, faute de « perception » ou faute d'effort vers le naturel. Et pourtant le texte qui dit ce manque est lui-même magnifiquement travaillé avec son effet initial de cadence rompue, son anadiplose sur un simple pronom démonstratif ainsi chargé de sens [12] et sa dernière proposition si harmonieusement équilibrée. Rhétorique puissamment naturelle qui, comme chez Rousseau, admiré justement entre autres pour cela (*cf. supra*, 204), dit le moins par le plus.

À l'autre bout, le senti donné primitif, presque illisible : « Un mot, une fissure pour m'échapper, et je ne sais ce qui m'aurait retenu ; il n'y aurait eu que la mort (de moi) » (234), et sa métaphore originale, très matérielle, sa parataxe, son présentatif simple jusqu'à la maladresse, son étonnante parenthèse en guise de remords. Exemple frappant de cette expression *naturelle* des « démangeaisons » du cœur qui ne peut venir que par à-coups, n'autorise aucune *correction* et ne peut figurer que dans des contextes très spécifiques (le plus souvent sans *menace* de publication).

Entre les deux, exemple d'un possible équilibre original, cette vision de la mort, appelée à en préfigurer tant d'autres :

> J'ai vu du côté du consul, dans les loges, une femme qui ressemblait comme deux gouttes d'eau à un squelette. Elle était de la blancheur d'une tête de mort bien lavée ; elle était vraiment glaçante. C'est ce que j'ai jamais vu de plus fort dans ce genre-là ; je la regardai beaucoup pour en conserver une idée nette. Elle était bien vêtue. C'était l'horreur de la mort seule et sans aucune autre horreur (71).

Elle reçoit comme écho, presque deux ans plus tard, cette brève notation, elle aussi macabre et qui semble en reprendre la formule : « J'ai vu hier, sous mes fenêtres, un mort dont la bière s'était ouverte ; on voyait le visage, les mains jointes, habillé avec un drap, une petite croix sur la poitrine. Cela me glaça » (379). Dans les deux cas, on pose le verbe *voir* pour le faire suivre d'une indication de lieu puis de l'objet vu sous la forme d'un groupe nominal avec relative. Le cheminement de la phrase suit le mouvement du regard et de la pensée qui identifient un repère spatial, y placent l'objet vu – surgi – avant d'introduire, sous la forme d'une relative, la raison qui a permis ou déterminé la vision, comme s'il s'agissait de mimer la saisie brutale avant de construire par la subordonnée ce qui la justifie et se pense *a posteriori*.

---

12. Pour plus de détails sur l'importance du mot *cela* dans l'univers de Stendhal, voir Dürrenmatt (2001, p. 134-135).

Dans le *Journal*, la suite du texte ne cesse d'affirmer le caractère particulier de ce qui est dès lors contemplé, détaillé, sa capacité à frapper l'observateur, y compris au moyen de superlatifs. Plus tard, dans les romans, la construction réapparaît à quelques moments clefs. Trois exemples particulièrement parlants :

> M. de Rênal était absorbé dans ce doute, lorsqu'il vit de loin un paysan, homme de près de six pieds, qui, dès le petit jour, semblait fort occupé à mesurer des pièces de bois déposées le long du Doubs, sur le chemin de halage. [...] Le père Sorel, car c'était lui, fut très surpris (*Le Rouge et le Noir* [13]).

> Quatre ou cinq jours après, Lucien, allant à pied à la caserne pour le pansement du soir, vit à dix pas de lui, au détour d'une rue, une femme assez grande en chapeau fort simple. Il lui sembla reconnaître ces cheveux singuliers par la quantité et par la beauté de la couleur, comme lustrés, qui l'avaient frappé trois mois auparavant. C'était, en effet, madame de Chasteller (*Lucien Leuwen* [14]).

> Quelques instants après, Fabrice vit, à vingt pas en avant, une terre labourée qui était remuée de façon singulière. Le fond des sillons était plein d'eau, et la terre fort humide, qui formait la crête des sillons, volait en petits fragments noirs lancés à trois ou quatre pieds de haut. Fabrice remarqua en passant cet effet singulier ; puis sa pensée se remit à songer à la gloire du maréchal (*La Chartreuse de Parme* [15]).

Aucune mise en relief autrement que par l'adjectif *singulier,* mais le procédé est le même et apparaît comme une manière très stendhalienne, sans être forcément *proprement* stendhalienne, de conserver à travers une organisation syntaxique précise le caractère primitif de l'expérience vécue. Mais dans les trois cas l'effet est différent. Dans *Le Rouge et le Noir*, l'œil de M. de Rênal est attiré par l'incongruité d'un comportement révélateur d'une « contravention », alors que c'est sa destinée d'homme marié et « honnête » qui est, en réalité, en train de se jouer, aveuglement que le roman n'aura de cesse de réécrire. Dans *Lucien Leuwen*, pas de relative mais un adjectif et un groupe prépositionnel qui insiste sur la banalité de la femme vue « au détour d'une rue », simplicité en elle-même révélatrice et donnée de façon très elliptique

---

13. In *Romans et Nouvelles*, Paris, Gallimard « Pléiade », 1952, t. I, p. 231.
14. *Ibid.*, p. 896.
15. *Ibid.*, t. II, p. 64.

comme *singulière*[16] – dans un retournement affirmé des attentes du lecteur romanesque. Dans *La Chartreuse de Parme* enfin, la singularité[17] terrible du détail arraché à une *matière a priori* banale est légitimée progressivement pour être ensuite assourdie, pour insister sur le mouvement même de la pensée qui vient d'être si magistralement exprimé. Dans les trois cas, la simplicité prime comme pour illustrer cette phrase célèbre de Mme de Staël consciencieusement recopiée dans le *Journal* : « dans la littérature on a commencé par la recherche et l'affectation, les grands écrivains ont ensuite fait admettre le genre simple » (407), pour des textes qui *pensent* le primitif.

Destutt de Tracy, dont Stendhal ne cesse, dans son *Journal*, de louer les idées[18], propose dans le tome II, intitulé *Grammaire*, de ses *Éléments d'Idéologie*, les conditions d'une langue parfaite :

> […] l'on ne s'y permettrait jamais plusieurs locutions différentes pour présenter la même idée, ni aucuns de ces tours irréguliers qu'on appelle dans nos langues vulgaires, des idiotismes ; […] on en bannirait avec scrupule les hyperboles, les allusions, les demi-réticences, les fausses délicatesses, les tropes, les divers emplois d'un même mot ; […] toujours un signe avertirait quand ce mot est pris au sens propre ou au sens figuré ; enfin, […] l'on apporterait dans le style, le même esprit d'exactitude qui aurait présidé à la composition des mots, et aux lois de la syntaxe (1803 : 415-416).

On ne peut s'empêcher de penser qu'un tel modèle constitue une forme de comble vers lequel Stendhal souhaite tendre sans jamais vraiment y croire, sans jamais s'en donner tout à fait les moyens, convaincu qu'il est que le choix permis par la variété des « locutions » est au fondement du plaisir littéraire, en permettant d'affirmer la puissance d'un choix et par là d'une autorité *singulière*. À la mort du style proposée par l'idéologue, il préfère les jeux avec un primitif caché, montré, aboli, affirmé et ce, jusqu'au risque assumé du dégoût et du silence.

Jacques Dürrenmatt
Université Toulouse-Le Mirail
Groupe d'Étude d'Histoire de la Langue Française

---

16. On notera en l'occurrence le rôle intéressant joué par le démonstratif (à la fois mémoriel et support de l'ellipse).
17. L'adjectif est présent deux fois à peu d'intervalle.
18. Stendhal commence à le lire de façon régulière le 31 décembre 1804 (*cf.* p. 167).

ANNEXES

BIBLIOGRAPHIE GÉNÉRALE

On ne trouvera indiqués ici que les seuls travaux critiques utilisés pour la rédaction du présent ouvrage et qui sont dûment cités en cours d'étude. Pour la commodité de consultation des références, indiquées dans le texte par leur date de publication, l'ensemble des textes théoriques a été regroupé. Ce choix a pour conséquence inévitable une indifférenciation entre ouvrages d'orientations et d'époques très diverses. La lisibilité d'un classement alphabétique a toutefois semblé préférable à une classification parcellisante.

ADAM, Jean-Michel, 1994, « Style et fait de langue : un exemple rimbaldien », *in* G. Molinié et P. Cahné (éds), *Qu'est-ce que le style ?*, Paris, PUF, p. 15-43.

ADAM, Jean-Michel, 1997, *Le Style dans la langue*, Lausanne-Paris, Delachaux et Niestlé.

ANSEL, Yves, 1996, « Peurs et rumeurs dans *La Chartreuse de Parme* », *Op. cit.*, n° 7, Pau, p. 161-169.

ANSEL, Yves, 1997, « Lire *toute* la fable », *in* D. Sangsue (éd.), *op. cit.*, p. 91-112.

ANSEL, Yves, 2000a, *Stendhal, le temps et l'Histoire*, Toulouse, PUM.

ANSEL, Yves, 2000b, « Stendhal lecteur du XVIIᵉ siècle, ou l'invention d'une nouvelle critique », *Elseneur*, n° 15-16, Caen, p. 159-172.

ANSEL, Yves, 2001a, *Stendhal littéral. Le Rouge et le Noir*, Paris, Kimé.

ANSEL, Yves, 2001, « Sociocritique stendhalienne », *in* Ph. Berthier et P.-L. Rey (éds), *op. cit.*, p. 5-19.

ANSEL, Yves, 2002, « D'un nouveau complot contre la poésie », *L'Année stendhalienne*, n° 1, Paris, p. 83-102.

ANSEL, Yves, BERTHIER, Philippe, et NERLICH, Michael, (éds), 2003, *Dictionnaire de Stendhal*, Paris, Champion.

ANSEL, Yves, 2003a, « La Harpe », *in* Y. Ansel *et alii* (éds), *op. cit.*, p. 380-381.

ANSEL, Yves, 2003b, « Simple, simplicité », *in* Y. Ansel *et alii* (éds), *op. cit.*, p. 673-674.

ANTOINE, Gérald, 1959-1962, *La Coordination en français*, Paris, d'Artrey, (deux volumes).

ANTOINE, Gérald, 1970, « Validités et limites de la stylistique littéraire », *in* P. Guiraud et P. Kuentz (éds), *La Stylistique*, Paris, Klincksieck, p. 29-37.

ARASSE, Daniel, 2003, *Les Visions de Raphaël*, Paris, Liana-Levi.

ATTUEL, Josiane, 1980, *Le Style de Stendhal. Efficacité et romanesque*, Bologna-Paris, Pàtron et Nizet.

AUROUX, Sylvain, 1979, *La Sémiotique des Encyclopédistes. Essai d'épistémologie historique des sciences du langage*, Paris, Payot.

AUTHIER-REVUZ, Jacqueline, 1982, « Hétérogénéité montrée et hétérogénéité constitutive : éléments pour une approche de l'autre dans le discours », in *DRLAV*, n° 26, Vincennes, p. 91-151.

AUTHIER-REVUZ, Jacqueline, 1992-1993, « Repères dans le champ du discours rapporté », in *L'Information grammaticale*, n° 55 et 56, Paris, p. 38-42, 10-15.

AUTHIER-REVUZ, Jacqueline, et LALA, Marie-Christine (éds), 2002, *Figures d'ajout*, Paris, PSN.

BAKHTINE, Mikhaïl, 1978, *Esthétique et théorie du roman*, trad. fr., Paris, Gallimard.

BARDÈCHE, Maurice, 1947, *Stendhal romancier*, La Table Ronde.

BARTHES, Roland, 1993-1995, *Œuvres complètes*, édition d'É. Marty, Paris, Seuil, (trois volumes).

BARTHES, Roland, 2003, *La Préparation du roman*, Paris, Seuil.

BEAUZÉE, Nicolas, 1784, « Grammaire et littérature », in *Encyclopédie méthodique*, Paris, Panckoucke, (trois volumes).

BECCARIA, Cesare, 1771, *Recherches sur le style*, trad. fr., Paris, Molini.

BECKER, Colette, et LAVIELLE, Véronique, 2003, *La Fabrique des Rougon-Macquart. Édition des dossiers préparatoires*, Paris, Champion.

BENVENISTE, Émile, 1966-1974, *Problèmes de linguistique générale*, Paris, Gallimard, (deux volumes).

BERTHIER, Philippe, (éd.), 1990, *La Chartreuse de Parme revisitée, Recherches & Travaux*, Hors-série n° 10, Grenoble.

BERTHIER, Philippe, 1990, « Stendhal n'a jamais appris à écrire, ou l'*incipit* », *in* Ph. Berthier (éd.), *op. cit.*, p. 19-32.

BERTHIER, Philippe, 1997, *Espaces stendhaliens*, Paris, PUF.

BERTHIER, Philippe, et REY, Pierre-Louis (éds), 2001, *Stendhal journaliste anglais*, Paris, PSN.

BLAIR, Hugh, 1808, *Leçons de rhétorique et de belles-lettres* [1783], trad. fr., Genève, (quatre volumes).

BLIN, Georges, 1954, *Stendhal et les problèmes du roman*, Paris, Corti.

BOISTE, Pierre-Claude-Victoire, 1821-1824, *Dictionnaire des Belles-Lettres*, Paris, Verdière, (cinq volumes).

BONNARD, Henri, 1972, « Coordination », in *Grand Larousse de la Langue Française*, Paris, Larousse, t. II, p. 972-977.

BORDAS, Éric, 1996, « Stendhal au miroir du roman. Stratégies de l'énonciation narrative dans *La Chartreuse de Parme* », in *L'Information grammaticale*, n° 71, octobre 1996, p. 13-18.

BORDAS, Éric, 1997, « Stendhal *bel cantiste. Tempo* et *legato* dans *La Chartreuse de Parme* », *in* D. Sangsue (éd.), *op. cit.*, p. 61-75.

BORDAS, Éric, 2001, « "Censurer le style d'une duchesse". Style et idéologie », *in* Ph. Berthier et P.-L. Rey (éds), *op. cit.*, p. 189-212.

BORDAS, Éric, 2003a, « Etc., etc. », *in* Y. Ansel *et alii* (éds), *op. cit.*, p. 257-258.

BORDAS, Éric, 2003b, « Intensifs », *in* Y. Ansel *et alii* (éds), *op. cit.*, p. 347.

BORDAS, Éric, 2003c, « Style », *in* Y. Ansel *et alii* (éds), *op. cit.*, p. 690-693.

BORDAS, Éric, 2003d, « Stylistique et histoire littéraire », in *Revue d'histoire littéraire de la France*, n° 3, Paris, p. 579-589.

CENTO, Alberto, 1964, édition critique de Flaubert, *Bouvard et Pécuchet*, Napoli-Paris, Istituto Universitario Orientale / Nizet.

CEYSSON, Sabine, 1998, « Les mots de la fin des *Chroniques italiennes* », *H.B.*, n° 2, Saint-Pierre-du-Mont, p. 135-145.

CHASTEL, André, 1959, *Art et humanisme à Florence au temps de Laurent le Magnifique*, Paris, PUF.

COE, Richard N., 1996, « *La Chartreuse de Parme*. Portrait d'une réaction », *in* Rey P.-L. (éd.), *Stendhal, la Chartreuse de Parme*, Paris, Klincksieck, p. 75-89.

COHN, Dorrit, 1981, *La Transparence intérieure*, trad. fr., Paris, Seuil.

CROUZET, Michel, 1981, *Stendhal et le langage*, Paris, Gallimard.

CROUZET, Michel, 1983, *La Poétique de Stendhal*, Paris, Flammarion.

CROUZET, Michel, 1986, *Le Naturel, la grâce et le réel dans la poétique de Stendhal*, Paris, Flammarion.

CROUZET, Michel, 1990, *Stendhal ou Monsieur Moi-même*, Paris, Flammarion.

CROUZET, Michel, 1996a, *Le Roman stendhalien. La Chartreuse de Parme*, Orléans, Paradigme.

CROUZET, Michel, 1996b, « *La Chartreuse de Parme*, roman de l'euphémisme », *in* M. Crouzet (éd.), *Stendhal, La Chartreuse de Parme*, Mont-de-Marsan, Éditions InterUniversitaires, p. 129-171.

DAMOURETTE, Jacques, et PICHON Édouard, 1951, *Essai de grammaire de la langue française*, Paris, d'Artrey, (douze volumes).

DELACROIX, Eugène, 1988, *Écrits sur l'art*, édition de F.-M. Deyrolle et C. Denissel, Paris, Séguier.

DELÉCLUZE, Étienne Jean, 1983, *Louis David, son école et son temps. Souvenirs* [1855], édition de J.-P. Mouilleseaux, Paris, Macula.

DESTUTT DE TRACY, Antoine, 1803, *Éléments d'idéologie*, Paris, Courcier, (trois volumes).

DIDEROT, Denis, et d'ALEMBERT, Jean (éds), 1751-1780, *Encyclopédie, ou Dictionnaire raisonné des sciences, des arts et des métiers*, Paris, Briasson, (35 volumes).

DIDIER, Béatrice, 1983, *Stendhal autobiographe*, Paris, PUF.

DIDIER, Béatrice, et NEEFS, Jacques (éds), 1988, *Stendhal. Écritures du romantisme I*, Saint-Denis, PUV.

DIDIER, Béatrice, 1988, « Les manuscrits des *Souvenirs d'égotisme* », *in* B. Didier et J. Neefs (éds), *op. cit.*, p. 73-106.

DIDIER, Béatrice, 2002, *Stendhal ou la dictée du bonheur. Paroles, échos et écritures dans La Chartreuse de Parme*, Paris, Klincksieck.

DOUAY-SOUBLIN, Françoise, 1999, « La rhétorique en France au XIXᵉ siècle, à travers ses pratiques et ses institutions : restauration, renaissance, remise en cause », *in* M. Fumaroli (éd.), *op. cit.*, p. 1071-1214.

DUCROT, Oswald, 1989, *Le Dire et le dit*, Paris, Minuit.

DUFOUR, Philippe, 1997, « Stendhal, la parole, le politique », *L'Information littéraire*, n° 2, p. 34-41.

DUPRIEZ, Bernard, 1980, *Gradus. Les procédés littéraires*, Paris, UGÉ, (10-18).

DÜRRENMATT, Jacques, 1996, « Vers la phrase nette. Ou de l'art stendhalien de ne pas faire de phrase », *L'Information grammaticale*, n° 71, Paris, p. 9-12.

DÜRRENMATT, Jacques, 1998, *Bien coupé mal cousu. De la ponctuation et de la division du texte romantique*, Saint-Denis, PUV.

DÜRRENMATT, Jacques, 2001, *Le Vertige du vague. Les romantiques face à l'ambiguïté*, Paris, Kimé.

DÜRRENMATT, Jacques, 2003, « Phrase », *in* Y. Ansel *et alii* (éds), *op. cit.*, p. 532-533.

DUSSAULT, Jean-Joseph, 1828, *Annales littéraires*, Paris, Maradan / Lenormant, (cinq volumes).

FONTANIER, Pierre, 1977, *Les Figures du discours* [1821-1830], Paris, Flammarion.

FRIED, Michael, 1990, *La Place du spectateur. Esthétique et origines de la peinture moderne*, trad. fr., Paris, Gallimard.

FRIED, Michael, 1993, *Le Réalisme de Courbet. Esthétique et origine de la peinture moderne II*, trad. fr., Paris, Gallimard.

FROMILHAGUE, Catherine, 1995, *Les Figures de style*, Paris, Nathan.

FUMAROLI, Marc (éd.), 1999, *Histoire de la rhétorique dans l'Europe moderne*, Paris, PUF.

GATTEL, Claude-Marie, 1813, *Dictionnaire Universel Portatif de la Langue française*, avec un *Vocabulaire des mots introduits dans la langue depuis la Révolution française*, Paris-Lyon, Lefèvre / Bruyset, (deux volumes).

GENETTE, Gérard, 1969, *Figures II*, Paris, Seuil.

GENETTE, Gérard, 1972, *Figures III*, Paris, Seuil.

GENETTE, Gérard, 1999, *Figures IV*, Paris, Seuil.

GIRAULT-DUVIVIER, Charles-Pierre, 1812, *Grammaire des grammaires*, Paris, Janet et Cotelle, (deux volumes).

GOURMONT, Remy de, 1996, « Le style et l'art de Stendhal » [1912], in *Stendhal*, Paris, PUPS, (Mémoire de la critique), p. 497-502.

GRACQ, Julien, 1980, *En lisant en écrivant*, Paris, Corti.

GUIZOT, François, 1816-1818, « Essai sur les limites qui séparent et les liens qui unissent les beaux-arts », *in* H. Laurent (éd.), *Le Musée royal, ou Recueil de gravures d'après les plus beaux tableaux, statues et bas-reliefs de la collection royale*, Paris, Didot, (deux volumes).

HAMM, Jean-Jacques, 1986, *Le Texte stendhalien : achèvement et inachèvement*, Sherbrooke, Naaman.

HERSCHBERG PIERROT, Anne, 1993, *Stylistique de la prose*, Paris, Belin.

JENNY, Laurent, 1990, *La Parole singulière*, Paris, Belin.

JOUSSET, Philippe, 2003, « La prose sous la prose », in *SEMEN*, n° 16 : *Rythme de la prose*, É. Bordas (éd.), Besançon, p. 131-147.

JULLIEN, François, 2001, *Du « temps »*. *Éléments d'une philosophie du vivre*, Paris, Grasset.

KLIEBENSTEIN, Georges, 2000, « Barthes avait lu Stendhal », in *L'Année Stendhal*, n° 4, Paris, p. 157-171.

KLIEBENSTEIN, Georges, 2001, « Stendhal et la tentation Saint-Simon », in *Cahiers Saint-Simon*, n° 29, Paris, p. 41-55.

KLIENBENSTEIN, Georges, 2002, « La lumière des fantômes (sur Roland Barthes) », *in* A. Chamayou (éd.), *La Littérature et le brillant*, Arras, APU, p. 249-274.

KLIEBENSTEIN, Georges, 2004a, *Figures du destin stendhalien*, Paris, PSN.

KLIEBENSTEIN, Georges, 2004b, « *Quos ego… Mais… Un… Un…* Remarques sur l'hémiphasie », in *La Licorne*, n° 68 : *La Réticence*, L. Louvel et C. Rannoux (éds), Rennes, p. 135-151.

LABIA, Jean-Jacques, 1994, édition critique de Stendhal, *Armance*, Paris, Flammarion, (GF).

LANCELIN, 1801, *Introduction à l'analyse des sciences*, Paris, Mignot, (deux volumes).

LALA, Marie-Christine, 1985, « La pensée de Georges Bataille et l'œuvre de la mort », in *Littérature*, n° 58, Paris, p. 60-74.

LALA, Marie-Christine, 1990, « La poésie aux âges de la vie », in *Littérature*, n° 79 : *Michel Leiris*, Paris, p. 76-86.

LALA, Marie-Christine, 1999, « À la pointe du style », *Autrement*, n° 185 : *Le Silence : la force du vide*, Paris, « Colection Mutations », p. 104-117.

LANJUINAIS, Jean-Denis, 1816, *Discours préliminaire*, *in* Court de Gébelin, *Le Monde primitif analysé et comparé avec le monde moderne*, [1773-1782], Paris, Plancher et Delaunay.

LECLERC, Yvan, 1995, *Plans et scénarios de Madame Bovary*, Paris-Cadeilhan, CNRS Éditions / Zulma.

LEE, Rensselaer W., 1991, *Ut Pictura Poesis. Humanisme et théorie de la peinture. XVe-XVIIIe siècles*, [1940], Paris, Macula.

LICHENSTEIN, Jacqueline, 2003, *La Tache aveugle. Essai sur les relations de la peinture et de la sculpture à l'âge moderne*, Paris, Gallimard.

MAINGUENEAU, Dominique, 1990, *Pragmatique pour le discours littéraire*, Paris, Bordas.

MARIETTE-CLOT, Catherine, 2003, « Napoléon », *in* Y. Ansel *et alii* (éds), *op. cit.*, p. 475-478.

MARIN, Louis, 1981, *La Voix excommuniée. Essais de mémoire*, Paris, Galilée.

MARIN, Louis, 1988, « Dessins et gravures dans les manuscrits de la *Vie de Henry Brulard* », *in* B. Didier et J. Neefs (éds), *op. cit.*, p. 107-125.

MARIN, Louis, 1999, *L'Écriture de soi*, Paris, PUF.

MERCIER, Louis-Sébastien, 1801, *Néologie, ou Vocabulaire National de France*, Paris, Moussard et Maradan.

MERCIER, Louis-Sébastien, 1990, *Tableau de Paris*, édition de M. Delon, Paris, Laffont « Bouquins ».

MICHEL, Arlette, 1999, « Romantisme, littérature et rhétorique », *in* M. Fumaroli (éd.), *op. cit.*

MILNER, Jean-Claude, 1978, *L'Amour de la langue*, Paris, Seuil.

MOLINO, Jean, 1980, « Quelques hypothèses sur la rhétorique au XIXe siècle », in *Revue d'histoire littéraire de la France*, n° 2, Paris, p. 181-192.

MORIER, Henri, 1959, *La Psychologie des styles*, Genève, Georg.

MORIER, Henri, 1961, *Dictionnaire de poétique et de rhétorique*, Paris, PUF.

NEEFS, Jacques, 1986, « Stendhal sans fins », in *Le Manuscrit inachevé*, Paris, Éd. du CNRS, p. 15-44.

NEEFS, Jacques, 1988, « *Lucien Leuwen* : le destinataire des manuscrits », *in* B. Didier et J. Neefs (éds), *op. cit.*, p. 39-61.

NEEFS, Jacques, 1989, « Marges » in *De la lettre au livre. Sémiotique des manuscrits littéraires*, Paris, Éd. du CNRS, p. 57-88.

NODIER, Charles, 1834, « Avis indispensable sur l'usage et l'utilité de ce Dictionnaire, pour les personnes qui parlent, lisent ou écrivent le français », *in* Boiste, *Dictionnaire Universel de la Langue française*, Paris, Lecointe et Pougin.

PAILLOT DE MONTABERT, Jacques-Nicolas, 1813, *Théorie du geste dans l'art de la Peinture, renfermant plusieurs préceptes applicables à l'art du théâtre*, Paris, Magimel.

PEARSON, Roger, 1988, *Stendhal's violin*, Oxford, Clarendon Press.

QUATREMÈRE DE QUINCY, Antoine, 1823, *Essai sur la nature, le but et les moyens de l'imitation dans les beaux-arts*, Paris, Treuttel et Würtz.

PRÉVOST, Jean, 1974, *La Création chez Stendhal*, [1942], Paris, Gallimard.

RANCIÈRE, Jacques, 1998, *La Parole muette. Essai sur les contradictions de la littérature*, Paris, Hachette.

RANCIÈRE, Jacques, 2003, *Le Destin des images*, Paris, La Fabrique.

RANNAUD, Gérald, 1988, « *Henry Brulard* ou le livre à venir », *in* B. Didier et J. Neefs (éds), *op. cit.*, p. 127-147.

RANNAUD, Gérald, 1996-1997, édition diplomatique de Stendhal, *Vie de Henry Brulard*, Paris, Klincksieck, (trois volumes).

REBOUL, Anne, et MOESCHLER, Jacques, 1998, *La Pragmatique aujourd'hui, une nouvelle science de la communication*, Paris, Seuil.

REID, Martine, 1991, *Stendhal en images. Stendhal, l'autobiographie et la Vie de Henry Brulard*, Genève, Droz.

REY, Pierre-Louis, 1997, « L'après-dénouement de *La Chartreuse de Parme* », *in* D. Sangsue (éd.), *op. cit.*, p. 135-143.

REY, Pierre-Louis, 1999, édition critique de Stendhal, *Armance*, [1992], Paris, Pocket.

RICHARD, Jean-Pierre, 1954, *Littérature et sensation. Stendhal / Flaubert*, Paris, Seuil.

RICHARDS, I. A., 1985, *Principles of Literary Criticism*, [1925], San Diego, Harcourt Brace Jovanovich.

RIVAROL, Antoine, 1998, *Discours sur l'universalité de la langue française*, [1784], Paris, Arléa.

RUSSO, Elena, 1987-1988, « *Le Rouge et le Noir* : jeux de l'autorité », in *Nineteenth-Century French Studies*, vol. 16, (n° 1 & 2), Fredonia, p. 1-14.

SAINT-GÉRAND, Jacques-Philippe, 1993, *Morales du style*, Toulouse, PUM.

SANGSUE, Daniel (éd.), 1997, *La Chartreuse de Parme. Chant et tombeau*, *Recherches & Travaux*, Hors-série n° 13, Grenoble.

SÉRODES, Serge, 1993, *Les Manuscrits autobiographiques de Stendhal. Pour une sémiotique*, Genève, Droz.

SIMON, Claude, 1972, « La fiction mot à mot », in *Nouveau Roman : hier, aujourd'hui*, tome II, Paris, UGÉ, (10-18), p. 73-97.

SIMON, Josef, 1967, *Hamanns Schriften zur Sprache*, Frankfurt-am-Main, Suhrkamp.

TAINE, Hippolyte, 1901, *Nouveaux extraits de critique et d'histoire*, [1865], Paris, Hachette.

THOMPSON, Christopher W., 1982, *Le Jeu de l'ordre et de la liberté dans La Chartreuse de Parme*, Aran, Éditions du Grand-Chêne.

THUILLIER, Jacques, 1967, « Temps et tableau : la théorie des "péripéties" dans la peinture française du XVIIᵉ siècle », *in* Th. Gaehtgens et R. Haussherr (éds), *Stil und Überlieferung in der Kunst des Abendlandes*, Berlin, G. Mann, t. III, p. 191-206.

TODOROV Tzvetan, 1978, *Poétique de la prose* (choix), suivi de *Nouvelles recherches sur le récit*, [1971], Paris, Seuil.

VAILLANT, Alain, 2003, « Pour une histoire de la communication littéraire », *Revue d'histoire littéraire de la France*, n° 3, Paris, p. 549-562.

VANOOSTHUYSE, François, 2004, « Espaces, formes, objets des *Contemplations* », *in* G. Rosa et N. Savy (éds), *L'Œil de Hugo*, Paris, Édition des Cendres, p. 375-401.

VOUILLOUX, Bernard, 1994, « Autoportrait de l'écrivain en robe de chambre : Diderot et le mannequin », *Revue internationale de psychopathologie*, n° 13, Paris, p. 103-113.

VOUILLOUX, Bernard, 2002, « Le style dans les discours sur l'art : une notion critique ? », *in* P.-H. Frangne et J.-M. Poinsot (éds), *L'Invention de la critique d'art*, Rennes, PUR, p. 31-59.

VUILLAUME, Marcel, 1990, *Grammaire temporelle des récits*, Paris, Minuit.

WAKEFIELD, David, 1974, "Stendhal and Delécluze at the Salon de 1824", *in* A. Levi, F. Haskell and R. Shackleton (eds), Oxford, Clarendon Press, p. 76-85.

WILMET, Marc, 1998, *Grammaire critique du français*, Paris-Bruxelles, Hachette / Duculot.

WITTGENSTEIN, Ludwig, 1975, *Remarques philosophiques*, trad. fr., Paris, Gallimard.

INDEX DES NOMS PROPRES

INDEX DES NOTIONS

275

RÉSUMÉS

Jacques-Philippe Saint-Gérand : Contextualisations épilinguistiques. À propos de Stendhal (1783-1842)

Replacer Stendhal et la création littéraire beylienne dans son exact contexte historique du point de vue de sa relation au langage et de sa pensée du style conduit à un réaménagement de la perspective sous laquelle on envisage ordinairement le rapport de Stendhal aux Idéologues et à l'Idéologie. À force de considérer que Stendhal a travaillé la langue et le langage en pleine conscience, on serait prêt à en faire un grammairien qui s'ignore (à peine !). L'objet de l'article est de montrer pourquoi et en quoi la dimension épilinguistique du sentiment poétique de Stendhal est plus intéressante et productive en termes littéraires que la pseudo-connaissance métalinguistique dont la critique l'a parfois affublé. L'étude du mot dans l'écriture de Stendhal sert à illustrer cet aspect novateur. La modernité de Stendhal est tout entière contenue dès l'origine dans l'impitoyable critique à laquelle il se livre du modernisme superficiel de l'expression, réduit alors à une inflation verbale déréglée, dont Stendhal se défie tout particulièrement à l'instant où il est contraint d'endosser en langage des habits usés et élimés par tant d'autres.

Georges Kliebenstein : Stendhal *et* la rhétorique (de la coordination académique aux « liaisons scandaleuses »)

Il s'agit ici, en passant des discours théoriques de Beyle à ses pratiques d'écriture, de secouer le mythe d'un « déficit » rhétorique. Il y a un Stendhal rhétoricien, et il y a une rhétorique en acte, qui révèle l'existence de figures-fétiches cristallisées autour de la « conjonction copulative », au point que le second temps de l'enquête pourrait s'intituler : « Stendhal et la rhétorique du *et* ». Le *et* stendhalien, en régime microstructural, articule des relances-surprises, des antithèses, des attelages, des hyperbates, des hendiadys, sans compter les emplois qui tournent court, comme le *etc., etc.* Tous ces microscandales retentissent à l'échelle macrostructurale et peuvent servir à modéliser l'étrangeté des aventures stendhaliennes, leurs feintes « inconséquences » ou leurs fausses incomplétudes.

Philippe Berthier : Le chant du cygne

Stendhal a entretenu avec Fénelon un commerce endurant, et il s'est toujours montré extrêmement sensible à l'eurythmie, à la musicalité et à la tendresse de sa phrase. Un corps dont le squelette aurait la solidité virile de Montesquieu, mais dont la chair, par sa douceur fénelonienne, appellerait la caresse : telle est l'utopie stylistique de Stendhal.

Béatrice Didier : La notion de style dans les écrits sur la musique

Rien de plus délicat que de définir un style musical. Pour Stendhal, le style, qualité première du musicien, qui le rend immédiatement reconnaissable, tient au climat, au régime politique, au public. Rapide et frais, Rossini répond parfaitement au goût français du plaisir. Grand harmoniste (ce qui normalement ne devrait pas le faire apprécier de Stendhal), Mozart a le charisme de la rêverie tendre et mélancolique ; avec lui, Stendhal dépasse les clivages entre musique italienne et musique allemande, mélodie et harmonie. En l'écoutant, et malgré son maigre bagage technique, il bouscule les catégories héritées de la critique du XVIIIe siècle et découvre, dès 1815, ce que sera le style romantique.

Yves Ansel : Politique du style

Pour Stendhal, le style est toujours politique : le fond est tout. S'il est clair, net et tranchant, il sera forcément « de gauche » ; en revanche, le charlatanisme des « beautés » de la forme camoufle le manque d'idées, ou les idées réactionnaires – c'est la même chose. Stendhal est le premier à soumettre le style à une évaluation idéologique. Même dans *La Chartreuse*, le style est « à droite », mais les élégances aristocratiques n'oblitèrent pas la résistance sévère du fond républicain et de la morale qu'il induit.

Anne Herschberg Pierrot : Notes sur le style des marges dans la *Vie de Henry Brulard*

L'article propose une étude du style des marginales de la *Vie de Henry Brulard* et s'intéresse en particulier à leur polyphonie et à leur rythme. Loin d'être purement anecdotiques, ces notes en marge du texte tissent un lien essentiel avec lui. Elles renvoient l'écrivain au temps de l'écriture et à la mémoire de sa genèse.

Marie-Christine Lala : La genèse du style comme écriture du soi : le cas d'*Armance*

L'analyse linguistique du texte littéraire dispose d'outils d'investigation qui permettent une approche renouvelée du style. Cette étude propose d'observer dans *Armance* comment le style se forge dans l'écriture du soi, notamment à partir du procédé du monologue intérieur rapporté. Dans l'écriture d'improvisation, le style de Stendhal trouve sa force de frappe quand l'écriture du soi module des variations d'intensité *à la pointe du style*. C'est ainsi que l'écriture de Stendhal interroge et redéfinit la notion de style dans le mouvement même où elle fait acte de style.

Jacques Neefs : « L'improvisateur » (à propos des notes pour *Lamiel*)

Le manuscrit de *Lamiel* permet d'observer de manière privilégiée comment Stendhal vise avant tout à préserver le mouvement de l'invention, sa vitesse, sa disponibilité aux hésitations de l'idée impromptue, la forme *in statu nascendi*, loin des inhibitions de la mémoire. L'écriture s'y surprend à la pointe de la sensibilité à ses propres événements.

Stéphane Chaudier : Stendhal entre les phrases

Quand deux phrases se suivent, la seconde peut n'être que la suite prévisible de la première ; ce que le texte gagne en cohérence, il le perd en capacité de surprendre. C'est dans « l'entre deux phrases » que s'élabore le sens qui lie le discours ; c'est là que s'origine le paradoxe stendhalien, cette intelligence nouvelle et juste des rapports entre les choses dont l'expression sous-tend le déploiement du texte, dans sa continuité et ses élans. Pour faire émerger le sens entre les phrases, Stendhal a mis au point un dispositif à la fois souple (car il autorise des variations en nombre *a priori* infini) et ferme (il se laisse facilement reconnaître) : l'« entre deux phrases » accueille l'énergie intellectuelle qui permet de penser le passage du fait (le réel en tant qu'il atteint une conscience, une sensibilité) au déport (tout ce qui arrive est vivant en ce qu'il se déplace d'un champ à l'autre de l'expérience) ; cette circulation de flux invite au commentaire, analyse ironique ou enthousiaste. « Fait, déport, commentaire » : cette matrice signifiante rythme le texte ; elle ponctue cette quête inlassable de la vérité à laquelle se voue l'écriture de Stendhal.

Jean-Jacques Hamm : Réticences : nuancer et défendre

Le plus souvent clair et percutant, Stendhal peut aussi suspendre la phrase, hésiter, atténuer, esquiver : autant de modes de la réticence dont on dresse ici un inventaire formel, avant d'en proposer une interprétation. Il s'agit de coller au plus près des finesses psychologiques les plus ténues, mais aussi de protéger l'actant, le narrateur ou l'auteur dans l'expression d'une idée ou d'une émotion : c'est une arme de séduction et de combat, de préférence utilisée dans les textes publiés, afin d'en adoucir ou brouiller les enjeux.

Marie Parmentier : Les paroles d'autorité dans le roman stendhalien

Il s'agit d'étudier un des « langages » qui nourrissent le dialogisme stendhalien : le discours de l'autorité (pouvoir, Église, etc.) connaît chez Stendhal un traitement assez étrange. Le narrateur le désigne fréquemment en tant que tel, et le traite comme un véritable sociolecte, sans toutefois définir ses spécificités stylistiques ; aussi le lecteur est-il sans cesse avisé de la présence, dans le monde romanesque, de paroles d'autorité aux contours indéfinis. Cet « effet-sociolecte » ouvre considérablement le jeu herméneutique et enrichit l'interprétation des romans. Les dernières lignes énigmatiques de *La Chartreuse de Parme* peuvent par exemple être interprétées comme un passage du « Journal officiel », organe officiel du prince de Parme.

Gilles Philippe : Stylistique et pragmatique du style

Pour Stendhal plus que pour tout autre, la description stylistique doit s'appuyer sur une pragmatique. Prenant acte des déclarations de Beyle selon lesquelles il n'écrivait « que pour lui-même », toute une tradition critique a rapporté le détail des faits de langue de ses textes à leur statut non communicationnel. Quand on y regarde de plus près, les choses se compliquent : l'intuition première de Stendhal qui veut que le langage sert à exprimer plus qu'à communiquer est tempérée par la proposition réciproque, comme en témoigne la mise en scène permanente de son discours. C'est de cette tension pragmatique et de ses conséquences sur le détail du style de Beyle que cet article tente de rendre compte.

Bernard Vouilloux : Une esthétique du style

Pour le Stendhal des écrits sur l'art, le style est une valeur en soi aussi longtemps que sa « particularité » est l'indice de ce qui singularise la grande individualité créatrice. Autrement, il n'est plus qu'une marque postiche à la disposition de tous, un signal à exhiber. Ce style à la fois absolu et vain est régulièrement associé à l'école de peinture française, en particulier au courant davidien, et à la théâtralisation qui la caractérise (c'est le « syndrome de Talma »). La condamnation de la pose dans les personnages peints rejoint celle de la pose chez les contemporains de Stendhal, ces modernes trop civilisés, si attentifs, par vanité, à l'effet qu'ils produisent sur les autres. Les effets consécutifs à la coupure révolutionnaire ont ouvert la carrière à une théâtralisation de l'écriture et de la peinture, chacun, peintre ou écrivain, paradant sur sa petite scène. Entre l'*énonciation* emphatique ou enflée (Chateaubriand, Mme de Staël) et la *représentation* de l'emphase (David) se dessine une continuité généalogique : si la pose, telle qu'elle est *représentée*, est bien un effet de la pose ou de la posture par laquelle le sujet *se présente*, c'est qu'il y va à chaque fois du style.

François Vannosthuyse : Opérateurs de temps, opérateurs d'images dans l'œuvre romanesque de Stendhal.

Les opérations du récit stendhalien sur le temps affectent directement l'imagination du lecteur, et sont envisagées comme telles par Stendhal. La vitesse du récit, sa respiration, son découpage, et tous les aspects de son rythme, participent d'une économie subtile de l'espace, du dosage et de l'agencement de ce que le texte pose et de ce qu'il suppose en matière de décors, de gestes, de présences. De même toutes les opérations de « montage », qu'elles visent la disjonction ou, comme c'est souvent le cas, la synthèse des informations, des paroles et des sensations : là résident chez Stendhal, pour l'essentiel, les moyens de la *mimèsis*.

Jacques Dürrenmatt : Que faire du primitif ?

Dans les années 1803-1806, Beyle déploie une intense activité d'écriture ; un de ses objectifs est de se forger un style qui réussisse à prendre en charge le « primitif » et à le sublimer mais en évitant un trop évident sublime. Devenir Stendhal sera à ce prix.

PRÉSENTATION DES AUTEURS

Yves ANSEL : spécialiste de la littérature française des XIXᵉ et XXᵉ siècles (approches historiques, sociologiques, idéologiques, politiques), et notamment de Stendhal, est maître de conférences à l'université de Nantes. Dernières publications : *Dictionnaire de Stendhal* (dir.) et Stendhal, *Œuvres romanesques complètes*, t. I, Gallimard, « Pléiade » (éd.).

Philippe BERTHIER, après Lyon et Grenoble, enseigne à la Sorbonne nouvelle. En dernier lieu, il a codirigé le *Dictionnaire de Stendhal* (Champion, 2003) et le premier volume de la nouvelle édition des *Œuvres romanesques complètes* de Stendhal à la Bibliothèque de la Pléiade (2005). Il anime la revue *L'Année stendhalienne.*

Stéphane CHAUDIER est maître de conférences à l'université Jean Monnet (Saint-Étienne). Il enseigne la stylistique. Il est l'auteur de *Proust et le langage religieux, la cathédrale profane*, paru en 2004 dans la collection « Recherches proustiennes » chez Champion.

Béatrice DIDIER : professeur successivement aux universités de Grenoble, de Paris 8 et à l'ENS (Ulm), est l'auteur de nombreux essais et articles sur la littérature française des XVIIIᵉ et XIXᵉ siècles ; sur Stendhal : *Stendhal autobiographe* (PUF) et *La Chartreuse de Parme ou la dictée du bonheur* (Klincksieck). Elle a dirigé aux PUF le *Dictionnaire universel des littératures*, un *Précis de littérature européenne*, la revue *Corps écrit* et la collection « Écriture ».

Jacques DÜRRENMATT : professeur de stylistique à l'université de Toulouse-le-Mirail ; a publié plusieurs ouvrages (*Bien coupé, mal cousu*, PUV 1998 ; *Le Vertige du vague*, Kimé 2001) consacrés aux questions soulevées par la ponctuation et la division du texte littéraire ou aux utilisations esthétiques de l'ambiguïté, ainsi que de nombreux articles qui tentent de saisir le goût affiché par l'époque romantique pour les expérimentations textuelles lisibles autant que visibles.

Jean-Jacques HAMM : FRSC, professeur émérite, Queen's University (Canada), est l'auteur de livres et de nombreux articles sur l'analyse du texte stendhalien. Il est codirecteur du *Centre d'Analyse Informatisée des Textes* qui a publié les *Concordances des Romans et Nouvelles* de Stendhal.

Anne HERSCHBERG PIERROT : professeur de littérature française à l'université Paris 8 ; a publié notamment *Balzac et le style* (dir., SEDES, 1998), *Stylistique de la prose* (Belin, 1993), *Le Style en mouvement* (Belin, 2005).

*Georges **KLIEBENSTEIN*** est maître de conférences à l'université de Poitiers. Il a collaboré au *Dictionnaire de Stendhal* (Champion, 2003), a publié *Figures du destin stendhalien* (PSN, 2004) et *Enquête en Armancie* (Ellug, 2005), ainsi que de nombreux articles sur la littérature du XIXᵉ siècle.

*Marie-Christine **LALA*** : maître de conférences au Centre de linguistique française à l'université Paris 3 – Sorbonne nouvelle. Elle a dirigé plusieurs séminaires au Collège international de Philosophie. Auteur de nombreux travaux sur Georges Bataille et sur les questions d'écriture dans le texte, elle étudie la notion d'impossible dans une perspective transdisciplinaire.

*Jacques **NEEFS*** : professeur de littérature française à l'université Paris 8, enseigne également à l'université Johns Hopkins ; responsable du programme « Flaubert » de l'ITEM-CNRS, et directeur de l'École doctorale *Pratiques et théories du sens* de Paris 8. Il a publié de nombreuses études sur l'histoire et les théories du roman, sur la génétique textuelle, et plus particulièrement sur Balzac, Flaubert, Stendhal, Claude Simon, Georges Perec. Il participe à l'édition des *Œuvres complètes* de Flaubert pour La Pléiade.

*Marie **PARMENTIER*** : ancienne élève de l'ENS (Ulm), agrégée de Lettres modernes, est l'auteur d'une thèse intitulée *Le Narrateur stendhalien. Les effets de voix dans la fiction* (Paris 3) et de plusieurs articles sur Stendhal.

*Gilles **PHILIPPE*** enseigne à l'université Grenoble 3 ; il est membre de l'Institut universitaire de France. Ses derniers livres sont *Sujet, verbe, complément. Le moment grammatical de la littérature française* (Gallimard, 2002), *Flaubert savait-il écrire ? Une querelle grammaticale* (Ellug, 2004).

*Pierre-Louis **REY*** : professeur à l'université Paris 3 – Sorbonne nouvelle ; responsable du centre *Poétique, génétique et informatique du texte romanesque* ; spécialiste du roman des XIXᵉ et XXᵉ siècles (Stendhal, Gobineau, Flaubert, Proust, Camus).

*Jacques-Philippe **SAINT-GÉRAND*** : professeur des universités (Clermont-Ferrand II), a occupé diverses fonctions administratives et publié divers travaux d'histoire de la langue française au XIXᵉ siècle. À l'heure actuelle, ermite de Sarcenat en hommage à M. de Jouy, de l'Académie française.

*François **VANOOSTHUYSE*** : ancien élève de l'ENS (Ulm). Agrégé de Lettres classiques. Maître de conférences à l'université Paris 3 – Sorbonne nouvelle. Auteur d'une thèse de doctorat intitulée *Ce que raconter représente – la « performance » des textes stendhaliens* (Paris 8, 2003). Coordinateur du *Séminaire Stendhal* (ENS).

*Bernard **VOUILLOUX*** : professeur de langue et littérature françaises à l'université Bordeaux 3, a centré ses recherches sur les rapports entre le verbal et le visuel, poétique et esthétique. Outre de nombreux articles, il a publié une douzaine d'ouvrages, parmi lesquels *La Peinture dans le texte. XVIIIᵉ-XXᵉ siècles* (CNRS Éditions, 1995), *Langages de l'art et relations transesthétiques* (Éd. de l'Éclat, 1997), *Le Geste*, suivi de *Le geste ressassant* (La Lettre volée, 2001), *Le Tableau vivant* (Flammarion, 2002), *L'Œuvre en souffrance* (Belin, 2004), *Tableaux d'auteurs* (PUV, 2004).

STENDHAL ET LE STYLE

sous la direction de Philippe BERTHIER et Éric BORDAS

Achevé d'imprimer
par Dumas-Titoulet Imprimeurs à Saint-Etienne
dépôt légal : novembre 2005
N° imprimeur : 43250